Unterrichtsideen Philosophie
Das freie Problemgespräch im Philosophieunterricht

Inhalt

»Alle Menschen haben die Fähigkeit, sich selbst zu erkennen
und vernünftig zu denken.«
(Heraklit, Fragment 116)

Vorwort

„Heiliger Platon, man hat schwer an dir gesündigt!“

In diesen Ausspruch Hölderlins werden möglicherweise viele Fachkolleginnen und -kollegen einfallen, die den Titel dieses Buches lesen, weil ihnen der scheinbare Mißbrauch des Ideebegriffs Kopfschmerzen bereitet. Zugegeben: Platons Ideen sind ontologische Größen, und damit kann dieses Bändchen nicht aufwarten. Es hat lediglich mit didaktischen und methodischen Sachverhalten zu tun, doch die sind im 20. Jahrhundert nicht mehr, ohne philosophiegeschichtlich unredlich zu werden, ontologisch zu legitimieren. Zudem: Platon hat ebensowenig wie Kant, Hegel oder ein anderer Denker, in dessen Theorie der Begriff der Idee eine zentrale Rolle spielt, die Wahrheit für sich gepachtet, und das griechische Verb „idein“, von dem der Begriff „Idee“ abgeleitet ist, impliziert ein genaues (Hin-)Sehen, ein Sich-Richten auf . . . Dies nun kommt dem Inhalt des Buches schon wesentlich näher, denn es behandelt Arbeitsformen, die Schülern ein genaues Hinsehen und Sich-Richten auf . . . abverlangen, allerdings weniger auf philosophische Texte als auf ihre eigenen alltäglichen Erfahrungen, auf nicht-textuale Materialien oder auf alternative Formen des Umgangs mit Texten.

Läßt man das letztere – wofür sich in diesem Buch auch nur wenige Beispiele finden – einmal außen vor, so wird deutlich, daß die hier dargestellten Unterrichtsideen vorwiegend das freie Problemgespräch und seine Methodik betreffen: Dieses mit Hilfe geeigneter Impulssetzungen in Form von Medien oder methodischen Hilfen zu fördern, ist das primäre Ziel.

Eine didaktische Rechtfertigung hierfür ist unschwer zu erbringen:

1. Sollen Schüler – gemäß dem aufklärerischen „sapere aude“, aus dem Philosophie(-unterricht) immer noch lebt – als Subjekte von Unterricht akzeptiert werden, so impliziert dies ihre Anerkennung als Urheber eigener und eigenständiger Reflexionen. Sich des *eigenen* Verstandes zu bedienen aber ist im freien Problemgespräch eher möglich als im analysierenden Nachvollzug philosophischer Texte.
2. Das freie Problemgespräch ist über Jahre hinweg – obwohl in vielen Richtlinien als „zweites Standbein“ des Philosophieunterrichts der Textarbeit gleichgestellt – Stiefkind des Philosophieunterrichts gewesen: Der Didaktik der siebziger und frühen achtziger Jahre, die die totale Vertextung von Unterricht bis zur Perfektion betrieb, konnte das freie Problemgespräch auch gar nicht als gleichrangiger Partner der Textarbeit erscheinen, machte sich doch in jenem anscheinend die schlechte Subjektivität geltend, der man durch die scheinbare Objektivität von Texten und Textarbeit gerade zu entgehen hoffte.

   Oder das freie Problemgespräch wurde akzeptiert als Enklave dieser Subjektivität, der man aber im Grunde im Unterricht keine didaktische Funktion zuzubilligen wußte: Auf der einen Seite wurde von seiten der Lehrer(-innen) zu Recht befürchtet, ein Zuviel an freiem Problemgespräch lasse ihren Unterricht in den Verdacht des

„Laberfaches" geraten und zur Sprechblasenphilosophie verkümmern, andererseits ließ sich das subjektivistische Element, das sich in diesem freien Problemgespräch regte, selten didaktisch zweckmäßig in den Unterricht integrieren; es blieb häufig nicht mehr als der pagane dekorative Appendix einer Quasi-Sakralisierung von Textarbeit, jenseits derer der Verrat an der reinen Lehre zu beginnen schien.

3. Die Stiefkindrolle des freien Problemgesprächs ergibt sich aber nicht nur aus der Geschichte der Fachdidaktik – die ja immer auch eine Geschichte des Zeitgeistes darstellt –, sondern auch aus sachstrukturellen Bedingungen: Ein gelungenes freies Problemgespräch ist schwerer durchzuführen als jede Textarbeit, denn letztere schöpft ihre Grenzen allein aus der Qualität des Textes und der Qualität der Interpretationsfähigkeit von Lehrer und Schülern; ersteres hingegen ist in seiner Qualität vor allem auf das methodische Geschick des Lehrers verwiesen, dessen Subjektivität sich dort als tragfähig zu erweisen hat, wo sonst die Objektivität eines Textes trägt.
4. Ein weiterer Grund, das freie Problemgespräch im Philosophieunterricht zu aktivieren, liegt in der Veränderung der Schülerinteressen in den letzten zehn Jahren. Diese läßt sich m. E. etwas verkürzt folgendermaßen beschreiben: Waren Schüler vor zehn Jahren daran interessiert, z. B. Kant zu lesen, weil sie wissen wollten, was dieser für eine Position vertreten hat, wenn sie heute daran interessiert sind, so deshalb, weil sie die praktische Valenz seiner Position für ihr Leben kennenlernen wollen: Das ehemals theoretische Interesse ist abgelöst worden von einem existentiellen. Diesem aber kann im freien Problemgespräch ebensogut Rechnung getragen werden wie durch eine Textanalyse, denn Schülern ist es vielfach gleichgültig geworden, *welche* Gestalt der Philosophiegeschichte eine ihnen wichtige Theorie vertreten hat – entscheidend ist für sie heute vielmehr, *daß* es in der Philosophie Sachverhalte gibt, die für ihr eigenes Leben von Bedeutung sind; von wem diese im einzelnen stammen, ist zumeist sekundär.

Zweck dieser Überlegungen, das freie Problemgespräch aus der Rolle des Stiefkindes des Philosophieunterrichtes herauszulösen, kann natürlich nicht sein, die Textarbeit total zu ersetzen. Diese muß weiterhin, will sich der Philosophieunterricht seines wissenschaftspropädeutischen Anspruchs nicht begeben, sein Kernstück bleiben. Insbesondere um der vielen Schüler willen, die Philosophie nicht studieren werden, müssen wir Philosophielehrer uns jedoch bemühen, die Verabsolutierung von Textarbeit zu vermeiden, und uns bewußt sein, daß die philosophischen Texte, die wir in der Schule mit den Schülern lesen, vermutlich die ersten und letzten in ihrem Leben sein werden, daß aber die philosophischen Inhalte, die wir mit ihnen gemeinsam erörtern, sie in ihrem Leben weiterhin begleiten werden.
Die in diesem Buch dargestellten Unterrichtsideen versuchen daher nicht, Textarbeit im Philosophieunterricht überflüssig zu machen, wohl aber, ein ihr gleichberechtigtes Pendant zu entwerfen. *Textarbeit nicht ersetzen, sondern ergänzen ist die didaktische Devise.*
In welchen unterrichtlichen Zusammenhängen kann dies geleistet werden? Hier bieten sich vor allem Einführungsphasen in jeder Form an, sei es der Beginn von Philosophieunterricht überhaupt in einem Einführungskurs der Jahrgangsstufe 11.1, dem das ganze Kapitel „Prolog" sowie das „Zwischenspiel" gewidmet ist. Oder es kann sich um eine

Einführung in Rahmenthemen (z. B. Anthropologie, Ethik etc.) oder in Teilthemen dieser philosophischen Disziplinen handeln: Im „Ersten Hauptstück“ bietet dieses Buch hierzu Impulssetzungen vor allem in Form von Bildern und Graphiken an.
Daneben enthält es im „Dritten Hauptstück“ Übungen zur Argumentation, die zumeist nicht an bestimmte Rahmenthemen eines Halbjahres gebunden sind, sondern in den laufenden Unterricht eingeschoben werden können, wenn dies didaktisch opportun erscheint.
Und nicht zuletzt wird im „Zweiten Hauptstück“ der Grundstock für einen Folienatlas Philosophie vorgestellt – ein mediales Hilfsmittel, das einen Philosophiekurs durch die ganze Oberstufe begleiten kann und durch seine Strukturierung und Systematisierung die in den meisten Richtlinien vorgegebene Einteilung des Philosophieunterrichts in Rahmenthemen und/oder Teildisziplinen übergreift und damit einem „Schubkastendenken“ der Schüler entgegenwirkt.
Für alle der hier vorgestellten Unterrichtsideen gilt: Jede beinhaltet keine geschlossene Unterrichtssequenz, die nur so und nicht anders durchzuführen wäre, sondern hat wesentlich Anregungscharakter. Dies impliziert auch, daß mit den Unterrichtsideen keine längeren Einheiten, sondern gleichsam nur didaktische Aperçus mit einem Zeitaufwand von je einer bis sechs Unterrichtsstunden vorgestellt werden, was den Philosophiefachkolleginnen und -kollegen die Möglichkeit eröffnet, ihren Unterricht abwechslungsreicher und motivierender zu gestalten.
Es braucht kaum erwähnt zu werden, daß es verantwortungslos wäre, Philosophieunterricht überwiegend oder ausschließlich auf der Grundlage dieses Buches zu betreiben, denn eine Aneinanderreihung interessanter „Ideen“ ergibt noch keine Systematik, von der gerade der Philosophieunterricht lebt. Vielmehr ist jeder Philosophielehrer tagtäglich aufgefordert, dieses System zuallererst zu schaffen, und hierzu soll dieses Buch vielfältige Hilfen bieten. Weitere didaktische oder methodische Hilfen sowie Verweise auf Primärquellen – auf beides wird im laufenden Text jeweils in Klammern hingewiesen – finden sich im Kapitel „Textnachweis“.

Zum Schluß noch eine Bemerkung in eigener Sache: Alle hier vorgestellten Unterrichtsideen sind nicht am „grünen Tisch“ entstanden, sondern im täglichen Gebrauch erprobt – einige einmal, viele mehrmals, einige bis zu zehnmal. Dies bietet zwar keine Gewähr dafür, daß das von mir Erprobte ohne weiteres in den Rahmen eines anderen Kurses mit einer anderen Lehrperson übertragen werden kann, gibt dem Benutzer dieses Buches jedoch eine aus der konkreten Unterrichtspraxis erwachsene Sicherheit. Gleichwohl würde ich mich über Erfahrungsberichte, die mit diesen Unterrichtsideen gemacht worden sind, freuen und bin für Anregungen und Verbesserungsvorschläge dankbar.

1. Prolog: Sechs Möglichkeiten, in das Philosophieren einzuführen

1.0 Hallo, Taxi! oder: Wie holt man Schüler dort ab, wo sie stehen?

Einen Einführungskurs Philosophie zu beginnen, gehört einerseits sicher zu den schwierigsten, andererseits aber auch zu den schönsten und spannendsten Aufgaben, die der Philosophieunterricht an der Schule überhaupt bietet: zu den schwierigsten deshalb, weil sich oft schon in den ersten Stunden entscheidet, ob die Schüler, die den Kurs angewählt haben, ein philosophisches Interesse entwickeln und infolgedessen das Fach weiter belegen, zu den schönsten und spannendsten Aufgaben deshalb, weil kaum ein Schüler einen fachdidaktisch verantwortlich gestalteten Kurs im unbeschadeten Status reflexiver Jungfräulichkeit verlassen wird.
Schon Eichendorff besang den Zauber, der jedem Anfang innewohne: Dies gilt ebenso für den Anfang des Philosophierens, der die Schüler eines Einführungskurses von der „intentio recta“ zur „intentio obliqua“, vom naiven Voraussetzen eigener Reflexion zu deren bewußtem Vollzug, vom dumpfen Erahnen philosophischer Probleme zum gezielten philosophischen Fragen bringen soll.
Beides hängt vor allem vom didaktisch-methodischen Zugriff des Lehrers ab: *ob* Schülern die Möglichkeit eröffnet wird, philosophisches Interesse zu entwickeln, *ob* die Stunden des Einführungskurses – für Schüler wie Lehrer gleichermaßen – „schön“ und „spannend“ werden.

Um die didaktisch-methodischen Erfordernisse eines Einführungskurses stringenter klären zu können, sei ein kurzer Blick auf die unterschiedlichen Beweggründe gestattet, die Schüler veranlassen, das Fach Philosophie in der Sekundarstufe II anzuwählen. Die wichtigsten Motive sind meiner Erfahrung nach folgende:

1. Die Ersatzbelegungs-‚Motivation‘
   Einige Bundesländer (NRW, Hamburg) sehen Philosophie als verpflichtende Ersatzbelegung für die Schüler vor, die das Fach Religion aus Gewissensgründen nicht belegt haben oder einer nicht-christlichen Religion angehören. Bei diesen Schülern sind die Erwartungen, die an den Unterricht gestellt werden, negativ in der Hinsicht, daß sie etwas anderes erhoffen, als es das Fach Religion anbietet, im übrigen aber einer tabula rasa oft nicht unähnlich.
2. Die Geschwister/Eltern-Motivation
   Hier spielen Einflüsse älterer Geschwister, die das Fach belegt haben, oder der Eltern, die ihrem Kind – aus welchen Gründen auch immer – zur Philosophie zugeraten

haben, die entscheidende Rolle. Diese Schülergruppe ist offen für den Unterricht, hat aber meist nur diffuse inhaltliche Erwartungen.

3. Die Lehrer-Motivation
   Schüler, die den unterrichtenden Philosophielehrer bereits in der Sekundarstufe I in einem anderen Fach gehabt und mit ihm positive Erfahrungen gemacht haben, übertragen diese oft auch auf das noch unbekannte Fach nach dem Motto: Was der/die zu ‚verkaufen' hat, kann so dumm eigentlich nicht sein. Das Interesse ist meist hoch, orientiert sich aber an der Person des Lehrers, nicht an konkreten inhaltlichen Erwartungen.
4. Die Lexikon-Motivation
   Oft wißbegierige Schüler, die ihre Schullaufbahn sehr bewußt planen, informieren sich gerne in Nachschlagewerken über mögliche Unterrichtsinhalte. Bei dem Stichwort „Philosophie" stoßen sie dann auf ein für sie meist nicht nachvollziehbares Fachchinesisch, gespickt mit zwanzig Querverweisen, wobei alles auf den ebenso diffusen wie schillernden Begriff „Liebe zur Weisheit" hinausläuft. Das Interesse dieser Schüler strebt daher oft dahin, das eigene Unverständnis beseitigen zu wollen; ihre Erwartungen sind häufig hoch, aber, mit Hegel zu sprechen, abstrakt-allgemein.
5. Die ‚geniale' Motivation
   Natürlich wissen viele Schüler, daß Philosophie mit Abstraktion und Denken zu tun hat und – so ihr Bild, das ziemlich exakt dem gesellschaftlich verbreiteten Bild von Philosophie entspricht – von daher etwas ‚Höheres' darstellt. Gerade dieser Nimbus und diese Aura reizen Schüler – vornehmlich Jungen in der Adoleszenz –, da sie sich gerne von der Mitwelt bewundern lassen, ‚genialer' zu sein als die, die Philosophie nicht belegen. Diesen Schülern ist es häufig mehr um die eigene Subjektivität als um die Sache zu tun.
6. Die ‚exotische' Motivation
   Eng mit Punkt 5. hängt der Reiz zusammen, der von einem Fach ausgeht, von dem man als Schüler nicht genau weiß, was es damit auf sich hat, das aber gleichwohl aufgrund seiner Unbekanntheit Neugier weckt wie ein noch unerforschter Kontinent. Schüler, die von dieser Motivation bestimmt werden, erweisen sich später oft als sehr engagiert, da sich ihre erst ungerichtete Neugier leicht auf philosophische Sachverhalte lenkt und damit konkret wird.

Die Liste dieser möglichen Motive wird man verlängern, wird man variieren können, kaum aber wird man an den folgenden zwei Eingangsbedingungen eines Einführungskurses Philosophie vorbeikommen:

- *Die Motivation der Schüler zur Auswahl des Faches Philosophie ist fast immer sekundär.*
- *Die unterschiedlichen Motive und ihre Bandbreite ergeben sich wesentlich daraus, daß Philosophie als Fach den Schülern unbekannt und noch nicht näher konkretisierbar ist.*

Von dieser Konkretisierung – dem im wörtlichen Sinne: „Zusammenwachsen" mit dem Fach – trennt die Schüler nichts weniger als das reflexive „als": Ein Schüler mag in seinem Leben bereits philosophiert haben, nicht aber wird er sich vor einem Einführungskurs darüber klargeworden sein, *daß* er philosophiert hat: Philosophieren *als* philosophieren mag von ihm erfahren, kaum aber reflektiert worden sein.

Hieraus ergeben sich für einen Einführungskurs fundamentale methodische und didaktische Konsequenzen:

1. An den Anfang einen Text zum Thema „Was ist Philosophie?" zu stellen in der guten Absicht, den Schülern zu verdeutlichen, worum es in den nächsten zweieinhalb oder drei Jahren gehen soll, wäre der schlimmste didaktische Fehlgriff, den man als Lehrer tun kann, setzt ein solcher Text doch beim Schüler a) eine Fähigkeit zur Metareflexion und b) inhaltliche Vertrautheit mit Themen, Zielen und Strukturen von Philosophie voraus.
2. Es ist vielmehr zu fragen, ob es *überhaupt* sinnvoll ist, mit einem Text zu beginnen: Auch eine noch so geschickt arrangierte Textanalyse erweckt bei Schülern den (oft bleibenden) Eindruck, der Philosophieunterricht sei nichts anderes als ein Deutschunterricht mit anderen Themen. Hieran ändern auch thematische ‚Aufreißer' wie Euthanasie, Todesstrafe oder Abtreibung kaum etwas, zumal diese ohnehin oft vom Religionsunterricht der Mittelstufe okkupiert werden.
   Zudem: Fast der gesamte gymnasiale Unterricht besteht von seiner Struktur her aus *medial vermittelter* Wirklichkeit. Dies träfe selbst auf eine Texterschließung zu, die sich das – im wörtlichsten Sinne – Nach-Denken eines für Schüler griffigen philosophischen Textes zum Ziel setzt, denn das Nach-Denken fremder Gedanken und Theorien bleibt von seinem Wesen und Vollzug her auf das vorgelegte Medium Text verwiesen und angewiesen.
3. Die Vielfalt der (sekundären) Schülermotive und die Gewöhnung der Schüler an mediale Vermittlung, die sie ja zur Genüge kennen, lassen es daher geraten erscheinen, *in der Anfangsphase* des Einführungskurses auf Texte zu verzichten. An ihre Stelle tritt das freie Problemgespräch.
4. Daß mit dem „Sich-Verwundern" oder dem „Staunen" (je nach Übersetzung des aristotelischen Textes) alle Philosophie und alles Philosophieren beginnt, stellt eine Einsicht dar, deren Wahrheit, unbeschadet ihres mehr als zweitausendjährigen Alters, auch für den Philosophieunterricht in der Schule Gültigkeit hat. Dies trifft um so mehr auf einen Einführungskurs zu, in dem die Schüler ja gerade mit Philosophie und Philosophieren vertraut gemacht werden sollen.
5. Wie man nun aber, einer spitzzüngigen Bemerkung Hegels zufolge, das Schwimmen nicht durch Trockenübungen erlernen kann, sondern nur, indem man schwimmt, so auch das Philosophieren nicht durch abstrakte Auslassungen über Sinn, Wesen und Zweck der Philosophie, sondern dadurch, daß man philosophiert.
6. Zieht man aus den angeführten Philosophemen des Aristoteles und Hegels eine didaktische Konsequenz, lautet diese: Im Einführungskurs Philosophie sind vom Lehrer Lernsituationen zu inszenieren, die bei den Schülern ein „Sich-Verwundern" oder „Staunen" über . . . auslösen und sie auf diese Weise zum Philosophieren veranlassen.

Mit diesem Punkt ist der Ansatz der folgenden Kapitel umrissen: Es werden sechs verschiedene Wege vorgestellt, die es dem Lehrer ermöglichen, Schüler ohne die mediale Vermittlung eines Textes in das Fach einzuführen.
Dies bedeutet natürlich nicht, daß auch *nach* der jeweiligen Einführung auf Textarbeit zu verzichten wäre: Sie wird nur während dieser ersten Unterrichtseinheit hintangestellt, da – wie oben erläutert – die ersten noch unsicheren und vielfach zögerlichen Schritte mitten in die Philosophie hinein ohne Text besser zu bewältigen sind und vor allem Schüler stärker motivieren.
Die didaktische Devise sei, Textarbeit nicht zu ersetzen, sondern zu ergänzen, habe ich im Vorwort geschrieben. Demzufolge sollte der Lehrer, nachdem er eine der hier vorgeschlagenen textfreien Einführungen verwendet hat, nicht zu lange mit der Textarbeit warten: Das lebendige Gespräch bedarf der Ergänzung durch die (hermeneutische) Arbeit des Begriffs, und es wäre fatal, Schülern gleich zu Beginn des Philosophieunterrichts den Eindruck zu vermitteln, philosophieren sei *nur* im freien Problemgespräch möglich.
Um den Benutzern dieses Buches, das ja ausdrücklich nicht als Textsammlung konzipiert ist, für diese Unterrichtsphase die Suche nach Texten zu ersparen, die a) kurz sind und b) kein allzu hohes Abstraktionsniveau aufweisen – beide Kriterien sind an philosophische Texte für einen Einführungskurs unbedingt anzulegen –, finden sich im Anschluß an die einzelnen Einführungsmöglichkeiten jeweils Textvorschläge. Die Texte selbst sind im Band „Materialien · Unterrichtsideen, Das freie Problemgespräch im Philosophieunterricht" (Klett Nr. 922656) zusammengestellt. Wenn der Leser hierbei auf einige etwas entlegenere Texte und Autoren stößt, hängt dies nicht mit einem verstohlenen Schielen auf das Ungewohnt-Originelle zusammen, sondern ergibt sich aus dem methodischen Konzept: Ein textfreier Einstieg fordert andere Anschlußtexte als ein textgebundener, und da die z. Z. gebräuchlichen Philosophiebücher meines Wissens durchweg textgebunden arbeiten, müssen sich in ihren Einführungsbänden zwangsläufig andere Texte als die hier vorgeschlagenen finden, deren Themen und Fragestellungen sich organisch an das vorangegangene freie Problemgespräch anschließen.

Doch zurück zur methodisch-didaktischen Struktur der sechs Einführungsvorschläge. Diese folgen in ihrer Anlage traditionellen lernpsychologischen Artikulationsschemata, wobei durchweg *induktive* Lernprozesse bevorzugt werden. (Zur näheren didaktischen Begründung induktiver Lernprozesse vgl. meinen Aufsatz „Philosophische Deutungen der Zeit".) Dies hat folgenden Hintergrund: Ist, einer Einsicht der Kritischen Theorie zufolge, die verwaltete Welt des ausgehenden 20. Jahrhunderts wesentlich von einer Wirklichkeit geprägt, die sich den Menschen als vermittelte darbietet, so stehen induktive Lernprozesse und das Ausgehen von unmittelbaren Erfahrungen quer zu dem, was die Schüler gewohnt sind. Infolgedessen lassen sich sowohl das oben erwähnte aristotelische Staunen wie auch die sich darauf aufbauende Primärmotivation so leichter erzeugen und erhalten als mit Hilfe einer deduktiven Vorgehensweise.
Die sechs Einführungen sind nach folgendem gemeinsamen Schema aufgebaut:

1. Präsentation eines Mediums
Der Lehrer bietet den Schülern ein Medium als Ausgangspunkt dar: Das kann ein prägnanter Satz, eine projizierte OHP-Folie oder eine Tafelzeichnung sein – in jedem Falle ist damit für alle Schüler eine einheitliche und anschauliche Basis geschaffen.

2. „Common sense"-Beschreibung des Phänomens/der Erfahrung
In dieser Phase werden die Schüler aufgefordert, das zuvor Wahrgenommene zu beschreiben oder zu erläutern, wobei die Fragestellung jeweils so gewählt ist, daß (daher „Common sense") eine philosophisch-analytische Ebene bewußt vermieden wird.
Die Schüler befinden sich in den Phasen 1 und 2 also noch auf der Stufe des alltäglichen Bewußtseins.

3. Philosophische Definition/Durchdringung des Phänomens
Erst hier wird die Ebene des alltäglichen Bewußtseins verlassen, womit aber auch der entscheidende Schritt zum Philosophieren getan ist. Deshalb ist in dieser Phase vom Lehrer ein hohes Maß an didaktischer Umsicht und methodischer Finesse gefordert. Phase 3 – unter Weglassung von Phase 2 – direkt an Phase 1 anzuschließen, wäre inopportun: Zum einen hätten die Schüler nicht die Möglichkeit, aus dem ihnen Gewohnten heraus zu argumentieren (Phase 2), zum anderen würden sie mit der qualitativen Differenz zwischen dem „gewöhnlichen Bewußtsein" (Hegel) der Phase 2 und dem philosophischen Bewußtsein der Phase 3 nicht vertraut: letzteres ein Sachverhalt, den man u. U. am Ende des ersten Philosophiekurses thematisieren und einer Metareflexion unterziehen kann.

Veranschaulichung/Lernhilfen
Aus Gründen der Zeitökonomie mag man als Lehrer auf diese eingeschobene Phase verzichten wollen, aus Gründen der Sicherung und der Lerneffizienz sollte man es aber nicht tun, denn es erscheint zweckmäßig, Schülern, die das erstemal *bewußt* den Schritt zur philosophischen Reflexion eines Sachverhaltes vollzogen haben, nicht sofort den nächsten zuzumuten.
In dieser Phase nämlich wird das zuvor reflektierte Problem jeweils von einem anderen Ausgangspunkt her neu in den Blick genommen, z. B. durch ein weiteres alltägliches Beispiel, das geeignet ist, das soeben Erkannte zu festigen, oder durch eine Veranschaulichung, die das vorher auf die Ebene philosophischer Abstraktion Erhobene noch einmal konkretisiert.
Nach meiner Erfahrung profitieren hiervon nicht nur schwächere Schüler, sondern auch die, denen schon in der Phase 3 „alles klar war" – oder aber nur klar zu sein *schien.*

4. Problematisierung
Hier setzt nun, nachdem im 2. Teil von Phase 3 gleichsam ‚in die Breite' gearbeitet worden ist, die Arbeit ‚in die Tiefe' ein: Das im ersten Teil von Phase 3 erkannte und als solches bestimmte philosophische Problem wird in seinen möglichen Konsequenzen oder im Hinblick auf seine möglichen Konsequenzen noch einmal und auf einer höheren Abstraktionsebene durchdacht. Was vorher geklärt war, wird zwar nicht grundsätzlich in Frage gestellt, wohl aber in seinen möglichen Verästelungen verfolgt.

5. Ausweitung des Problems/Transfer

Je nach Thema und Anlage der jeweiligen Einführung zielt ihr vorläufiger Abschluß entweder auf eine erneute Rückbindung an die Lebenspraxis (Transfer) ab oder auf eine Weiterführung im Bereich philosophischer Reflexion (Ausweitung des Problems): Beides schafft die Möglichkeit, organisch zur folgenden Textarbeit überzuleiten.

Die hier vorgenommene Strukturierung der verschiedenen Einführungen in prinzipiell parallele Lernphasen, die in den folgenden Einzeldarstellungen konkretisiert werden, ist durch zwei wesentliche Merkmale charakterisiert: durch die Priorität induktiver vor deduktiver Vorgehensweise und durch ein Oszillieren zwischen Alltags- oder unmittelbarer Erfahrung und philosophischer Reflexion. Beides ist für einen Einführungskurs, dessen Teilnehmer von disparaten außerschulischen Freizeiterfahrungen einerseits und Unerfahrenheit in philosophischen Denkvollzügen andererseits geprägt sind, didaktisch sinnvoll, denn was würde es bewirken, so vorgeprägten Schülern einen sorgfältig ausgewählten philosophischen Text vorzulegen und dessen Problem dann schlichtweg zu einem solchen zu erklären, welches die Schüler auch haben müssen? Wohl wenig mehr als das dumpfe Gefühl, daß auch in diesem den Schülern neuen Fach gearbeitet wird wie in anderen ihnen bekannten Fächern. Dem sich daraus leicht verfestigenden Eindruck oder Vorurteil, Philosophieunterricht sei nichts als Deutschunterricht mit anderen Texten, kann jedoch entgegengearbeitet werden, indem nicht das Philosophische eines Textes, sondern das Philosophische eines Sachverhaltes, Problems oder einer Situation thematisiert wird.

Eine methodische Schwierigkeit der im folgenden dargestellten Einführungen soll nicht verschwiegen werden: ihr unterschiedliches Anspruchsniveau. Kein Lehrer wird angesichts eines neu zusammengesetzten Kurses Aussagen über dessen Leistungsfähigkeit sicher treffen können, bestenfalls, wenn er die Schüler aus früheren Jahren kennt und ihr Reflexionsvermögen in etwa einzuschätzen weiß. Aber dies können immer nur grobe Anhaltspunkte bleiben; im übrigen ist jeder auf seinen eigenen ‚pädagogischen Riecher' verwiesen, und es kann durchaus passieren, daß die schließlich gewählte Einführung sich als zu leicht oder als zu schwer erweist, und beides kann Situationen zeitigen, die für Schüler wie Lehrer gleichermaßen peinlich sind. Jeder Lehrer kennt die Bandbreite von Schülerreaktionen auf den dargebotenen Stoff, welche von Unverständnis signalisierenden halboffenen Mündern bis hin zum genüßlich-wissenden Lächeln reicht. Was jedoch wäre Unterricht ohne jenes X, das jenseits aller noch so sorgfältigen häuslichen Planung erst im Klassenzimmer seine Unbekanntheit enthüllt? Nichts anderes als langweilige, routinierte Ausübung eines Jobs.

1.1 Der sprichwörtliche Einstieg oder: Ich denk', ich steh' im Wald!

Philosophische Teildisziplin: Erkenntnistheorie/Anthropologie
Thema: Reflexion als anthropologische Gegebenheit
Zeitaufwand: 2 Stunden (ohne Anschlußtexte)
Alternative Verwendungsmöglichkeit: Einführung in einen Halbjahreskurs „Erkenntnistheorie"
Hilfsmittel: Text (geflügeltes Wort): „Er sieht den Wald vor lauter Bäumen nicht!" (Andere Texte vgl. Punkt 7)
Anschlußtexte: Texte 1–3 (vgl. Materialienbd. S. 5f.).

Fachwissenschaftliche Hinweise

Die Etymologie des vielfältig schillernden und inhaltlich in der Philosophie nicht eindeutig festgelegten Begriffs „Reflexion" läßt sich heute recht sicher bestimmen: Er wurde wie das zu ihm gehörende Verb „reflektieren" im 17. Jahrhundert aus dem lateinischen „reflectere" (= rückwärts beugen, [sich] zurückbeugen [nach Stowasser]) als Lehnwort – z. T. unter französischem Einfluß (réflexion, réfléchir) – ins Deutsche übernommen.
Im selben Jahrhundert traf John Locke in seinem „Essay Concerning Human Understanding" (1690) als erster eine klare und philosophiegeschichtlich weitreichende Definition, als er bei der Bestimmung der Erkenntnisquellen des Subjekts diese nach „sensations" und „reflections" differenzierte.
Unabhängig von dieser Begriffsgeschichte ist jedoch festzuhalten, daß die Reflexion von der Sache her so alt ist wie die Philosophie selbst, ja geradezu als deren conditio sine qua non erachtet werden muß: Alles Sich-Richten auf die Welt als die Gesamtheit der sinnlich erfahrbaren Objekte, sofern es nicht in der Dumpfheit der „intentio recta" verharrt, kann cum grano salis als „Reflexion" bezeichnet werden; deren besondere Qualität läßt sich allgemein so charakterisieren, daß sie als Erkenntnisakt des Subjekts diesem aufgrund seines Überschusses an Bewußtsein ermöglicht, nicht in totaler Welt- und Dingbezogenheit aufzugehen: z. B. kann das Subjekt ein gegebenes Objekt mit Hilfe der Reflexion aus der Mannigfaltigkeit der auf das Subjekt einströmenden Sinneseindrücke isolieren und es als ein besonderes Etwas ansprechen. So verstanden, ist Reflexion die Vergegenständlichung eines Objektes *als* Objekt, eine Leistung, die auf der Fähigkeit des Subjekts beruht, sich aus jeder konkreten Subjekt/Objekt-Beziehung lösen zu können und in dieser nicht aufzugehen, sondern an die Stelle des gedachten Objekts jederzeit auch ein anderes setzen zu können.

Didaktische Hinweise

Um diese Fähigkeit zur Reflexion thematisieren und sie als anthropologische Gegebenheit erkennen zu können, ist es erforderlich, die Schüler aus der Selbstverständlichkeit ihrer Subjekt/Objekt-Relation herauszulösen und sie fähig zu machen, diese als menschliches Spezifikum zu begreifen.
Hierbei darf sich Philosophieunterricht gerade in einem Einführungskurs nicht darauf

beschränken, diesen Sachverhalt nur ‚aufzuzeigen', ihn den Schülern nur ‚bewußt zu machen': Dies wäre pädagogisch verantwortungslos, da die Schüler mit der bloßen Erkenntnis, sie seien zu einer reflexiven Distanznahme immer schon fähig, gleichsam alleingelassen würden. Vielmehr muß die – im wörtlichsten Sinne – Frag-Würdigkeit dieses Sachverhaltes in ihren Konsequenzen verfolgt werden, um die Schüler zu befähigen, mit ihm zu leben und ihn nicht folgenlos als exaltierte Überspannung abzutun oder gar als die Ursache anzusprechen, die sie daran hindert, ihr Leben ungehindert zu genießen und damit Reflexivität als den säkularen Sündenfall des Homo sapiens anzusehen.
Demgegenüber muß deutlich werden, daß Reflexion eine unhintergehbare Voraussetzung menschlicher Existenz ist und gerade dadurch die „Stellung des Menschen im Kosmos" begründet.
Aus diesem Grunde wird auch nicht die Anschauungsübung (vgl. 3.) an den Anfang der Sequenz gesetzt – was theoretisch auch möglich wäre –, sondern eine „Volksweisheit". Diese implizite Brechung der sonst unmittelbaren Perspektive verhindert eine *zu* unmittelbare Auseinandersetzung mit dem Problem gleich zu Beginn; die Analyse eines in Distanz gesprochenen Satzes verhilft den Schülern zur eigenen Distanzierung.
Aufgrund der Anschaulichkeit dieser Einführung (vgl. vor allem Phase 3) ist sie nach meiner Erfahrung auch für Kurse geeignet, die sich mit philosophischen Abstraktionsleistungen schwertun.
Sachliche Probleme können sich jedoch bei den letzten beiden Anschlußtexten ergeben, da diese, indem sie das zuvor Erarbeitete nicht nur bündeln, sondern weiterführen, zumindest in einem Einführungskurs ein recht hohes Niveau erfordern.

1. Präsentation des Textes

Die Präsentation des Textes „Er sieht den Wald vor lauter Bäumen nicht" kann entweder als stummer Impuls (Tafelanschrieb) oder als Zitat durch den Lehrer geschehen.
Natürlich ist die Verblüffung bei den Schülern größer, wenn der Lehrer einfach zu Beginn der Stunde zur Tafel tritt, sich ein Stück Kreide nimmt und den Satz anschreibt. Diese Verblüffung dürfte sich aber in erster Linie daraus ergeben, daß das methodische Hilfsmittel des stummen Impulses im Schulalltag selten genutzt wird, kaum aus dem angeschriebenen Satz selbst. Von daher empfiehlt sich dieses Vorgehen nur in Kursen, die mit dieser Methode vertraut sind, und dies wird man als Lehrer eines neu zusammengesetzten Einführungskurses selten voraussetzen können. Somit erscheint es methodisch zweckmäßig, hierauf nur dann zurückzugreifen, wenn man einen Kurs, dem dies Verfahren vertraut ist und den man als Lehrer schon länger kennt, in die Erkenntnistheorie einführen will (vgl. S. 23).

Im Einführungskurs wird man daher den Satz eher in Form eines Lehrerzitats präsentieren, möglicherweise unterstützt durch einen Tafelanschrieb, um weniger auditiv strukturierten Schülern, die sich ohne optische Stütze nur schwer etwas merken können, zu Hilfe zu kommen. Eine vermittelnde Einleitung durch den Lehrer könnte z. B. lauten: „Sprichwörter oder ‚geflügelte Worte' kennen Sie alle, vielleicht haben Sie sich auch schon im Deutschunterricht einmal mit ihnen beschäftigt." An dieser Stelle kann der Lehrer bereits die Schüler einbeziehen, indem er sie Beispiele für diese Textsorte finden

läßt; um Zeit zu sparen, kann er aber auch selbst einige nennen – beide Möglichkeiten schaffen einen gemeinsamen Lernhorizont.
Um nun zum vorbereiteten Textbeispiel zu kommen, kann der Lehrer damit überleiten, daß sich in solchen knappen, manchmal gereimten Sätzen („Was du heute kannst besorgen, das verschiebe nicht auf morgen." „Jung gefreit hat nie gereut" etc.) ein Stück „Volksweisheit" zeige, das sich zu untersuchen lohne, und dann den Satz „Er sieht den Wald vor lauter Bäumen nicht" mündlich eingeben und/oder anschreiben.

2. „Common sense"-Beschreibung

Dem eingangs vorgestellten didaktischen Konzept folgend, besteht der nächste Schritt darin, den ‚Alltagssinn' des Satzes zu erheben, z. B. mit Hilfe der Frage: „Welche Erfahrung beschreibt dieser Satz?" oder – scheinbar trivial –: „Was bedeutet der Satz?"
Da die Schüler aus dem Schulalltag daran gewöhnt sind, hinter Texten, die vom Lehrer eingegeben werden, einen ‚tieferen Sinn' zu entdecken, bleiben sie hier höchstwahrscheinlich noch im Hegelschen Sinne „abstrakt" und werden sich dahingehend äußern, daß dieser Satz auf einen Menschen zutrifft, der eine Situation nicht ganz durchschaut oder dieser nicht gewachsen ist, vielleicht auch metaphorisch, daß hier jemand nicht „über den eigenen Tellerrand" blicken könne o. ä. (Daß dies in Kursen, die schon längere Zeit Philosophieunterricht gehabt haben, anders aussehen wird, versteht sich von selbst. Hier wäre zu erwägen, Phase 2 zu überspringen, um das Reflexionsniveau des Kurses nicht zu unterschreiten und dadurch die Schüler zu langweilen.)
Eine hermeneutische Besonderheit dieses geflügelten Wortes besteht darin, daß sein ‚Alltagssinn' dann erschlossen wird, wenn eine symbolische oder allegorische Deutung – wie in den oben angeführten Deutungsbeispielen – vorgenommen, also eigentlich mit Hilfe eines nicht unkomplizierten methodischen Verfahrens gearbeitet wird. Andererseits enthüllt das geflügelte Wort erst dann seine didaktische Valenz, wenn es ganz konkret genommen wird. Das ist aber erst der Fall in Phase 3.

3. Philosophische Durchdringung des Satzes

Um die Schüler zur philosophischen Reflexion zu führen, ist es notwendig, den noch „abstrakten" Alltagssinn des Satzes dadurch zu verdeutlichen, daß man ihn völlig wörtlich nimmt, was genau jenes Sich-Verwundern erzeugt, von dem anfangs die Rede war. Dies geschieht durch eine einfache Definition der Situation, in der sich das Subjekt des Satzes befindet: Die Lehrerfrage „Wo befindet sich der ‚Er' dieses Satzes?" zielt darauf ab, daß sich die Schüler den zum Problem erhobenen Sachverhalt anschaulich vergegenwärtigen; die daran anzuschließende Frage „Warum kann ‚er' den Wald nicht sehen?" leitet bereits über zur Erfahrung des fehlenden Abstands von einer Sache, zur Aktualisierung der den Schülern vertrauten Einsicht, daß man etwas nur dann zu überblicken vermag, wenn man dazu auch genügend Distanz hat oder sie sich verschafft: im Beispiel des Satzes dann, wenn man sich aus dem Raum zwischen den Bäumen hinausbewegt hat und das Ganze als *Wald* (an-)erkennt.

Lernhilfe: Anschauungsübung

Eine einfache, aber eindringliche Lernhilfe kann die soeben gewonnene Einsicht vertiefen: Der Lehrer fordert die Schüler auf, sich dicht über den Tisch zu beugen und zu be-

schreiben, was sie sehen. Dies mögen einzelne Strukturen im Holz der Tischplatte, es mag eine absolut neutrale, langweilig-weißgraue Resopalfläche, vielleicht ein Stück eines Graffito, es wird aber nicht der *ganze* Tisch bzw. die *ganze* Tischplatte sein.
Diese Anschauungsübung mag vielen als ‚unphilosophischer Kinderkram' erscheinen, nach meiner Erfahrung jedoch ist sie hervorragend geeignet, auch dem abstraktesten Theoretiker unter den Schülern, der sich leicht auf den bornierten „Kenn ich doch alles schon"-Standpunkt zurückzieht, hautnah die Konsequenzen von Distanz und mangelnder Distanz zu verdeutlichen: Erst ein genügender Abstand zum Objekt – hier: zur Tischplatte – schafft die Möglichkeit, dieses angemessen ‚in den Blick zu nehmen'.
An dieser Stelle bietet sich die Gelegenheit, den Begriff der Reflexion in seiner Etymologie plastisch einzuführen: Um die Tischplatte ganz überblicken zu können, müssen sich die Schüler zurückbeugen!

4. Problematisierung durch Umkehrung
Aus der Antithetik zweier Auffassungen, Sachverhalte, Interpretationsansätze etc. läßt sich nicht nur im Philosophieunterricht didaktisch Profit schlagen, da sich Gegensätze wechselseitig erhellen. Bei unserem Einstieg kann man sich dieses Hilfsmittels bedienen, indem man das anfangs eingegebene geflügelte Wort vom Sinn her umkehrt:

„Er sieht die Bäume vor lauter Wald nicht."

Hierbei verhindert die den Schülern ungewohnte Formulierung, daß die folgende Analyse von ihnen als bloße Wiederholung mit umgekehrtem Vorzeichen empfunden wird. Um in der sich anschließenden Phase 5 tatsächlich zu einem effektiven Vergleich kommen zu können, sollten die Fragen analog zur Phase 3 gestellt werden:

1. Wo befindet sich der Sprecher? (Antwort: Eben in solcher Entfernung von den Bäumen, daß sie für ihn zu einer Gesamtheit „Wald" geworden sind.)
2. Warum kann er die Bäume nicht sehen? (Antwort: Weil die Distanz *zu* groß ist, um Einzelheiten ausmachen zu können. Wenn es sich aus der Gesprächssituation ergibt, kann man hier zusätzlich auf das Problem der Mangelhaftigkeit sinnlicher Wahrnehmung eingehen, wenn der Abstand zu einem Objekt *zu* groß wird – bis hin zur Unfähigkeit des Subjekts, bei entsprechender Distanz ein Objekt überhaupt noch *als* ein definierbares Objekt ansprechen zu können.)

Eine Problematisierung wird durch die inhaltliche Umkehrung insofern erreicht, als die Einsicht, die die Schüler in Phase 3 gewonnen haben, sich ihnen jetzt als etwas darstellt, was der Ergänzung durch sein Gegenteil bedarf, und damit seiner scheinbaren Endgültigkeit und Verfestigung entzogen wird: Implizit erfahren sie Philosophieren als einen Prozeß, der ständig zu hinterfragen ist.
Die in Phase 4 geschaffene Offenheit leitet zwanglos über zu:

5. Vergleich und Transfer
In einer erst noch konkreten Form sollen in dieser Phase beide Situationen – das Sich-im-Wald-Befinden und das Sich-in-Distanz-Befinden – verglichen werden, z. B. mit Hilfe der Arbeitsanweisung: Vergleichen Sie die Unterschiede beider Situationen!
Die Ergebnisse können in folgendem einfachen Tafelbild festgehalten werden:

	Situation 1	Situation 2
Ort	Subjekt befindet sich im Wald	Subjekt befindet sich außerhalb des Waldes
Tätigkeit	Subjekt sieht die Bäume	Subjekt sieht den Wald
	Erfahrung des einzelnen / der Teile	Erfahrung des Ganzen
	→ fehlende Distanz zum Ganzen	→ fehlende Nähe zum einzelnen

Die Abstraktionen, die unter der geschweiften Klammer einzutragen sind, ermöglichen dann einen Transfer, der auf eine Sicherung und Vertiefung des gewonnenen Problembewußtseins abzielt. Der Lehrer kann dies z. B. mit der Frage einleiten: In welchen anderen alltäglichen Lebenssituationen machen wir ähnliche Erfahrungen?

Als mögliche Antworten sind zu erwarten: Situationen, in denen der Mensch emotional so ‚besetzt' ist, daß eine (Selbst-)Distanzierung vorerst nicht möglich ist. Z. B. wird der Schüler, der eine mangelhafte Arbeit zurückbekommt, (zuerst) keine Distanz aufbringen können, um die eigene Fehlleistung nüchtern einschätzen und damit auch akzeptieren zu können. Oder: Unter extremer Belastung – Streß im eigentlichen Sinne – fällt es schwer, eine Situation angemessen, ‚mit kühlem Kopf' zu bewältigen – hierfür wäre das von Juristen so bezeichnete „Handeln im Affekt" ein Beispiel. Wut, Ärger, Enttäuschung, Verliebtheit (die berühmte ‚rosarote Brille') – alle diese Gefühle könnten als Beispiele für fehlende Distanz genannt werden.

Und umgekehrt: Ein Verhalten, das per se auf Distanz eingestellt ist, kann auf andere Weise eine echte Auseinandersetzung mit einer Situation verhindern: die Ironie etwa, die sich nicht auf die Sache selbst einläßt, die Schadenfreude, die sich über das Mißgeschick eines anderen lustig macht und dessen Bedrängnis in seinem subjektiv gerechtfertigten Anspruch nicht sieht oder nicht sehen will. Hier lassen sich u. a. Fernsehsendungen vom Typ „Versteckte Kamera" nennen; der Zuschauer lacht allein aufgrund seiner Distanz des Wissenden. Ebenso ließe sich der ‚Theoretiker' anführen, der als Außenstehender eine Situation zwar überblickt, aber nicht durchlebt: der Psychologe als Analysator seelischer Konflikte, der Zahnarzt, der weiß, was auf den Patienten bei der bevorstehenden Extraktion zukommt u. a. m.

Wird diese Einführung für einen Kurs verwendet, der schon einige Zeit Philosophieunterricht gehabt hat, läßt sich ergänzend folgender Aphorismus La Rochefoucaulds eingeben, der Leistung und Grenzen der Philosophie thematisiert:

„Die Philosophie triumphiert leicht über vergangene und zukünftige Übel, aber gegenwärtige triumphieren über sie."

6. Anschlußtexte

Die drei ausgewählten Anschlußtexte basieren auf der Erkenntnis von Reflexion als anthropologischer Gegebenheit und ergänzen diese thematisch in mehrfacher Hinsicht.

Deswegen ist es möglich, auch nur einen Text zu besprechen, der vielleicht dem Interesse des Kurses am ehesten entspricht. Es lassen sich aber auch alle drei anschließen, da sie verschiedene Weiterführungen des Grundthemas Reflexion entfalten.
Text 1 (vgl. Materialienbd. S. 5) thematisiert die *Abstraktionsfähigkeit* des Menschen und qualifiziert Wissenschaft und Religion als deren mittelbare Folgen. Daß mit diesen Stichwörtern (Wissenschaft, Religion) Überleitungsmöglichkeiten zu eigenen Unterrichtsreihen gegeben werden, ist nur eine didaktische Funktion des Textes; er sollte vor allem genutzt werden, um den Terminus der Abstraktion etymologisch herzuleiten (lat. „ab-[s]trahere“ = hinwegziehen; das Abstrakte wäre demnach etwas, was von Unmittelbar-Empirischem ab-, hinweggezogen worden ist).
Text 2 (vgl. Materialienbd. S. 5) erörtert den Zusammenhang zwischen Distanz und Fragen und zeigt die Distanzfähigkeit des Menschen nicht nur im theoretischen (Erkennen), sondern auch im praktischen Bereich (Handeln, Wollen) auf. Damit wird das Thema der Unterrichtssequenz erweitert um den Aspekt der Bedeutung der Reflexion für die Ethik.
Indem Weischedel am Schluß Philosophieren als Fragen qualifiziert, wird ein neuer Aspekt eingebracht, der – ähnlich wie der zweite Teil von Text 1 – Überleitungsmöglichkeiten schafft. Allerdings muß hier beachtet werden, daß die Frage nach dem Wesen des Philosophierens nicht in einem Einführungskurs behandelt werden sollte, also nur bei Verwendung dieser Sequenz z. B. in einem Kurs Erkenntnistheorie.
Text 3 (vgl. Materialienbd. S. 6) schließlich thematisiert die Bedeutung vorausschauender Reflexion für die Lebensführung, wobei erstere als ein fest in den Tagesablauf zu integrierender Bestandteil apostrophiert wird. Daß man Gracians radikalen Standpunkt angesichts der Gefahr, die Spontaneität des Handelns zu verlieren, einer differenzierten Kritik unterziehen kann und auch sollte, versteht sich von selbst. Wer die Unterrichtssequenz dabei in Richtung Ethik weiterführen möchte, kann einen Gracians Auffassung genau entgegengesetzten Text anschließen: Heinrich v. Kleists „Von der Überlegung“. Dieser votiert vehement für eine Reflexionslosigkeit beim Handeln.

7. Verwendbarkeit der Sequenz in anderen Unterrichtszusammenhängen

Hier bietet sich eigentlich nur eine Einführung in einen Halbjahreskurs „Erkenntnistheorie“ an, vor allem, wenn man als Lehrer Autoren einbeziehen will, die die Dignität der Reflexion betonen wie z. B. Descartes oder Kant.
Es versteht sich von selbst, daß die hier vorgestellte Einführung – unter paralleler methodischer Aufarbeitung – auch mit anderen Sprichwörtern, geflügelten Worten oder Aphorismen durchgeführt werden kann (vgl. hierzu den sehr anregenden Aufsatz v. J. Detjen, Aphorismen im Philosophieunterricht). Als Sprichwörter bieten sich z. B. an:
- Schade, daß der Mensch nicht bei sich selbst zu Gast sein kann; er würde sich dann endlich kennenlernen. (Deutschland)
- Wer außer sich ist, sollte in sich gehen. (Frankreich)
- Fehler sind Stufen, auf denen der Kluge emporsteigt. (England)
- An einem bösen Wort, das man unausgesprochen hinunterschluckt, hat sich noch niemand den Magen verdorben. (Schottland)

1.2 Der pantomimische Einstieg oder: Wie man mit dem Spielzeugauto philosophiert

Philosophische Teildisziplin: Anthropologie/Erkenntnistheorie
Thema: „Theorie“ und „Praxis“
Zeitaufwand: 2 Stunden (ohne Anschlußtexte)
Hilfsmittel: Demontierbares Spielzeugauto (z. B. Lego, Fischer-Technik)
Anschlußtexte: Texte 1 und 2 (vgl. Materialienbd. S. 7f.)

Fachwissenschaftliche Hinweise

Ein Gutteil moderner Verehrung und Verklärung der griechischen Antike resultiert aus dem Phänomen der Polissittlichkeit, welche namentlich von Aristoteles philosophisch aufgearbeitet und zumindest in Teilen der Athener Bevölkerung wohl auch gelebt worden ist. Zentrales Charakteristikum dieser Polissittlichkeit ist die Einheit von „Theorie“ und „Praxis“. An der Bedeutungsverschiebung und gewandelten Verhältnisbestimmung dieses Begriffspaares läßt sich in nuce die Differenz zwischen dem Weltbild der Antike und dem des 20. Jahrhunderts studieren:

Ist die antike „theoria“ von ihrem Wesen her Betrachtung kosmischer Gesetzmäßigkeiten mit dem Ziel, deren rationale Struktur zu erkennen, so bleibt dieses Tun in dem Sinne zweckfrei, daß sich die derart gewonnenen Erkenntnisse nicht technologisch vernutzen lassen, ja von ihrem Anspruch her gar nicht auf „praktische“ Anwendung angelegt sind. Gleichwohl sind „theoria“ und „Praxis“ aufeinander verwiesen: die „theoria“ auf „Praxis“ insofern, als der politische Rahmen dieser den realen Ermöglichungsgrund jener darstellt; „theoria“ ist die vornehmste, aber auch die Sonderform von „Praxis“, da sie kein ethisch-politisches, sondern ein betrachtendes Tun darstellt. Umgekehrt ist „Praxis“ insofern auf „theoria“ verwiesen, als deren Erkenntnis des kosmischen „ordo“ jene Rationalität gedanklich einholt, welche auch die „Praxis“ als das gute Handeln der Bürger prägen und bestimmen soll. Genau deswegen ist für Aristoteles wie für Platon böses Handeln keine Folge ‚schlechter Veranlagung‘ oder widriger sozialer Umstände, sondern Folge mangelnder Einsicht.

Mit dieser Zweckfreiheit antiker „theoria“, deren ontologische Verankerung latent das Seinsollen des ethisch Guten impliziert, hat moderne Theorie nichts mehr gemein. Diese stellt vielmehr einen hypothetischen Entwurf des empirisch-analytisch forschenden Subjekts dar, welcher prinzipiell solange Gültigkeit besitzt, wie er nicht durch beobachtbare Daten falsifiziert wird. Seine Bezogenheit auf eine zur Dingwelt geronnene Natur schließt dabei gleichzeitig seine Verwertbarkeit im Hinblick auf eine technische Umsetzung ein: „Praxis“ meint nun nicht mehr das sittlich-gute Handeln der sich als frei verstehenden Bürger einer Kommunikationsgemeinschaft (von der allerdings die Fremden – die „Barbaren“ – ebenso ausgeschlossen sind wie Frauen und Sklaven), sondern die von jeglicher Ethik dispensierte technische Anwendung einer Theorie nach dem – salopp formuliert – Muster von Rezept und Ausführung.

Dies spiegelt sich bis in zeitgenössische Stellenanzeigen, in denen der „Theoretiker“ – der Ingenieur etwa, der keine „praktische“ Ausbildung besitzt – dem „Praktiker“ – der, als Werkzeugmacher oder Dreher z. B., „praktische" Erfahrungen gesammelt hat – gegenübergestellt wird, und reicht bis in alltäglichste Bereiche, wenn z. B. von einer „praktisch eingerichteten Küche" oder einem „unpraktischen Kleid" gesprochen wird.

Didaktische Hinweise

Auf nichts anderes als dieses diffuse Alltagsverständnis rekurriert die folgende Einführung: „Praxis" wird den Schülern nahegebracht als ein „Umgehen mit . . ." oder „Tun an . . .", „Theorie" als ein distanziert-untersuchendes und betrachtendes Verhalten zu einem Gegenstand.

Wie in anderen der hier vorgestellten Einführungen auch geht es um die Bewußtmachung zweier kontrastierender Verhaltensweisen, deren eine aufgrund ihrer Distanzierung vom Objekt zwar noch nicht als genuin philosophisch zu bezeichnen ist, aber zumindest Ansätze philosophischer Welterschließung enthält, indem *theoretisches Fragen* und der Begriff der *theoretischen Neugier* thematisiert werden. Um von vornherein eine Distanz zu schaffen, wurde als Hilfsmittel ein Spielzeugauto gewählt: ein Objekt, mit dem die Schüler seit ihrer Kindheit oder bestenfalls Frühpubertät kaum mehr in Form einer „intentio recta" umgegangen sein dürften.

Allerdings setzt die Präsentation des Mediums – zuerst spielt der Lehrer mit dem Auto wie ein Kind – voraus, daß der Lehrer in der Lage ist, seine Rolle als ‚erwachsene Autoritätsperson' kurzzeitig aufzugeben und ‚Kind zu spielen': eine nicht leicht zu erfüllende Anforderung, weil sie quer liegt zur alltäglichen Lehrerrolle und zu dem gängigen Lehrerbild der Schüler. Infolgedessen hängt die Motivation zu Beginn dieser Sequenz von der Fähigkeit des Lehrers ab, glaubwürdig zu schauspielern. Gelingt dies jedoch, wirkt dieser Einstieg nach meiner Erfahrung sehr nachhaltig – noch zehn Jahre nach dem Abitur eines Jahrganges wurde ich auf einem Ehemaligentreffen von einem Schüler daraufhin angesprochen.

1. Präsentation des Mediums

Wenn im folgenden von der Präsentation eines Mediums gesprochen wird, dann ist damit nicht in erster Linie das oben erwähnte Spielzeugauto gemeint – was präsentiert wird, sind unterschiedliche Möglichkeiten, mit diesem Auto umzugehen. Das Auto ist nur Mittel, um das eigentliche Medium – das Verhalten des Lehrers – pointiert hervorzuheben. Wie stellt sich dieses Verhalten nun dar?

Der Lehrer bereitet die Schüler vor, indem er kurz ankündigt, was geschehen wird: Er habe hier ein Spielzeugauto, das er sich zu diesem Zweck von seinem Sohn oder seiner Tochter ausgeborgt habe, und er wolle nun den Schülern zeigen, was man damit alles machen könne. Die Schüler sollten dabei insbesondere auf die verschiedenen Arten und Weisen, wie er mit dem Auto umgehe, achten.

In der ersten Phase der Präsentation sind der Phantasie des Lehrers kaum Grenzen gesetzt: Er tut so, als wäre er ein Kind, das intensiv *mit dem Auto spielt* und dabei sich und alles um sich herum völlig vergißt: Der Lehrer kann laute Motorgeräusche, Reifen- und Bremsenquietschen nachahmen, er kann das Auto eine schiefe Ebene (DIN-A4-Heft) hinunterrollen lassen, er kann mit dem Auto in der Hand auf dem Boden herumkriechen usw. usw. Nur: Er muß so glaubhaft wie möglich darstellen, daß er mit absoluter Hingabe

spielt und in diesem Spiel völlig aufgeht. Zu einem Zeitpunkt, an dem es sich anbietet (nach einem abrupten Bremsmanöver etwa), sollte der Lehrer dann aus dem Spiel ‚auftauchen', indem er beginnt, *das Auto näher zu untersuchen.* Um die Glaubwürdigkeit seines Tuns und die Motivation der Schüler in dieser Phase zu erhalten, ist es notwendig, ein demontierbares Spielzeugauto zu verwenden; der Lehrer kann es dann nämlich nicht nur kritisch von allen Seiten mustern, sondern z. B. auch einzelne Reifen oder Räder entfernen, ausprobierend feststellen, daß es so schlechter oder gar nicht rollt, oder er kann das Auto anders zusammensetzen. Hierbei nicht die Pantomimik vergessen, denn Medium ist ja nicht das Auto, sondern das Verhalten des Lehrers! Also: sich fragend am Kopf kratzen, das Kinn zwischen Daumen und Zeigefinger nehmen, die Stirn runzeln, zweifelnd den Kopf schütteln u. ä.
Ein Problem ist natürlich, bei dem mit 99%iger Sicherheit einsetzenden Schülergelächter unbeirrt zu bleiben. Da wir alle keine gelernten Schauspieler sind: zu Hause vor dem Spiegel proben, u. U. – sofern vorhanden – eine Videoaufnahme machen, um Sicherheit zu gewinnen, und dann darauf vertrauen, daß die Verblüffung der Schüler über Darstellungsschwächen des Lehrers hinwegtäuscht.

2.1 „Common sense"-Beschreibung der beiden Tätigkeitsformen
Sollten die Schüler zu diesem Zeitpunkt keine spontanen Reaktionen zeigen, kann man sie mit Hilfe der Frage: „Was habe ich da eben gemacht?" zu Äußerungen provozieren. Bei den Antworten sollte man es nicht einfach damit bewenden lassen, daß a) mit dem Auto gespielt und b) das Auto genau untersucht worden ist; im Hinblick auf eine Vorbereitung der Phasen 4 und 5 sollte sich der Lehrer nicht scheuen, Einzelheiten des Spiels (Sie haben wie bei einer Vollbremsung gequietscht! Sie haben das Auto sich überschlagen lassen!) oder des Untersuchens (Sie haben einen Reifen abmontiert und genau angeguckt! Sie haben sich gewundert, daß das Auto mit drei Rädern nicht fährt!) nennen zu lassen, da sonst die als nächster Schritt geplante Differenzierung (Phase 2.2) auf einer zu geringen Konkretion beruht.
Auch um eine spätere Arbeit mit dem Folienatlas vorzubereiten (vgl. Kapitel 4), kann man zum Abschluß dieser deskriptiven Phase 2.1 folgendes Tafelbild skizzieren:

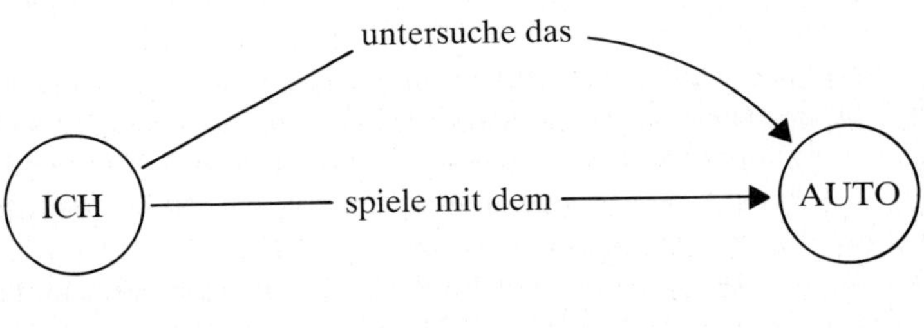

Diese einfache Skizze veranschaulicht zum einen, daß an beiden Tätigkeiten dieselben Faktoren beteiligt sind (Vorbereitung der Subjekt/Objekt-Relation), zum zweiten, daß die beiden Tätigkeiten eine unterschiedliche Qualität haben, was durch den gekrümmten Pfeil angedeutet wird.

2.2 Klärung der Unterschiede beider Tätigkeitsformen

Diese Phase könnte z. B. mit der Frage eingeleitet werden: „Wie bin ich jeweils mit dem Auto umgegangen?" oder mit der direkten Arbeitsanweisung: „Nennen Sie Unterschiede zwischen beiden Beschäftigungen mit dem Auto!"

Die Antworten lassen sich, hat man in der obigen Skizze genügend Platz gelassen, unter die Verben eintragen, unter „spiele mit dem" z. B.: laut/geräuschvoll, starke Körperbewegung, selbstvergessen, distanzlos etc., unter „untersuche das" z. B.: ruhig, bedächtig, konzentriert, betrachtend etc.

3. Philosophische Durchdringung beider Tätigkeitsformen

Nach diesem Dreischritt Beobachtung, Beschreibung und Differenzierung beider Tätigkeiten läßt sich der vierte leicht und bruchlos anschließen. Die hier zu stellende Frage („Welches Interesse am Gegenstand habe ich wohl beim Spiel und bei der Untersuchung jeweils gehabt?" [mögliche Schülerantworten zum Spiel: Unterhaltung, Zeitvertreib, Nachahmung der Realität; mögliche Antworten zum Untersuchen: Funktionsweise begreifen, Erklärungen suchen, verstehen wollen]) kann von Schülern u. U. psychologisierend mißverstanden werden (Motto: „Sie wollten wohl nochmal Kind sein!"), die ‚ernst gemeinten' Ergebnisse lassen sich jedoch gut in dem Begriffspaar *praktischer Umgang/ theoretische Untersuchung* bündeln.

Daß hierbei die Schüler ein vorerst grobes und philosophiegeschichtlich problematisches Begriffsraster vermittelt bekommen (vgl. die fachwissenschaftlichen Hinweise am Beginn des Kapitels), sollte man an dieser Stelle in Kauf nehmen – schließlich handelt es sich um die erste Stunde in einem Einführungskurs, und daß „Theorie" im wissenschaftstheoretischen Sinne oder gar die antike „theoria" etwas Differenzierteres beinhalten, kann man – vielleicht sogar unter Rückgriff auf diese Stunde – noch an späterer Stelle klären, in einem Kurs Wissenschafts- oder Erkenntnistheorie z. B. Zu diesem sehr frühen Zeitpunkt muß es erst einmal um Grundsätzliches gehen, und da sollte man die Wekkung eines Problembewußtseins bei den Schülern höher anschlagen als philosophiegeschichtliche Ausdifferenzierung.

Veranschaulichung / Lernhilfen

Da der hier vorgestellte Einstieg sehr anschaulich ist, kann auf weitere Lernhilfen an dieser Stelle verzichtet werden.

4. Problematisierung I: Das Motiv der theoretischen Neugier

Es bedarf keiner Erwähnung, daß das Motiv der theoretischen Neugier, welches in dieser Phase als begriffliche Synthese des zuvor Erarbeiteten eingeführt werden soll, sich vom alltäglichen Verständnis von Neugier nicht nur in seinem Objektbereich unterscheidet (vgl. hierzu z. B. M. Heidegger, Sein und Zeit): Theoretische Neugier wird hier – ähnlich dem platonischen Eros – verstanden als ein grundsätzliches Streben nach Erkenntnis, ein Wissenwollen, das Objekte, Sachverhalte und Probleme (er-)fragend zu erschließen trachtet.

Ausgangspunkt ist der theoretische Umgang mit dem Auto, doch wird jetzt nicht mehr (wie in Phase 3) das Interesse des Betrachtenden thematisiert, sondern es werden konkrete Fragestellungen erarbeitet und auch als Tafelanschrieb festgehalten. Auf die Lehrerfrage „Welche Fragen könnte jemand stellen, der das Auto theoretisch betrachtet?“ wären folgende Schülerbeiträge denkbar:

- Warum rollt das Auto nur gut, wenn es vier Räder hat?
- Woraus besteht das Rad/der Reifen/die Karosserie?
- Wieso kommt es beim Rollen zu Geräuschen?
- Wie funktioniert der Rollvorgang?
- Warum bewegt sich das Auto nicht, wenn man es nicht anstößt?

Da der Gegenstand ja ganz alltäglich ist, werden Schüler hier selten genuin philosophische Fragen stellen (z. B. klassisch-metaphysisch: Was ist das Runde (der Räder)? oder anthropologisch: Warum hat der Mensch Spielzeug erfunden?), doch läßt sich die Differenz zwischen einfachen Sachfragen und philosophischen Fragen später erschließen (vgl. Kapitel 2: Zwischenspiel: Vom philosophischen Fragen).
Nun kann man – u. U. unter Markierung der Fragewörter an der Tafel – auf das eigentliche Problem kommen: „Welches Motiv liegt allen diesen Fragen zugrunde?“
Der Lehrer sollte hier Antworten wie „Forschergeist“, „technisches Interesse“, „man will es genau wissen“ nicht vorschnell zurückweisen, wohl aber die Schüler diskutieren lassen, wieso er den Begriff der „theoretischen Neugier“ für geeigneter hält – er ist umfassender, engt nicht auf eine rein fachwissenschaftliche Perspektive ein und drückt zudem aus, daß er eine psychologische Ähnlichkeit mit alltäglicher Neugier besitzt. Von daher wäre an dieser Stelle durchaus ein Exkurs (Begriffsvergleich alltägliche/theoretische Neugier) denkbar.
Zu einer Problematisierung zählt auch, daß Konsequenzen aufgezeigt werden. Diese sind hier zu suchen in dem Sinn des Wissens, auf das die theoretische Neugier abzielt. Der Lehrer stellt daher eine Zweckfrage: „Was nützt es dem Betrachter des Autos, wenn er alle diese Fragen an der Tafel beantwortet hat/beantworten kann?“
Diese Frage ist nicht ohne didaktische Sprengkraft, denn außer Antworten wie: „Er durchschaut das Ganze dann besser!“ oder, psychologisierend: „Die Neugier ist dann gestillt!“ werden die Schüler kaum etwas finden. Damit wäre der Unterricht zwar noch nicht bei der Zweckfreiheit antiker „theoria“ angelangt, wohl aber eine Parallele zum Selbstzweck philosophischen Wissens angedeutet.
In manchen Kursen ist es sinnvoll, da zusätzlich motivierend, hier eine sibyllinische Andeutung nachzuschieben, etwa: „Das, was Sie eben erkannt haben, werfen viele Kritiker der Philosophie vor: sie sei nutzlos. Vielleicht können wir ja im weiteren Verlauf des Kurses herausbekommen, ob das stimmt.“ Doch ist wie stets bei solchem pädagogischen Raunen Vorsicht angezeigt!

5. Transfer/Problematisierung II: Beispiele und Gefahren „praktischen“ und „theoretischen“ Verhaltens

Zur Sicherung und Veranschaulichung erfolgt in Phase 5 eine erneute Anbindung an die Lebenswelt: „Nennen Sie alltägliche Situationen (alternativ: Berufe), die von praktischem Umgang bzw. theoretischer Betrachtung geprägt sind!“
Aus der Fülle möglicher Beispiele sei nur der Unterschied zwischen Fußballspieler und Trainer herausgegriffen: Ersterer wird im Spiel durch theoretische Betrachtung gera-

dezu behindert, letzterer ist dagegen angewiesen auf sie, will er mit einer geeigneten Strategie seine Mannschaft zum Sieg führen.
Gewarnt sei an dieser Stelle vor einer allzu holzschnittartigen Betrachtung: Schüler neigen z. B. dazu, Handwerksberufe eilfertig dem rein „Praktischen" zuzuschlagen, aber dies trifft z. B. kaum auf den Maler zu, der seine Kunden bei der farblichen Auswahl von Anstrichen oder Tapeten berät o. ä. Hier gilt es, theoretischem Dünkel entgegenzuwirken.
Verzichten sollte man nicht auf eine weitere Problematisierung, nämlich die Frage, welche Gefahren beide Tätigkeitsformen – die „praktische" und die „theoretische" – bergen. Ist als Beispiel für theoretische Berufe der ‚zerstreute Professor' genannt worden, läßt sich die mögliche „Elfenbeinturmsituation" akademischen Spezialistentums aufzeigen; ist als Beispiel für praktische Berufe der Fließbandarbeiter genannt worden – ein bei Schülern außerordentlich beliebtes Beispiel – läßt sich die Gefahr einer möglicherweise totalen situativen Verhaftung verdeutlichen. (Den Entfremdungsbegriff zu trivialisieren, sollte man besser den Fächern überlassen, die den Schülern das Fließbandarbeiterbeispiel als so schön griffig schmackhaft gemacht haben.)
In jedem Falle müssen am Schluß dieser Einführung „praktischer" wie „theoretischer" Weltbezug als verschiedene Möglichkeiten des Menschen klargeworden sein. Erst so werden die Schüler in die Lage versetzt, philosophieren als eine spezifische Variante theoretischer Welterschließung zu begreifen.

6. Anschlußtexte
Die zwei themengleichen Anschlußtexte – beide behandeln das Fragen als anthropologisches Charakteristikum – sollten auf jeden Fall alternativ eingesetzt werden, um bei den Schülern nicht den Eindruck zu erwecken, jetzt, wo der ‚interessante Teil' des Einstiegs vorbei sei und man mit der Textarbeit beginne, werde inhaltlich auf der Stelle getreten. Gerade in einem Einführungskurs sollte man sich als Lehrer nicht der Möglichkeit berauben, thematisch und methodisch vielfältig zu arbeiten und so Interesse nicht nur zu erwecken, sondern auch zu erhalten. Infolgedessen ist es didaktisch sinnvoll, nur einen der folgenden Texte einzugeben und dann das Kapitel 2 dieses Buches anzuschließen.

Text 1 (vgl. Materialienbd. S. 7) bietet, je nach Akzentuierung bei seiner Analyse, verschiedene Anknüpfungsmöglichkeiten:
1. Die Differenz Mensch/Tier, welche von Coreth an der Fähigkeit, zu fragen, festgemacht wird, läßt sich zur Grundlage einer Unterrichtseinheit Anthropologie machen.
2. Die Unterscheidung von Reflexion und Selbstreflexion kann in ähnlicher Weise eine einführende erkenntnistheoretische Sequenz einleiten (vgl. hierzu auch Kap. 4: Philosophieren auf der Basis eines Folienatlasses).
3. Die drei zitierten Philosophen ermöglichen philosophiegeschichtliche Hinweise in Form von Schülerreferaten oder eines Lehrervortrags (für Lehrer- und Schülerreferate immer wieder eine Fundgrube: W. Weischedel, Die philosophische Hintertreppe); es läßt sich die Erwähnung des Sokrates wohl am organischsten nutzen, wenn man mit Kapitel 2 dieses Buches fortfährt, da dort ein Text aus der „Apologie" verwendet wird.

Obgleich **Text 2** (vgl. Materialienbd. S. 8) dem ersten inhaltlich sehr ähnlich ist, weist er ein erheblich anspruchsvolleres Sprachniveau auf und sollte daher nur in leistungsstärkeren Kursen eingesetzt werden.
Reizvoll ist jedoch seine Verwendung im Hinblick auf zentrale philosophische Fachtermini, die man auf dieser Grundlage einführen kann: Natur sein/haben, Welteröffnung, Vergegenständlichung, Entfremdung (im Hegelschen Sinne), im Anderssein bei sich selbst sein.
Auch diese Begriffe lassen sich mit Hilfe des Folienatlasses (vgl. oben) veranschaulichen, was zu einer stärkeren Systematisierung des Unterrichts führt.

1.3 Der ästhetische Einstieg oder: Ist das etwa keine Pfeife?

Philosophische Teildisziplin: Ästhetik/Metaphysik
Thema: Ästhetischer Schein und Realität
Zeitaufwand: 2 Stunden (ohne Anschlußtexte)
Alternative Verwendungsmöglichkeit: Einführung in einen Halbjahreskurs „Ästhetik" oder „Metaphysik"
Hilfsmittel: Tafelbild einer Tabakspfeife (nach R. Magrittes Bild „Ceci n'est pas une pipe!")
Anschlußtext: Text 1 (vgl. Materialienbd. S. 8f.)

Fachwissenschaftliche Hinweise
Unabhängig davon, ob der ästhetische Schein, welcher für alle Kunst konstitutiv ist, ontologisch oder transzendentalphilosophisch legitimiert wird, ist sein Verhältnis zur Realität ein Grundproblem kunstphilosophischer Reflexion (vgl. hierzu meine Arbeit: Drama und sentimentalisches Bewußtsein. Zur klassischen Dramatik Schillers).
Unabhängig auch davon, ob die Aufgabe der Kunst im mimetischen Prinzip einer „Darstellung der Natur" (Aristoteles) gesehen wird oder – kantisch-schillerisch – in der Darstellung der Subjektivität: von beiden dieser Grundpositionen wird Kunst aufgefaßt als eine Darstellung von etwas, an der die Subjektivität des Künstlers in irgendeiner Weise beteiligt ist. Darstellung von etwas kann sie aber nur aufgrund ihrer Scheinhaftigkeit sein: Die Weintrauben eines Stillebens etwa mögen so ‚echt' wie irgend möglich aussehen, der prinzipielle Scheincharakter dieses Stillebens besteht jedoch nicht in seiner Illusionshaftigkeit, sondern darin, daß mit Hilfe künstlerischer Mittel (u. a. Leinwand, Farbe) eine eigenständige Fiktion entstanden ist. In der Produktion des ästhetischen Scheins – der Darstellung – auch zugleich dessen Differenz zur Realität – dem Dargestellten – zu fixieren und sinnfällig zu machen, ist das Geschäft des Künstlers. Daher ist, unabhängig davon, ob sich dieser als begeisterter „vates dei" (Sprachrohr Gottes), als „Handwerker", als Geschichtsschreiber oder als Utopist auffaßt – um nur einige künstlerische Selbstverständnisse zu nennen –, der Künstler Ursache und Gestalter des Unter-

schiedes zwischen (ästhetischem) Schein und Sein. (Zu dem Problem des ästhetischen Scheins sei grundlegend verwiesen auf: W. Oelmüller [Hrsg.], Kolloquium Kunst und Philosophie.)

Fachdidaktische Hinweise

Schüler der 11. Jahrgangsstufe haben in der Regel wenig Interesse, sich mit Kunst theoretisch auseinanderzusetzen. Dies nimmt, betrachtet man ihre entwicklungspsychologische Situation, nicht wunder, denn ist Kunst tatsächlich – wie Hegel einmal bewußt doppeldeutig formuliert hat – ein „Überfluß des Geistes" (Hegel, Bd. 13, S. 16), liegt es 16- bis 17jährigen Jugendlichen natürlich näher, sich erst einmal mit dem „Geist" selbst auseinanderzusetzen, will sagen: sich der eigenen, meist noch unsicheren Identität zu vergewissern, als sofort mit dessen „Überfluß" zu beginnen.
Deswegen sollte man diesen Einstieg in einem Einführungskurs nicht dazu verwenden, in Grundprobleme der Ästhetik einzuführen; diese liegen Schülern dieser Altersstufe in der Regel noch fern: Die Differenz zwischen ästhetischem Schein und Realität wird im Rahmen dieser Einführung lediglich ‚zweckentfremdet', um bei den Schülern ein motivierendes Staunen (vgl. Kapitel 1.0 „Hallo Taxi") auszulösen und sie auf eine anschauliche Weise an die philosophischen Termini *Wesen* und *Abstraktion* heranzuführen. Hierbei wird den Schülern Abstraktion vereinfachend erläutert als Erkenntnis des Wesentlichen.
Verwendet man diesen Einstieg zu Beginn eines Halbjahreskurses Ästhetik, liegen die Dinge natürlich anders, denn dann läßt sich mit dieser Einführung sehr wohl der Begriff des ästhetischen Scheins aufgreifen und problematisieren (vgl. u. 1.3.7.).

Um sich als Lehrer vor bösen Überraschungen zu schützen, sollte man vorher kurz mit dem Kunstlehrer sprechen: Mir passierte es bei dieser Einführung einmal, daß knapp die Hälfte des Kurses das Magrittesche Bild „Ceci n'est pas une pipe!" im Kunstunterricht besprochen hatte, so daß ich offene Türen einrannte. Statt eines Gesprächs mit dem Kunstlehrer: irgendeinen anderen alltäglichen Gegenstand an die Tafel zeichnen – selbst wenn Schüler das Magritte-Bild kennen (Vorsicht auch vor einem Apfel: Es gibt noch eine Variation des Bildes mit dem Titel „Ceci n'est pas une pomme!"), ziehen sie die Querverbindung erst dann, wenn in ihnen das Staunen bereits ausgelöst worden ist. Und warum sollte man sich als Lehrer ein Organisationsmerkmal unseres Schulsystems – das Lernen in Fächern und das sich meist daraus ergebende Unvermögen der Schüler, Querverbindungen zwischen den Inhalten der Fächer herzustellen – nicht einmal zunutze machen?

1. Präsentation des Mediums

Da bei diesem Einstieg in der Regel ähnliche unterrichtliche Voraussetzungen vorliegen, wie sie im Kapitel 1.1.1 geschildert worden sind, wird es nicht ausreichen, bloß die Zeichnung der Pfeife als stummen Impuls an die Tafel zu bringen (etwa so):

sondern man wird eine Ergänzungsfrage anschließen müssen.

Hüten sollte man sich in jedem Falle davor, die Zeichnung von Anfang an mit der Bildunterschrift DAS IST KEINE PFEIFE! zu präsentieren. Zum einen wäre dies eine Vorgabe, die Schüler selbst erschließen könnten, zum anderen würde damit die Verblüffung, auf die die Präsentation abzielt, nur z. T. oder gar nicht wirksam.

2. „Common sense"-Beschreibung

Wenn der Lehrer die Zeichnung fertiggestellt hat, schließt er die Frage an: „Was sehen Sie?", die bewußt so simpel formuliert ist, damit eine ‚falsche' Antwort („Eine Pfeife natürlich!") gegeben wird, und diese kommt an dieser Stelle nach meiner Erfahrung immer, zumindest aber zeitlich eher als eine ‚richtige': Ein Schüler, der schon hier in der Lage ist, zwischen der Pfeife und ihrem Bild zu unterscheiden, braucht, um dies reflektieren und artikulieren zu können („Ein Bild/eine Zeichnung einer Pfeife!") mit Sicherheit länger als der ‚Realist', dem die ganze Sache so selbstverständlich ist, daß er auch gleich mit der Tür – sprich: falschen Antwort – ins Haus fällt.

Sollte aber der gesamte Kurs einhellig der Auffassung sein, es handle sich bei der Tafelzeichnung um eine Pfeife, schreibt man entweder wortlos die Bildunterschrift DAS IST KEINE PFEIFE! an oder provoziert die Schüler mit der rhetorischen Frage: „Sind Sie da so sicher?"

Ist die Meinung in der Schülergruppe von Anfang an geteilt, oder sei es, daß man als Lehrer einen der beiden obigen Impulse eingeben muß – in jedem Falle kommt es darauf an, daß die Schüler am Ende der Phase 2 ein Problembewußtsein entwickelt haben, das es ihnen ermöglicht, zu erkennen, daß die Tafelzeichnung keine (reale) Pfeife „ist", sondern ein *Bild* eben einer solchen Pfeife. Um sicher zu sein, daß diese für die Phase 3 unabdingbare Differenz auch allen klar ist, kann man Phase 2 mit einer Zusammenfassung und Überleitung abschließen: „Wir haben gesehen, daß es sich bei der Tafelzeichnung nicht um eine Pfeife, sondern um das Bild einer Pfeife handelt. Wir haben aber noch nicht geklärt, worin sich beide im einzelnen unterscheiden. Worin besteht die Differenz zwischen der Pfeife und dem Bild der Pfeife?"

3. Philosophische Durchdringung der Differenz Pfeife/Bild

Die Einzelergebnisse der Schüler sollte man im folgenden auf jeden Fall an der Tafel festhalten und ins Heft eintragen lassen, damit sie später sicher abrufbar sind, etwa in der Form:

wirkliche Pfeife: Realität	gezeichnete Pfeife: Bild
– vielfarbig – dreidimensional – kleiner als das Bild – Gebrauchsgegenstand (zum Rauchen) – durch mehrere Sinne wahrnehmbar (Geruch, Geschmack, Sehen, Tastsinn)	– zweifarbig (weiß [Kreide] / grün [Tafel]) – zweidimensional – größer als die Pfeife – Zweck des Gebrauchsgegenstandes (Rauchen) entfällt – nur optisch wahrnehmbar

Im Vorteil sind hier diejenigen Kollegen, die als (ehemalige?) Pfeifenraucher eine reale Pfeife neben die Tafelzeichnung halten können – durch die unmittelbare sinnliche Erfahrung wird vieles einfach besser klar. Zumindest entfallen so jene kleinschrittigen Fragen, auf die man sonst u. U. angewiesen ist und die man durch didaktische oder pantomimische Impulse ersetzen kann.
Ein Beispiel: Will ich als Lehrer den Zweck des Gebrauchsgegenstandes Pfeife erschließen lassen (s. obige Liste), und kommen die Schüler nicht von selbst darauf, kann ich eigentlich nur noch die ungelenke Frage stellen, was man denn mit so einer Pfeife mache: Ein Kurs, der bereit ist, auf solch eine Sextanerfrage zu antworten, muß schon fast sträflich gutmütig sein! Eleganter ist da der pantomimische Impuls: Der Lehrer zieht an der Pfeife und tut so, als ob er rauche (oder tut's tatsächlich), sollte das dann immer noch nicht zu dem gewünschten Erfolg führen, stellt er sich an die Tafel und startet einen ‚Rauchversuch' an dem gezeichneten Mundstück. Die Vergeblichkeit dieses Versuches wird die Schüler sicher auf den Zweck der Pfeife bzw. dessen Fehlen bei ihrem Bild stoßen.

Lernhilfe: Die Differenz Schauspieler/Rolle
Diese Phase kann, ist der vorangegangene Unterricht problemlos verlaufen, im Einführungskurs weggelassen werden oder auch, wenn man auf sie nicht verzichten möchte, aus Gründen der Zeitökonomie im Lehrervortrag durchgeführt werden.
Verwendet man diesen Einstieg jedoch in einem Halbjahreskurs „Ästhetik", sollte man sie auf jeden Fall einfügen, damit sich bei den Schülern nicht die sachlich falsche Überlegung festsetzt, das Problem des ästhetischen Scheins sei auf bildende Kunst beschränkt.
Zur Sache: Den Schülern soll an Hand der Differenz zwischen einem Schauspieler und der Rolle, die dieser spielt, eine weitere Variante des Problems Realität/ästhetischer Schein bzw. Darsteller/Darstellung/Dargestelltes klarwerden.
Da diese Phase im Einführungskurs fakultativ ist, sei hier nur eine methodische Möglichkeit erläutert: Der Lehrer erzählt im Lehrervortrag vom kleinen Kind eines/einer Bekannten, das beim Fernsehen folgendes Problem gehabt habe: In einem Western sei eine der Figuren „erschossen" worden, und das Kind habe nicht verstehen können, wieso genau der Schauspieler, der diese Figur verkörpert habe, wenige Tage später in einem anderen Film wieder quietschlebendig aufgetaucht sei („Mutti, der ist doch tot!"). Die anzuschließende Lehrerfrage („Woher kommen die Verständnisprobleme des Kindes?") läßt sich dann problemlos klären.

4. Problematisierung: Einführung der Fachbegriffe „Wesen“ und „Abstraktion“

Ausgangspunkt dieser Phase ist wiederum die ästhetische Erfahrung des Tafelbildes, was Anschaulichkeit verbürgt, die aber mit der in Phase 3 erarbeiteten Differenz konfrontiert wird. Die entsprechende Lehrerfrage ist folgendermaßen zu stellen: „Wieso wird das Bild der Pfeife vom Betrachter als Pfeife anerkannt?“

Die hier zu erwartenden Schülerantworten werden sich – sofern sie sachlich richtig sind – auf Wesensmerkmale der Pfeife beziehen, also z. B. auf Form (rund/gerundet), Bohrung im Pfeifenkopf, Vorhandensein eines Mundstückes/Pfeifenkopfes etc. (Der hier zugrunde gelegte Wesensbegriff entspricht dem aristotelischen „Wesenswas“ *[to ti en einai]*. Dieser und andere metaphysische Grundbegriffe werden übersichtlich erläutert in: Josef de Vries, Grundbegriffe der Scholastik.)

Diese Reflexion auf den Rezeptionsakt eines Betrachters dient aber nur als Vorbereitung, um die Schüler den folgenden Schritt – bei dem die Fachtermini „Wesen“ und „Abstraktion“ von der Sache und vom Wort her eingeführt werden sollen – leichter vollziehen zu lassen.

Mit der Lehrerfrage: „Wie wird beim Zeichner die Umsetzung vom realen Gegenstand ins Bild bewirkt?“ wird insofern an das Vorige angeknüpft, als dieses nun gleichsam in seiner Genese verfolgt wird. Worüber sich die Schüler zuvor klargeworden sind – daß das Bild der Pfeife wesentliche Merkmale der realen Pfeife darstellt –, ohne den Vorgang der Abstraktion und seine Leistung reflektiert zu haben, wird nun am Rezeptions- und Produktionsakt des Zeichners greifbarer, da es sich ja um ein und dieselbe Person handelt.

Da durch die erste Lehrerfrage und ihre Beantwortung vorbereitet, fällt den Schülern die Beantwortung dieser zweiten Frage (mögliche Antworten: Der Zeichner filtert sozusagen das Wichtigste heraus! Der Zeichner guckt sich erst die Pfeife genau an und gibt dann ihre Hauptmerkmale wieder!) in der Regel leicht.

Als zusätzliche Veranschaulichung und Lernhilfe kann folgendes Tafelbild dienen:

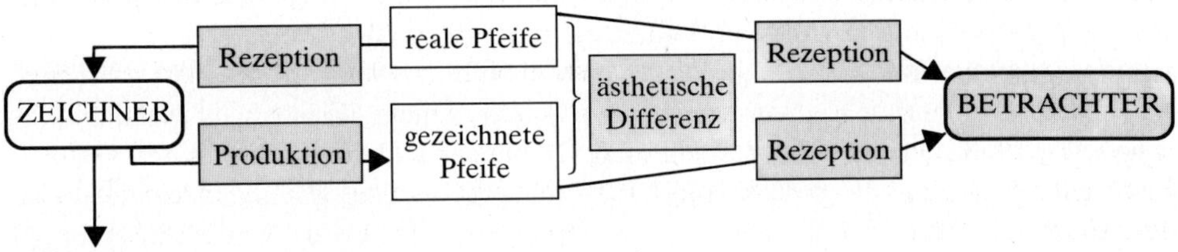

Abstraktion (lat.: ab-(s)trahere = ab-, hinwegziehen)
- Erkenntnis des WESENtlichen
- Reduzierung auf den „Kern der Sache“

Unschwer erkennen hier die Schüler die Strukturparallelen zu dem im Deutschunterricht der Sek. St. II behandelten Kommunikationsmodell und stoßen von daher auf nichts grundsätzlich Fremdes.

Die Erweiterung des Tafelbildes um die grau unterlegten Begriffe ist nur in einem Ästhetik-Kurs, nicht aber in einem Einführungskurs sinnvoll.

5. Transfer als Vertiefung: Wesensbestimmung des Stuhls

Zur Sicherung und Vertiefung greift der Lehrer in dieser Phase auf einen Alltagsgegenstand zurück: einen Stuhl, den er, optisch exponiert, aufs Pult stellt. Mit einer klar umrissenen, aber recht weiten Frage („Worin besteht das Wesen eines Stuhls?") oder einer gezielten Arbeitsanweisung („Nennen Sie die Wesensmerkmale eines Stuhls!") fordert er die Schüler auf, sich zu äußern.

Hierbei ist zu beachten, daß die oben gewählte Fragestellung bereits eine Verallgemeinerbarkeit im Hinblick auf *Gattungs*merkmale impliziert, denn es wird nicht nach dem Wesen „dieses", sondern eines x-beliebigen Stuhls gefragt; der ganz konkrete Stuhl auf dem Pult – das „Dies-da", um mit Hegel zu sprechen – dient also lediglich als optische Stütze.

In Form einer Liste (Tafelanschrieb!) sind dann die von den Schülern genannten Merkmale festzuhalten:

Wesensmerkmale eines Stuhles
- Sitzfläche
- Lehne
- (mindestens) 3 Beine
  oder: Standsäule, Kufen . . .

Das Ganze sieht, als dürres Ergebnis fixiert, einfacher aus, als es sich im Unterrichtsgespräch anläßt, gilt es doch dort vor allem, die Merkmale auszuschließen, die nicht zum Wesen des Stuhls zu zählen sind. Die Notwendigkeit einer Sitzfläche ist unbestritten, auch eine Lehne gehört zweifelsfrei zu dem, was einen Stuhl zum Stuhl macht, aber worauf liegt denn die Sitzfläche eines Stuhles? Hier ist es erhellend, sich daran zu erinnern, daß in der Mathematik eine Ebene durch drei Punkte definiert wird: Infolgedessen kann ein Stuhl, der drei Beine hat, nicht wackeln, wohl aber einer mit vier Beinen. Kufen oder eine Standsäule mit rundem Teller oder Rollen (Bürostuhl) sind nur Variationen der zum stabilen Stehen des Stuhls benötigten Ebene.

In Schwierigkeiten nicht nur fachwissenschaftlicher Art kommt man, wenn man hier Antworten zuläßt, die den *Zweck* betreffen. Ein Stuhl ist zweifellos zum Sitzen da, doch wäre es unredlich, dies zu den Wesensmerkmalen zu rechnen – man machte sich (aristotelisch gesprochen) einer ungenügenden Differenzierung zwischen *causa formalis* und *causa finalis* schuldig.

Aber auch jenseits logischer Genauigkeit gerät man in Schwierigkeiten: Ein überdimensional großer Stuhl (ein mögliches Werbemittel der Möbelbranche) oder ein sehr kleiner (Puppenhausstuhl) haben zwar die Form eines Stuhls und werden infolgedessen unter diesen Begriff subsumiert, sind aber zum Sitzen (für Menschen) nicht zu gebrauchen.

Bei diesem Gespräch werden Schüler sicher auch Merkmale von konkreten Stühlen nennen, die zweifellos nicht zum Wesen des Stuhls schlechthin zu zählen sind. Hierzu gehören z. B. Polsterung, Armlehnen, Querverstrebungen der Stuhlbeine, Klappmechanismen (bei Gartenstühlen etwa). Diese sollte man unter der Überschrift *„Fakultative Merkmale"* gesondert auflisten.

Wer will, kann auch den gedanklichen Ausflug in die Welt der Sitzmöbel fortsetzen, indem er auf der Grundlage der gefundenen Wesensmerkmale den Stuhl von anderen Sitzgelegenheiten unterscheiden läßt: ein „Sitz“-Möbel mit nur einem Bein, der Melkschemel, muß am Gesäß festgeschnallt werden, da er sonst umfällt, ein Sessel ist im Unterschied zum Stuhl immer gepolstert, hat aber nicht notwendig Armlehnen (Cocktailsessel der 50er Jahre), ein Sitzmöbel ohne Lehne ist ein Hocker usw.
Diese Klassifizierung von Sitzmöbeln läßt sich auch gut als Hausaufgabe (Arbeitsblatt!) stellen.

6. Anschlußtexte

Für einen Einführungskurs Anschlußtexte zu finden, die nicht zu schwer oder zu speziell sind, ist bei dieser Thematik heikel. Der Begriff des Wesens ist so traditionsbefrachtet, daß man im Grunde auf die Anfänge – sprich: die antike Philosophie – zurückgreifen muß, andererseits aber auch schon so abstrakt, daß er in dem Gang der griechischen Geistesgeschichte vom Mythos zum Logos erst bei Aristoteles ganz klare Konturen annimmt – nur kenne zumindest ich persönlich keinen aristotelischen Text, der den Wesensbegriff thematisiert und dabei nicht so voller ontologischer Implikationen steckte, daß er von einem Schüler zu Beginn eines Einführungskurses zu bewältigen wäre.

Als Alternative zur Arbeit mit philosophischen Primärtexten bieten sich, will man den Einstieg mit dem Ziel einer *Einführung in die Metaphysik* fortführen, zwei Möglichkeiten:

1. Man teilt – sofern vorhanden – den Schülern einen Satz „Schülerduden Philosophie“ aus und läßt sie in Gruppen konkurrierend die Artikel „Wesen“, „abstrakt“ und „Abstraktion“ erarbeiten. (Bei den Artikeln wird man auf jeden Fall kürzen müssen. Namentlich der Artikel „Abstraktion“ ist – wie auch eine Reihe anderer Stichwörter in dem ansonsten zuverlässigen und schülergerechten Werk – mit logischen Symbolen total überfrachtet. An welche Schüler hat man da als Zielgruppe gedacht?)
   Wenn man einen geistig beweglichen Kurs hat, kann man daran noch die Lektüre von Hegels „Wer denkt abstrakt?“ anschließen. (Der ganze Text ist für einen Einführungskurs zu lang; es empfiehlt sich, daraus nur die Abschnitte 2 bis 5, oder 6, zu besprechen.) Geistige Beweglichkeit wird dabei insofern vorausgesetzt, als dieser Text einen gänzlich anderen Begriff von „Abstraktheit“ entwickelt.
2. Man kann unter Zuhilfenahme einer Philosophiegeschichte (für Schüler gut geeignet ist z. B.: H. J. Störig, Kleine Weltgeschichte der Philosophie) oder des schon zitierten Buches „Die philosophische Hintertreppe“ von W. Weischedel Thales und den ‚Anfang‘ der Philosophie thematisieren (z. B. in Bundesländern, die eine deutliche philosophiegeschichtliche Ausrichtung des Unterrichts verlangen): Seine dem mythischen Denken gerade erst entwachsene Erklärung des Wassers zum metaphysischen Prinzip kann sehr plastisch die Beweggründe philosophischen Denkens verdeutlichen und zeigen, daß dieser Abstraktionsleistung des Thales ein ähnliches Bestreben zugrunde liegt wie dem zuvor behandelten Wesensbegriff. Allerdings muß man hier begriff(-sgeschicht-)lich sauber arbeiten und Prinzip *(arché)* von Wesen *(ousia)* und Wesenswas *(to ti en einai)* trennen.

Will man diesen Einstieg für eine *Einführung in einen Halbjahreskurs „Ästhetik"* verwenden, kann man gut **Text 1** (vgl. Materialienbd. S. 8) anschließen.
Dieser Text sollte im Hinblick auf zwei Schwerpunkte gelesen werden:

1. als essayistische Verdeutlichung des Begriffs „ästhetischer Schein",
2. als künstlerische Selbstaussage zum eigenen Tun: Die Metapher der „Beseelung" (unterstützt noch durch „Odem") enthüllt das quasi-sakrale Selbstverständnis Manns – der Künstler als göttlicher, zumindest gottähnlicher Schöpfer, eine Tradition, die bereits auf Shaftesbury (1671–1713) zurückgeht.

Beide Aspekte lassen sich in folgender Strukturskizze festhalten:

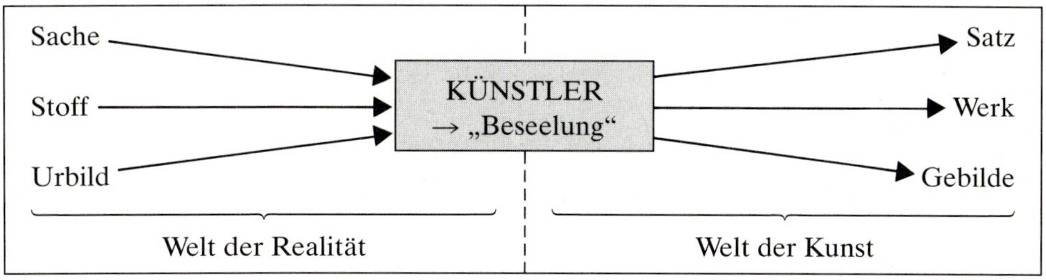

Um das Ganze noch verdeutlichend zuzuspitzen, kann der Lehrer während oder nach der Textanalyse auf Kunstbeispiele verweisen, die bewußt auf eine Minimalisierung der ästhetischen Differenz abzielen: dokumentarische Literatur, Dramen des Naturalismus, Bilder des Fotorealismus.
Eine mögliche Weiterführung des Ästhetik-Kurses sei nur noch kurz angedeutet: Nachdem durch den Th.-Mann-Text der Begriff des „ästhetischen Scheins" allgemein geklärt ist, kann man dazu übergehen, ihn in zwei verschiedenen Funktionen und Legitimationsformen zu thematisieren: Unter Verwendung eines geeigneten Platon-Textes (z. B. „Symposion" 206b–212b) läßt sich nicht nur der ästhetische Schein in seiner mimetischen Funktion (Darstellung der Natur) einführen, sondern auch begreifen als ontologisch fundiert.
Als diametral gegensätzlichen Entwurf kann man unter Verwendung der Kant-Folie und eines Schiller-Textes (Nr. 26 der „Ästhetischen Briefe") den ästhetischen Schein in seiner Funktion der Darstellung der Subjektivität (vgl. dazu Heuer, Darstellung der Freiheit), die aus der transzendentalphilosophischen Legitimierung erwächst, thematisieren.

7. Verwendbarkeit der Sequenz in anderen Unterrichtszusammenhängen

Die Möglichkeiten, mit diesem Einstieg in einen Halbjahreskurs „Ästhetik" einzuführen, sind schon unter 6. abgehandelt worden.
Eine Einführung in die Metaphysik, wie sie oben für einen Einführungskurs vorgeschlagen wird, läßt sich m. E. ohne Unterforderung der Schüler auch noch in der 12. oder 13. Jahrgangsstufe so gestalten.
Eine weitere Möglichkeit für einen Einführungskurs besteht darin, daß man auch dort den Th.-Mann-Text einbezieht, diesen aber dann unter anthropologischem Blickwinkel („Der Mensch als Künstler") analysiert.

1.4 Der telefonische Einstieg oder: Hallo, hier spreche ICH!

Philosophische Teildisziplin: Anthropologie
Thema: Identität des Ichs, Subjekt/Objekt-, Subjekt/Subjekt-Relation
Zeitaufwand: 1 bis 2 Stunden (ohne Anschlußtexte)
Alternative Verwendungsmöglichkeit: Einführung in einen Halbjahreskurs „Anthropologie" oder „Sprachphilosophie"
Hilfsmittel: Ein Telefongespräch (Dialogischer Text)
Anschlußtexte: Texte 1 und 2 (vgl. Materialienbd. S. 9f.)

Fachwissenschaftliche Hinweise

Die Begriffe des Themas (s. o.) deuten bereits an, daß es um das philosophische Problem der Selbstreflexion und des Selbstbewußtseins geht. Nicht nur der Altphilologe weiß, daß z. B. die Begriffe „Ich" und „Identität" – wenn auch nicht so prononciert und z. T. in anderer Bedeutung – fester Bestandteil griechischer und lateinischer Sprache sind, und ebenso ist das Problem der Selbstreflexion Thema antiker philosophischer Theorie: Man denke nur an die Reflexionsleistung der aristotelischen Schrift „De anima", in der der *nous poietikos* als reine Denkkraft, vergleichbar dem transzendentalen Ich Kants, gefeiert wird, oder an die Unerschütterlichkeit des stoischen Weisen, deren praktische Valenz erst aufgrund theoretischer Selbstvergewisserung möglich wird.
Mit Beginn der Neuzeit jedoch entwickelt dies Problem eine neue Qualität und Dynamik: Trat für den antiken und mittelalterlichen Menschen – es sei denn, er wäre psychisch krank gewesen – die Identität der eigenen Person überhaupt nicht als zweifelhaft in den Blick, so steht der neuzeitliche Mensch, für den es keinen fraglos gesicherten kosmischen „ordo" mehr gibt, von dem her er sich selbst definieren könnte, ständig unter dem Druck, sich über seine theoretischen und/oder praktischen Leistungen erfahren zu müssen: Ist der vorneuzeitliche Mensch eingebunden in ein fest umrissenes Weltgefüge, dessen soziale und religiöse Kräfte ihn mit einer vorreflexiv gewissen Identität ausstatten, so treten für den neuzeitlichen Menschen seit Descartes das Ich und die Identität zunehmend auseinander: Ist das Ich in der Lage, sich über theoretische Akte der Selbstreflexion oder über praktische Auseinandersetzung mit der Realität (z. B. Arbeit im Marxschen Sinne) seiner selbst zu vergewissern, erfährt es seine Identität als das vom jeweiligen Objekt Unterschiedene. (Zum Problemkreis des [Selbst-]Bewußtseins finden sich bei Hegel einige äußerst klare Bemerkungen, die sich z. T. auch als Schultexte einsetzen lassen: Hegel, Theorie Werkausgabe, Bd. 12, S. 30f.; Bd. 13, S. 51f.; Bd. 16, S. 107f., S. 167f.)
Andererseits – und dies zeigt wiederum die Dialektik jeder Subjekt/Objekt-Relation – gelingt dies nur, wenn das Ich nicht „bei sich" (Hegel) bleibt, sondern sich in der Relation als das Andere des Objektes empfinden und denken lernt.
So steht das mit sich selbst identische Ich zwar in Differenz zum Objekt als dem ihm Entgegengesetzten, ist aber auf diese Relation auch angewiesen, um sich selbst als Selbst begreifen zu können. (Eine sehr gute knappe Zusammenfassung dieses Problems und

seiner Implikationen gibt: Friedrich A. Uehlein, Bewußtsein und Selbstbewußtsein, S. 145–155.)

Didaktische Hinweise

Man muß nicht auf die vor allem seit Herder und dem Sturm und Drang gepflegte Vorstellung zurückgreifen, der einzelne Mensch durchlaufe in seiner individuellen Lebensgeschichte die Stationen der Gattungsgeschichte – womit nichts anderes als eine historisierende Variante der barocken Mikro-/Makrokosmos-Entsprechung gegeben wird –, um die Adoleszenz von Schülern begreifen zu können als wesentlich von Identitätssuche und -problemen bestimmte Entwicklungsphase.

Das Thema dieses Einstiegs greift daher etwas auf, was Schülern eines Einführungskurses unmittelbar vertraut, wenn auch nicht aufgrund einer Selbstdistanzierung ohne weiteres bewußt ist.

Ausgehend vom *Ich-Begriff,* der in einem Telefonsketch in seiner Funktion subjektiver Selbstbezeichnung zuerst vorgestellt und später theoretisch aufgearbeitet wird, werden schrittweise die Termini *Individuum, Subjekt* und *Objekt* eingeführt. Dies legt zum einen fachliche Grundlagen, die für den weiteren Unterricht hilfreich sind, und verhindert zum anderen Unschärfen: Den Schülern wird klar, daß die selbst im philosophischen Sprachgebrauch nicht immer streng differenzierten Begriffe Ich, Individuum und Subjekt je unterschiedliche Bedeutungsakzente setzen, auch wenn sie zur Bezeichnung ein und derselben Person verwendet werden.

Indem die Schüler aber auch erfahren, daß Identität wesentlich über Subjekt/Objekt- und Subjekt/Subjekt-Beziehungen vermittelt wird, tritt für sie Philosophie auf in der Funktion möglicher Sinnstiftung: Wer weiß, wodurch Identität bedingt ist, empfindet diese fortan nicht länger als ein undurchschaubares und infolgedessen vielleicht ängstigendes Diffusum, welches gleichwohl als unbestimmter Zielpunkt – das Erwachsensein – fungiert.

1. Präsentation des Mediums

Am besten wirkt der unten abgedruckte Telefonsketch natürlich, wenn man ihn als vorbereitete Tonbandaufnahme präsentieren kann; ist dies, aus welchen Gründen auch immer, nicht möglich, ist es methodisch immer noch geschickter, sich einen Schüler den Text genau ansehen zu lassen und ihn dann als szenische Lesung mit dem Schüler zusammen vorzutragen, als den Text dem Kurs abgezogen zu geben.

Ein Telefongespräch

Angerufener:	Ja bitte?
Anrufer:	Guten Tag, hier Müller. Ich hätte gern Herrn Schulze gesprochen wegen der Stellenanzeige.
Angerufener:	Ach so!
Anrufer:	Könnten Sie ihn vielleicht an den Apparat holen? Oder spreche ich mit Herrn Schulze selbst?
Angerufener:	Nein. Sie sprechen mit mir!
Anrufer:	Wieso? Ich denke, Sie sind nicht Herr Schulze?

Angerufener:	Bin ich auch nicht, da haben Sie recht.
Anrufer:	Das verstehe ich nicht. Spreche ich nun mit Herrn Schulze oder nicht?
Angerufener:	Ich sagte doch, Sie sprechen mit *mir*.
Anrufer:	Und wer sind Sie?
Angerufener:	Ich sagte doch schon: ich. Ich bin ich.
Anrufer:	Jetzt regen Sie mich nicht auf! Ich möchte sofort Herrn Schulze sprechen. Es ist wichtig!
Angerufener:	Das geht aber nicht, da Sie mit mir sprechen.
Anrufer:	Nun hören Sie bitte mal zu. Auf Karnevalsscherze kann ich gut und gerne verzichten. Oder sind Sie vielleicht der Präsident des hiesigen Karnevalsclubs?
Angerufener:	Nein, bin ich nicht. Ich bin und bleibe ich.
Anrufer:	Wissen Sie was? Sie können mich mal!!!
Angerufener:	ICH?

2. „Common sense"-Beschreibung

Nachdem sich die zu erwartende Heiterkeit gelegt hat, beginnt man in dieser Phase mit einer Analyse der Kommunikationssituation. Hierbei ist es psychologisch sinnvoll, beim Ärger des Anrufenden anzusetzen, da dieser sich bis kurz vor Schluß sozusagen ‚normal' verhält. Auf die Lehrerfrage „Warum ist der Anrufer so wütend?" wird man Schülerantworten erhalten, die entweder auf die o. a. ‚Normalität' abheben oder aber bereits den ‚Kern der Sache' betreffen („Der meldet sich ja immer nur mit ‚Ich'!").

Auf den Einstieg über die emotionale Ebene folgt die Situationsanalyse: „Woran scheitert die Verständigung?" Wer auf eine sehr differenzierte Analyse Wert legt – obwohl man diesen kurzen Text wirklich nicht überfrachten sollte –, möge an dieser Stelle einen Textabzug eingeben oder die Tonbandaufnahme wiederholen: Entscheidend ist, daß die Verständigung an der fehlenden Namensnennung des Angerufenen scheitert. Seine Identität benennt er zwar, indem er sich als den bezeichnet, der er für sich ist: ich. Damit schließt er aber auch jeden anderen, der zu sich selbst mit genau der gleichen Berechtigung „Ich" sagen kann, von der Identifizierung aus.

Die Länge dieser beiden Phasen – vergleicht man sie mit den entsprechenden der anderen Einführungen – darf man nicht überschätzen: In einem guten Kurs wird man für beide Phasen nicht mehr als sieben bis acht Minuten benötigen.

3. Philosophische Durchdringung der Situation: Einführung des Ich-Begriffs

Ist in Phase 2 die Situation vom Anrufer her beschrieben worden, so wird sie nun philosophisch vom Angerufenen her aufgearbeitet mit der Frage: „Nehmen wir einmal an, der Angerufene wollte seinen Gesprächspartner nicht verulken, sondern hätte seine Antworten völlig ernst gemeint. Woran könnte es liegen, daß er sich nicht mit Namen, sondern mit ‚Ich' meldet?"

Bei der Beantwortung kommt es auf zwei Sachverhalte an:

1. Die Schüler müssen erschließen, daß eine telefonische Meldung mit Namen eine Selbstdistanzierung voraussetzt: Für jeden anderen bin ich „Herr S.", für mich selbst aber „ich".

2. Eng damit hängt die Relationalität des Ich-Begriffs zusammen: Das Ich-Sein für mich selbst ist Ausdruck der Fähigkeit, mich auf mich beziehen zu können. An der Subjektivität als unhintergehbarer Voraussetzung liegt es aber, daß dieses Ich-Sein von schlechthin jedem beansprucht werden kann und auch wird.

Sollte dieses von den Schülern nicht ohne Schwierigkeiten erschlossen werden, kann man als Impuls eingeben, daß Kleinkinder oder Angehörige von Naturvölkern (hier bekommen Karl-May-Leser eine echte philosophische Chance) von sich in der 3. Person sprechen. Die Gründe hierfür – die u. a. im nicht *als* Selbstbewußtsein reflektierten Selbstbewußtsein liegen, aber auch darin, daß das Kleinkind oder der Indianer von anderen ja mit Namen angesprochen wird – sollten auf das Ergebnis dieser Phase hinführen: Das „Ich" wird als Begriff einerseits völlig individuell gebraucht – als potentielle Selbstbezeichnung des einzelnen. Andererseits ist der Begriff gleichzeitig äußerst allgemein, da eben *jeder* Mensch von sich so sprechen kann. Aus genau dieser Spannung erwächst die Komik des präsentierten Telefonsketches.
Angesichts der Wichtigkeit dieses Ergebnisses sollte sich der Lehrer nicht scheuen, das Ganze nachdrücklich zusammenzufassen, u. U. auch ein Tafelbild als Veranschaulichung verwenden:

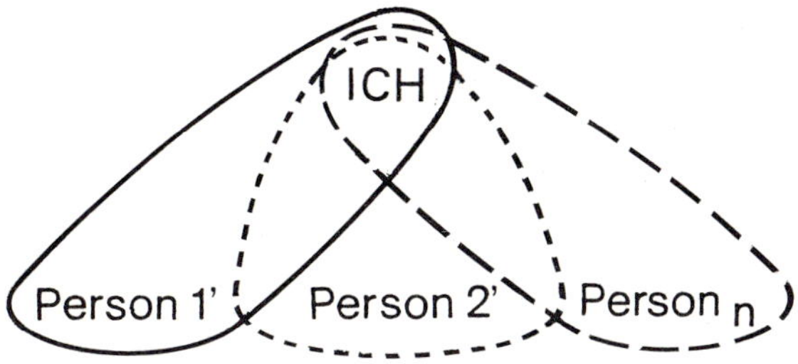

Veranschaulichung: Das Ich und seine Rollen
Auf diese in den anderen Einführungen eher fakultative Phase sollte man hier besser nicht verzichten, da sonst das Ich in seiner Funktion als Zentrum der Person und Ursache der Identität nicht ohne weiteres deutlich wird.
Der Lehrer beginnt mit der Ankündigung, im folgenden auf die Rollentheorie der Sozialwissenschaften zurückgreifen zu wollen. Meistens wird irgendeiner der Kursteilnehmer in der Lage sein, hierzu kurz zu referieren, sonst muß der Lehrer dies selbst übernehmen.
Verkürzt formuliert, umschreibt der Begriff der „Rolle" die Verhaltensweisen, die ein Mensch innerhalb verschiedener sozialer Systeme, Institutionen und Gruppen praktiziert oder praktizieren sollte; die „Rollenerwartungen", die andere an einen Menschen stellen, und dessen tatsächliches Rollenverhalten müssen sich dabei keinesfalls decken.
Auf dieser Grundlage nennen die Schüler nun einige Rollen, die ein Jugendlicher im Laufe seines Tages „spielt" oder „spielen muß". Hierzu ist die Anfertigung eines Tafelbildes sinnvoll:

ICH	als	Sohn/Bruder Schüler Klassenkamerad	vormittags
		Sohn/Bruder Freund Nachhilfelehrer	nachmittags
		Vereinsmitglied Tanzpartner	abends

Die einzelnen Rollen kann man konkretisieren lassen:
Als Sohn hat der Jugendliche vielleicht Krach mit dem Vater, als Schüler hat er z. B. eine gute Arbeit geschrieben, als Vereinsmitglied eines Schwimmvereins wird er z. B. für die Bezirksmeisterschaften aufgestellt usw. Um den Begriff der Identität einzuführen, kann man alternativ verfahren:

1. Bevor man in das obige Tafelbild links neben der Liste der Rollen den Begriff „Ich" anschreibt und ihn mit den einzelnen Rollen verbindet, sollte man diesen mit einer Hilfsfrage von den Schülern erschließen lassen: „Woher weiß der Jugendliche, der nachmittags die Rolle des Bruders oder Freundes einnimmt, daß er vormittags Schüler gewesen ist?"
   Die Verblüffung, daß nach etwas (scheinbar) so Selbstverständlichem gefragt wird, macht den Lernerfolg um so eindringlicher. Im Anschluß an die Antwort und die Eintragung in das Tafelbild (s. o.) kann man zwanglos den Begriff der Identität einführen: Der Jugendliche bleibt in allen Rollen er selbst, was z. B. dazu führt, daß er Lebenserfahrungen, die er beim Spielen der einen Rolle macht, in andere Rollen transferiert.
2. Die zweite Möglichkeit entwickelt man über einen scheinbaren Umweg: Man läßt die Schüler den Begriff „Individuum" etymologisieren, indem man nach dem lateinischen Verb fragt, das in ihm steckt (dividere = teilen). Sodann fragt der Lehrer, ob zwischen den vielen Rollen, in die ein Mensch am Tag schlüpfe, und seiner In-dividualität (= Un-teilbarkeit) nicht ein offenkundiger Widerspruch bestehe. Wenn dann die Schüler darauf kommen, daß die Individualität durch die vielen Rollen nicht verletzt wird – ein Index hierfür ist, daß niemand zwei Rollen zur selben Zeit spielt, z. B. Schüler und Sohn –, läßt sich ähnlich wie oben der Begriff der Identität einführen und das Tafelbild vervollständigen.

4. Problematisierung des Ich-Begriffs

Im Verhältnis zu der Phase 3 ist diese recht kurz; in ihr soll lediglich deutlich werden, daß die Identität bzw. das Ich-Bewußtsein mit dem Denken untrennbar verbunden ist.
Ähnlich wie in anderen Einführungen (1.3, 1.5) stellt der Lehrer einen Stuhl aufs Pult und nutzt die Überraschung der Schüler, um die nicht sonderlich tiefschürfende Frage zu stellen: „Woran liegt es, daß ein Stuhl zu sich nicht ‚Ich' sagen kann?" oder: „Woran liegt es, daß ein Stuhl keine Identität besitzt?"
Auf der Grundlage der Schülerbeiträge kann der Lehrer die Koppelung von Denken und Identität noch einmal verstärkend aufgreifen und als Überleitung zur folgenden

Phase verwenden. In einigen Kursen habe ich recht gute Erfahrungen mit der griffigen Definition gemacht: „Das Ich ist das, was in uns denkt." Diese Formulierung ist einerseits noch so formal, daß ihr nicht leicht eine einseitig ‚idealistische' Position vorgeworfen werden kann, andererseits so gut zu merken, daß sie geistig unbeweglicheren Schülern entgegenkommt.

5. Ausweitung des Problems: Die Subjekt/Objekt- und die Subjekt/Subjekt-Relation

5.1 Bei der *Einführung der Subjekt/Objekt-Relation* kann man – sofern vorhanden – mit dem Folienatlas (vgl. Kap. 4) arbeiten, sollte aber auf keinen Fall auf die Veranschaulichungshilfe eines Tafelbildes verzichten.
Unter begleitendem Lehrervortrag („Im Laufe auch nur eines Tages denken wir unzählige Gegenstände oder Personen oder Probleme. Als ein mögliches Beispiel für einen solchen Denkinhalt nehmen wir mal diesen Stuhl . . .") zeichnet der Lehrer die – noch zu erweiternde – Skizze an die Tafel:

Ich ——— denke ———▶ | den Stuhl

Dann führt der Lehrer die Begriffe Subjekt und Objekt ein, indem er ihre Grundbedeutungen nennt (sub-iectum [lat.] = das Zugrundeliegende/Darunterliegende; ob-iectum [lat.] = das Entgegenstehende/Gegenüberstehende), sie im Tafelbild unter „Ich" und „Stuhl" einträgt und schließlich fragt, wieso wohl in der Philosophie ein Ich, das etwas denkt, zu der Bezeichnung „Zugrundeliegendes" gekommen sei. Die Antworten bzw. Ergebnisse sollte man als Lehrer durchaus wiederholen oder zusammenfassen (je nach Qualität) – schließlich handelt es sich bei der Subjekt/Objekt-Relation um eine philosophische Grundstruktur.
Ideal sind natürlich Schülerantworten wie: „Der Stuhl kann ja nicht denken, deswegen ist das Ich das Zugrundeliegende" oder „Ein Objekt kann immer nur ein Objekt für ein Ich sein, zwei Objekte sind sich gleichgültig", aber diese kommen so konzentriert leider nur selten. Deswegen wird man hier in der Regel schrittweise entwickeln müssen.

5.2 Ausgesprochen spannend wird es, wenn man nun noch die *Subjekt/Subjekt-Relation* (Ich/Du-Beziehung) einführt. Unter Verweis auf das Tafelbild stellt man die Frage: „Was verändert sich in dieser Beziehung, wenn an die Stelle des Stuhls ein Mensch tritt?"
Aufgrund des vorher erörterten Subjekt-Begriffs werden Schüler recht sicher erschließen, daß bei *zwei* „Zugrundeliegenden" eine gleichberechtigte Beziehung konstatiert werden muß. Sollten dann die Konsequenzen dieser Relation noch nicht genügend deutlich werden, kann der Lehrer einen aphoristischen Satz Martin Bubers als Impuls eingeben: „Ich bin zugleich Ich für mich und Du für ein anderes" und diesen auf der Folie des Identitätsbegriffs diskutieren lassen, z. B. mit Hilfe der Frage: „Wodurch ist die Subjekt/Subjekt-Relation (oder: Ich/Du-Beziehung) im Unterschied zur Subjekt/Objekt-Rela-

tion geprägt?“ Hier müßten u. a. das Nicht-verfügen-Können über ein Du und dessen Fähigkeit, auf das Ich re-agieren zu können oder selbst auf das Ich hin zu agieren, zur Sprache kommen.
Sollte die Ich/Du-Beziehung von einem Teil des Kurses ernsthaft als Variante der Subjekt/Objekt-Relation verstanden werden, kann der Lehrer eine Anekdote, die man von Gottfried Benn berichtet, eingeben: Der Lyriker Gottfried Benn (1886–1956), der von Beruf Arzt war, habe einmal von sich behauptet, es falle ihm schwer, Menschen, die ihm begegneten, unbefangen gegenüberzutreten: in Gedanken seziere er sie bereits mit einem Skalpell.
Diese Anekdote, im Lehrervortrag packend ausgeschmückt, kann man dann mit der Frage abschließen, welch ein Mangel sich hier zeige: Sehr schnell werden die Schüler darauf kommen, daß unter solch einem Blickwinkel der andere zum reinen Objekt des ärztlichen Blickes wird, und erkennen, daß diese Beziehung insofern einseitig bleibt, als sie von der Verdinglichung des Du durch das Ich geprägt ist. Gleichsam ex negativo kann der Lehrer dann erörtern lassen, was diese von einer gleichberechtigten Ich/Du-Beziehung unterscheidet. (Zwar schon einige Jahre alt, aber als psychologische Analyse verdinglichter Beziehungen immer noch informativ: Eric Berne, Spiele der Erwachsenen.)

6. Anschlußtexte
Für die Textarbeit bietet sich eine Fülle von Anschlußmöglichkeiten, von denen drei vorgestellt werden sollen:

1. Wer den Unterschied zwischen der Subjekt/Objekt- und der Subjekt/Subjekt-Relation vertiefen möchte, sei auf Martin Bubers kleine Schrift „Ich und Du“ (1922) verwiesen, in der u. a. die Differenz „Ich/Es“ und „Ich/Du“ behandelt wird. Da der Text stellenweise sehr spröde ist, wird an dieser Stelle kein Auszug abgedruckt – je nach Reflexionsfähigkeit des Kurses sollte hier jeder Unterrichtende selbst auswählen.
2. Eine zweite Möglichkeit besteht darin, die zuvor erörterte Ich/Du-Beziehung auf den Themenkreis „Freundschaft“ zuzuspitzen. Hier kann man in chronologischer Anordnung z. B. zurückgreifen auf:
   - Aristoteles, Nikomachische Ethik, Buch 8, Kap. 3 (dtv S. 234f.) und Buch 9, Kap. 4 (dtv S. 263f.),
   - Balthasar Gracian, Handorakel und Kunst der Weltklugheit (Abschnitte 111 [S. 55f.], 217 [S. 107], 260 [S. 126f.]),
   - Michel de Montaigne, Über die Freundschaft (hier ist eine Auswahl zu treffen aus dem Abdruck in: K. Vorländer, Philosophie der Renaissance. Geschichte der Philosophie 3, S. 226ff.),
   - Matthias Claudius, Von der Freundschaft (Sämtliche Werke. S. 186–188. Greifbarer abgedruckt in: Wort und Sinn. Lesebuch f. d. Deutschunterricht. Bd. 9, S. 103f.),
   - Arthur Schopenhauer, Aphorismen zur Lebensweisheit (S. 156f. oder S. 207f.).
3. Will man die Textarbeit nicht – wie unter 2. angegeben – zu einer thematisch geschlossenen Unterrichtsreihe ausbauen, bietet sich der Anschluß von Text 1 und 2 an.

Text 1 (vgl. Materialienbd. S. 9), indem er auf das reflektiert, was ‚vor' jeder Sozialbeziehung liegt, beschreibt er mit der anthropologischen Konstante der „Aufgeschlossenheit" eine gattungsspezifische Voraussetzung von Kommunikation und damit einen Sachverhalt, der in diesem Einstieg bisher vermutlich nicht zur Sprache gekommen ist. Infolgedessen muß bei der Textanalyse dieser Zentralbegriff in den Mittelpunkt gerückt werden – es versteht sich von selbst, daß er mit der umgangssprachlichen Bedeutung von „aufgeschlossen" (die in etwa „kontaktfreudig" entspricht) nichts gemein hat: Verdeutlicht werden muß vielmehr ihr *Möglichkeits*charakter, der immer dann in die Wirklichkeit einer aktuellen Ich/Du-Beziehung überführt wird, wenn sich ein Individuum einem anderen handelnd zuwendet.

Zugegeben: **Text 2** (vgl. Materialienbd. S. 10) ist für Lehrer altbekannt, scheinbar abgegriffen, zumal sich Generationen von Religionspädagogen an ihm versucht haben, um mit seiner Hilfe ein didaktisch zweifelhaftes „Betroffenheitskonzept" ins Werk zu setzen.
Andererseits: Schülern ist er – wie fast jeder andere Text, der in der Schule gegeben wird, auch – unbekannt; warum also sollte man ihn nicht verwenden, wenn er gut geeignet ist, ein zuvor bereits angerissenes Problem zu vertiefen: die Denaturierung einer Ich/Du-Beziehung zu einer verdinglichten Subjekt/Objekt-Relation?

7. Verwendbarkeit der Sequenz in anderen Unterrichtszusammenhängen

Die Möglichkeit, diesen Einstieg in einem Kurs *„Anthropologie"* einzusetzen, liegt so nahe, daß dies nur andeutungsweise erläutert werden muß. Der Mensch ist vorgestellt worden in zweien seiner Fähigkeiten: ein Objekt zum Objekt machen zu können und mit einem anderen Subjekt in Kommunikation treten zu können. Daraus lassen sich Unterrichtsreihen entwickeln wie z. B.: der Mensch als forschendes, kommunizierendes, sich Natur unterwerfendes, nach Sinn fragendes, kulturbestimmendes und -bestimmtes Wesen . . .
Die Sequenz als *Einführung in die Sprachphilosophie* zu verwenden, ist auf zweierlei Weise möglich: Zum einen läßt sich der Ich-Begriff noch einmal aufgreifen; an ihm kann man in nuce das Problem von Umfang und Inhalt eines Begriffs entwickeln.
Zum zweiten kann man bei der Ich/Du-Beziehung einsetzen und deren Kommunikation als wesentlich sprachlich vermittelt diskutieren: Sprache ist einerseits zu begreifen als eine „Zwischenwelt" (A. Gehlen) der Individuen, andererseits als das Kommunikationsmedium der Sprachgemeinschaft, in der ein Individuum aufwächst. (Die deutsche Bezeichnung „Muttersprache" legt demgegenüber den falschen Schluß nahe, der Mensch erlerne zwangsweise, gleichsam in Form einer Ererbung, die Sprache seiner biologischen Mutter, was de facto nicht zutrifft: Man führe sich nur das Beispiel von Kindern aus der Dritten Welt vor Augen, die als Säuglinge zur Adoption freigegeben werden und in der „Ersten Welt" aufwachsen.)

1.5 Der reflexive Einstieg oder: Ich denke den Denker des Stuhls

Philosophische Teildisziplin: Erkenntnistheorie
Thema: Wahrnehmung, Reflexion und Selbstreflexion als Leistungen der Subjektivität
Zeitaufwand: 2 Stunden (ohne Anschlußtexte)
Alternative Verwendungsmöglichkeiten: Einführung in Grundprobleme traditioneller Erkenntnistheorie
Hilfsmittel: Stuhl
Anschlußtexte: Texte 1–4 (vgl. Materialienbd. S. 10–12)

Fachwissenschaftliche Hinweise

Da sich dieser Einstieg thematisch z. T. mit 1.4 überschneidet, beschränke ich mich an dieser Stelle darauf, unter Vernachlässigung der Philosophiegeschichte einige Grundeinsichten der Transzendentalphilosophie darzustellen, die zwar nicht von der Sache, wohl aber vom Begriff her mit Kant auf den Plan tritt. (Vgl. hierzu grundlegend: Harald Holz, Einführung in die Transzendentalphilosophie.)
Sobald sich das Denken von der Gegenstandswelt abwendet und auf sich selbst richtet, bewegt es sich in der Dimension, die Kant mit dem Namen „transzendental" belegt hat, und dieser Überschuß an Denkkraft, nicht in der Sinnlichkeit der Objektwelt aufzugehen, sondern sich in der Selbstreflexion als das von den Gegenständen unterschiedene Ich seiner selbst vergewissern zu können, ist es, welcher den Freiheitsbegriff Kants und letztlich das Autonomiebewußtsein des neuzeitlichen Subjekts überhaupt begründet.
Jene Denkkraft, die Kant als das „Ich denke" (Kant, Kritik der reinen Vernunft, B 132) oder, anschaulicher, als das „stehende und bleibende Ich" (ebd., A 123) faßt, ist unter dem Terminus ‚transzendentales Ich' in die Philosophiegeschichte eingegangen und bezeichnet ein Vermögen, welches selbst nicht – wie ein äußerliches Wissen – vermittelt werden kann, da es nichts als Vermittlung *ist,* und welches deswegen von der Reflexion nicht eingeholt werden kann, da es jene allererst begründet: Der Ermöglichungsgrund von Denken ist als Wirklichkeit dem von ihm Ermöglichten in ursächlicher Weise vorgängig.
Gleichwohl besteht zwischen Denkkraft und den von ihr hervorgebrachten Denkakten eine wechselseitige Abhängigkeit, da das erkennende Subjekt erst in den besonderen, einzelnen Reflexionsakten zum Wissen von *etwas* gelangt. Versucht das Ich nun, im einzelnen Denkakt auf sich selbst zu reflektieren, so stößt es auf die Grenze, die mit seiner transzendental verfaßten Bewußtseinsstruktur gegeben ist: Zwar kann es in der Selbstreflexion seines Denkvermögens innewerden, weil es ja dessen Leistung im je aktuellen Denkakt erfährt, vermag aber das transzendentale Ich selbst, da dieses ja auch die Selbstreflexion begründet, nicht auf den Begriff zu bringen: Die Möglichkeit der totalen Selbstevidenz bleibt ihm verschlossen.

Didaktische Hinweise

Von den in dem Kapitel „Prolog" vorgestellten Einführungen ist diese sicher die schwierigste, aber auch die anspruchsvollste, führt sie doch die Schüler innerhalb von nur zwei

Schulstunden weg von der Ebene des Alltagsbewußtseins und hinein in Denkvollzüge, die zu den kompliziertesten der Philosophie überhaupt gehören. Gerade darin aber liegt der Reiz dieser Einführung, und selbst wenn sie nicht völlig gelingt, führt sie nach meiner Erfahrung Schüler zumindest zu der Einsicht, daß sich ihre Auffassung von Welt nicht in naivem Realitätssinn erschöpft und ihre Versuche, sich selbst zu ergründen, sich nicht auf Psychologisch-Biographisches beschränken müssen – z. B. in Form von Antworten auf Fragen wie: „Warum habe ich heute morgen nur so aggressiv reagiert?“ oder: „Habe ich mich eigentlich seit dem letzten Jahr innerlich verändert?“

Doch konkret: Ausgangspunkt ist wieder ein Alltagsgegenstand, einer der vielen genormten Stühle, mit denen jeder Klassenraum zweckvoll möbliert ist. Mit Hilfe dieses Stuhls wird zuerst das Alltagsbewußtsein der Schüler in Frage gestellt und darauf die *Differenz von Wahrnehmung und Denken* (des Stuhls) thematisiert. Mit einer meditationsähnlichen Übung wird dann der nicht-textgebundene Teil der Einführung abgeschlossen: Die Schüler werden zur *Differenz von Reflexion und Selbstreflexion* geführt, indem sie versuchen, sich selbst zu denken und diese Erfahrung zu verbalisieren.

1. Präsentation des Mediums

Ähnlich wie in den anderen vorgestellten Einführungen setzt die Präsentation des Mediums auf das Vertrauen, daß mit dem Staunen alles Philosophieren beginne: Der Lehrer greift sich einen der herumstehenden Stühle – wenn alle besetzt sind, notfalls seinen eigenen –, stellt ihn auf das Pult und erhöht die einsetzende Verwunderung mit der scheinbar naiven Frage: „Was ist das?“

2. „Common sense“-Beschreibung

Die Schülerantwort ist klar; vielleicht wird der eine oder andere, der schon ‚den Braten riecht‘, spezifizieren („Ein Stuhl, von dessen Typ hier noch x andere stehen.“) oder verallgemeinern („Ein Sitzmöbel zum Gebrauch in öffentlichen Gebäuden.“), aber Zweifel an der Realität dieser Wahrnehmung dürften kaum aufkommen. (Nur ein Schüler unter den knapp 150, bei denen ich diesen Einstieg bisher ausprobiert habe, antwortete gewitzter: „Eine Sitzgelegenheit, die wir Stuhl nennen.“)

3. Philosophische Durchdringung: Nachvollzug einer Begriffsbildung

In dieser Phase wird das Tempo der ersten beiden Phasen, welches sich aus der Selbstverständlichkeit des Gegenstandes und seiner Bezeichnung ergibt, gebremst, die Verwunderung der Schüler als motivierender Impuls aber aufrechterhalten mit der Frage: „Woher wissen Sie, daß das ein Stuhl ist?“

Die Schülerantworten können sich entweder auf Erkenntnisbedingungen des Subjekts oder auf Form und Zweck des Objekts beziehen: Das Subjekt verfügt über bestimmte Begriffe, die ihm vermittelt worden sind, und zu diesen gehört auch der Begriff „Stuhl“; ferner steht es in einer bestimmten kulturgeschichtlichen Tradition, für die der Gebrauch von Stühlen (anders als z. B. in Indien oder Japan) selbstverständlich ist.

Das Objekt andererseits weist bestimmte Merkmale auf (vgl. Einstieg 1.3.5) wie Sitzfläche, Lehne, Beine, und dient einem klar umrissenen Zweck – dem Sitzen –, woran nichts ändert, daß der Stuhl auch als ‚Ersatztisch' oder Brennholz verwendet werden kann. Um schon hier die Phase 4 vorzubereiten, faßt man die Ergebnisse in einer Tafelskizze zusammen, die später erweitert werden kann:

ICH	STUHL
– verfügt über bestimmte Begriffe – steht in einer bestimmten Tradition	– hat bestimmte Merkmale – hat einen bestimmten Zweck

Wer hier sehr differenziert verfahren will, kann darauf abheben, daß der Zweck und die Merkmale eines Stuhls nicht notwendig miteinander gekoppelt sind (vgl. Einstieg 1.3.5), daß aber andererseits unsere Begrifflichkeit und unser Begriffsvermögen sehr wohl in engem Zusammenhang stehen mit der (kulturgeschichtlichen) Tradition. Diese Ergänzung erscheint aber nur ratsam, wenn man später auf apriorische Erkenntnisstrukturen eingehen will, etwa Gadamers Begriff der geschichtlich vermittelten Vorurteilsstruktur des Denkens oder Habermas' erkenntnisleitende Interessen (also vermutlich in einem Halbjahreskurs „Erkenntnistheorie", nicht aber in einem Einführungskurs).

Lernhilfe: Die Bestandteile des Stuhls
Diese Lernhilfe bezieht sich auf die Subjektseite (s. o.), bei deren Analyse eher Verständnisprobleme auftreten könnten, denn daß ein Stuhl bestimmte Merkmale aufweist und einen bestimmten Zweck hat, erschließt auch der unbedarfteste Kurs.
Mit dieser Lernhilfe jedoch sollen die Schüler zwar nicht am eigenen Leibe, wohl aber am eigenen Denken erfahren, wie sehr die geschichtlich-gesellschaftlich vermittelten Begriffsstrukturen ihre Auffassung immer schon prägen und auch beeinflussen. Der Lehrer zeichnet in abstrahierter Form und völlig ungeordnet die Bestandteile eines Stuhls an die Tafel, etwa so:

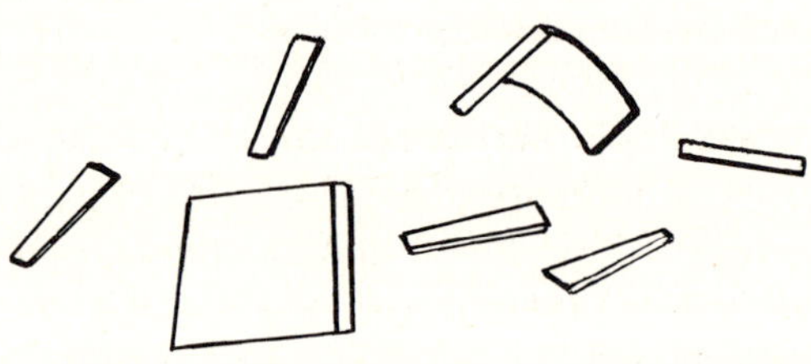

Wie schon in Phase 1 stellt er die Frage, was dies sei, und wie zuvor in Phase 3 fragt er die Schüler, woher sie dies wüßten. Im Grunde zielt dies darauf ab, eine begriffliche Synthese nachzuvollziehen: Aus den Bestandteilen eines den Schülern bekannten Objektes setzt sich in ihrem Denken wie von selbst dieses Objekt zusammen, und dies allein aufgrund der Tatsache, daß der ihnen zur Verfügung stehende Begriff einen Vor-Entwurf auf eine Ganzheit ermöglicht.

Haben die Schüler diese Schritte der Lernhilfe vollzogen, bereitet es keine Schwierigkeiten mehr, im o. a. Tafelbild unter „Ich“ die entsprechenden Eintragungen vorzunehmen.

4. Problematisierung: Die Differenz Wahrnehmung/Denken

Wenn diese Phase unter der Überschrift „Problematisierung“ erscheint, dann trifft dieses nur bedingt zu: *Was* problematisiert wird – die sinnliche Wahrnehmung des Stuhls – wird problematisiert in Abhebung vom Denken des Stuhls, so daß zusätzlich eine erste Ausweitung des Problems vorgenommen wird. Die zweite folgt dann in Phase 5.
Um eine Atmosphäre allgemeiner Konzentration zu schaffen, die jetzt und noch mehr in Phase 5 nötig ist, muß unbedingt auf größte Ruhe gedrungen werden. Zwischenbemerkungen sollte sich der Lehrer auf jeden Fall verbitten. Unter Umständen kann es auch ratsam sein, das, was jetzt komme, als „ungewöhnliches Experiment“ anzukündigen: Man erspart sich so alberne und halblaute Schülerbemerkungen.

In folgenden Schritten ist zu verfahren:

1. Der Lehrer bittet die Schüler, sich den Stuhl, der auf dem Pult steht, noch einmal genau anzusehen und einzuprägen.
2. Sodann fordert er die Schüler auf, die Augen zu schließen (u. U. mit dem Hinweis, daß das die Konzentration erhöhe), und gibt die Anweisung: „Jetzt denken Sie einmal den Stuhl!“
   Ob dies für jeden Kurs genügt, läßt sich abstrakt nicht entscheiden. Manchmal hilft eine zusätzliche ruhige Ansprache der Schüler, um ihre Konzentration zu fördern: „Sie alle haben jetzt Ihre Augen geschlossen. Sie nehmen von Ihrer Außenwelt nichts mehr optisch wahr. Sie blicken gleichsam in sich selbst und stellen sich einen Stuhl vor. Dieser erscheint in Ihrem Denken. Sie haben ihn jetzt in aller Klarheit vor sich. Öffnen Sie noch nicht Ihre Augen. Versuchen Sie den Stuhl so lange wie möglich mit Ihrem Denken festzuhalten.“ (Für Kolleginnen und Kollegen, die lieber einen eigenen Text formulieren wollen, einige Hinweise: Kurze, einprägsame Sätze verwenden! Einfache Hauptsätze! Informationen und Anweisungen nicht zu dicht formulieren! Eher zu redundant als zu geballt! Und vor allem: Ruhig, langsam, mit Pausen sprechen, aber nicht übertrieben betonen!)
   Ob der Lehrer nur die erste knappe Arbeitsanweisung gibt oder ein paar zusätzliche Sätze spricht, ähnlich den hier angegebenen – am Ende sollte eine längere Pause stehen, in der die Schüler die Möglichkeit haben, langsam wieder in die Außenwelt zurückzukehren.
3. Der nächste Schritt besteht darin, die Differenz zwischen Wahrnehmen und Denken des Stuhls zu beschreiben: „Welche Unterschiede zwischen dem Sehen und dem Denken des Stuhls haben Sie festgestellt?“

Hier wird man mit folgenden Beiträgen rechnen können: Die Wahrnehmung ist konkreter als das Denken, sie vermittelt mehr Einzelheiten, z. B. Beschädigungen am Stuhl, die man im Denken nur schwer einbeziehen kann. Ähnlich schwierig ist es, intensive Farbeindrücke zu denken. Allerdings ist die aktuelle Wahrnehmung an den Gegenstand gebunden: Ist er nicht da, entfällt auch die Wahrnehmung.

Dies ist beim Denken anders: Es kann den Begriff des Gegenstandes unabhängig (re-) produzieren, der zwar längst nicht so viele konkrete Einzeleindrücke enthält wie die Wahrnehmung, dafür aber Form und Wesensmerkmale eines Stuhls umfaßt.
Wer will, kann hier mit dem Folienatlas (Kap. 4) arbeiten, es genügt aber auch, das o. a. Tafelbild (Phase 3) zu ergänzen, indem man „Ich" und „Stuhl" mit einem Pfeil verbindet (vgl. u. unter 5).

5. Ausweitung: Reflexion und Selbstreflexion

Mit der Ankündigung, noch einen Schritt weitergehen zu wollen, fordert der Lehrer die Schüler auf, noch einmal ihre Augen zu schließen und den Stuhl zu denken.
Nachdem er sich vergewissert hat, daß alle mitmachen (z. B. mit der Frage: „Haben Sie jetzt alle in Gedanken den Stuhl fixiert?"), wartet er noch einen kurzen Moment und gibt dann die Anweisung: „Dann denken Sie jetzt einmal den Denker des Stuhls!"
Es kann durchaus sein, daß diese Anweisung Verwirrung oder gar Unverständnis auslöst. Trotzdem sollte man sie so und nicht anders stellen, denn eine Formulierung wie: „Jetzt denken Sie einmal sich selbst!" würde zum einen in keiner Verbindung zum Vorangegangenen (dem Denken des Stuhls) stehen, und zum zweiten wird mit dieser Formulierung ganz bewußt auf die *Leistung* des Ichs, etwas denken zu können, abgehoben, was einem vorschnellen Verdinglichungsdenken entgegenwirkt.
Dieses setzt ohnehin meist noch früh genug ein: Wenn man nämlich im Anschluß hieran die Schüler auffordert, zu beschreiben, was sie da eben gedacht haben, wird man viele Antworten erhalten, die den ‚Denker des Stuhls' von außen anstatt von innen beschreiben, z. B.: „Ich habe mich die ganze Zeit wie auf einem Paßfoto/wie im Spiegel gesehen".
Diese Art von Antworten kann man nur schwer auswerten, da die Schüler keine neue Denkerfahrung gemacht haben: Statt auf sich selbst zu reflektieren, haben sie den eigenen Körper als ein Etwas gedacht.
Philosophisch ergiebiger ist eine zweite Klasse von Antworten, die die Unmöglichkeit, das Geforderte zu leisten, betonen, z. B.: „Ich habe das nicht geschafft. Wie soll das auch gehen: Einerseits denke ich, andererseits werde ich gedacht."
Die sich in solchen Antworten aussprechende Grundproblematik aller transzendentalen Reflexion läßt sich mit Hilfe eines Verweises auf die Grammatik fruchtbar machen: Subjekt und Akkusativobjekt sind den Schüler bekannte Satzteile: „Die Mutter wäscht das Kind." „Die Mutter wäscht mich." – solche Beispielsätze hat wohl jeder über sich ergehen lassen müssen.
Die Sachlage verändert sich jedoch bei den reflexiven Verben, in deren Konstruktionen Subjekt und (Akkusativ-)Objekt identisch sind: „Ich wasche mich". Durch einen Hinweis auf die Tatsache, daß der Satz „Ich denke mich" dem Satz „Ich wasche mich" grammatikalisch analog ist, kann man zumindest erreichen, daß die Schüler, die die Selbstreflexion zuvor für unmöglich erklärt haben, das Ganze noch einmal überdenken: Mit Hilfe einer Erweiterung der Tafelskizze (s. o.) oder der Verwendung des Folienatlasses (vgl. Materialienbd. S. 46ff.)

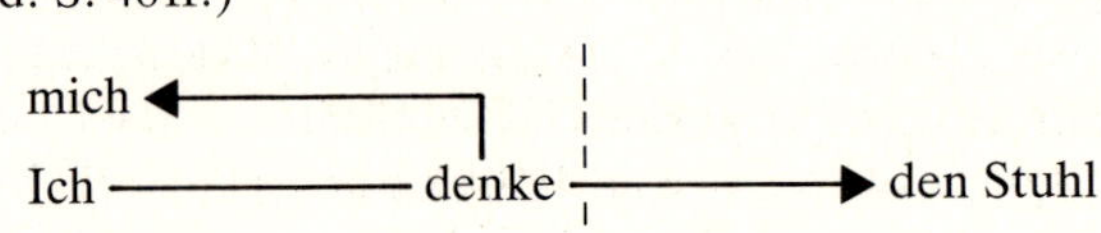

kann jedenfalls auch graphisch die Differenz von Reflexion und Selbstreflexion verdeutlicht werden: Die Reflexion, die sich auf ein äußeres Objekt richtet, hat z. B. einen ganz anderen Gegenstandsbereich als die Selbstreflexion, bei der Subjekt und Objekt identisch sind und die nicht auf einen Gegenstand außerhalb des Subjekts angewiesen ist.
U. U. in Form einer Lehrerzusammenfassung sollte betont werden, daß das Denkvermögen des Subjekts es diesem ermöglicht, sich nicht nur auf jeden beliebigen Gegenstand außerhalb seiner selbst zu richten, sondern auch auf sich selbst. Welche Besonderheit dieses ist, kann man mit Hilfe von Vergleichen aus der gegenständlichen Welt verdeutlichen: Die Hand, in gewisser Weise ein Werkzeug wie das Denken, vermag nur anderes, nicht sich selbst zu greifen; das Auge, mit Sehfähigkeit ausgestattet ähnlich wie das Ich mit Denkfähigkeit, kann sich selbst niemals sehen, auch nicht im Spiegel, denn dort sieht es nur sein Bild.
Die dritte Klasse von Antworten, für die Sache am fruchtbarsten, ist leider am seltensten vertreten: Einige Schüler in meinem Unterricht berichteten, sie hätten sich gut vom Gegenstand (Stuhl) lösen und ihr Denken auf sich selbst richten können, seien dann aber „da nicht weitergekommen". Auch ein zweiter und dritter Versuch habe zu nichts Neuem geführt.
Diese Äußerungen zeigen, daß die Schüler eine enorme Denkerfahrung gemacht haben, haben sie doch ihr Denken nicht verdinglicht, sondern flüssig gehalten und sind dabei auf die Unmöglichkeit gestoßen, eine Selbstidentifikation des Denkens – oder kantisch gesprochen: eine „intellektuelle Anschauung" – zu erreichen.
Eine hochinteressante Bemerkung – die man auch vor dem Kurs referieren kann nach dem Motto: „Einer meiner Schüler hat vor einigen Jahren . . ." – machte einmal ein Schüler, als er davon sprach, er sei beim Denken des Denkers sozusagen „in ein Loch" gekommen. Ein Referat dieser Erfahrung kann man mit dem o. a. Auge-Beispiel verbinden: Auch das Auge weist an der Stelle, wo es sieht, ein ‚Loch' auf, so daß sich unabhängig von aller Physiologie schon im Bereich der Sinnlichkeit des Menschen eine transzendentale Struktur zeigt.
Je nach Gelingen dieser Phase kann man als Abschluß den Begriff des Selbstbewußtseins einführen (vgl. Kap. 4) oder dies verschieben bis zur Analyse des Kant-Textes (s. u.).

6. Anschlußtexte

Je nachdem, welchen Aspekt dieser Einführung man weiterverfolgen oder vertiefen möchte, kann man unter folgenden Anschlußtexten auswählen:

Text 1 (vgl. Materialienbd. S. 10) ist vor allem geeignet für Kurse, deren Antworten in Phase 5 sich auf die erste und zweite Klasse (s. o.) beschränkt haben. Indem er – vgl. die von mir formulierte Überschrift – die Kraft der Selbstreflexion betont und hervorhebt, daß diese nicht folgenlos bleibt, kann er das vorherige Bemühen unterstützen, da die Autorität des gedruckten Wortes auf die meisten Menschen und daher auch auf Schüler stärker wirkt als das gesprochene oder Auslassungen des Lehrers: eine zugegebenermaßen nicht ganz koschere psychologische Hilfestellung.
Der Text ist aber zumindest auch jenen Schülern plausibel, die in Phase 5 an der tran-

szendentalen Reflexion gescheitert sind und diese für „Blödsinn, da nicht zu schaffen“, erklären möchten.

Text 2 (vgl. Materialienbd. S. 11) ist hervorragend geeignet, die Ergebnisse des nichttextgebundenen Teils der Einführung zusammenzufassen: In anderer Terminologie wird den Schülern das zuvor Erarbeitete noch einmal griffig und knapp präsentiert.

Von daher kann dieser Text auch verwendet werden, um in die *Methodik der Textanalyse* einzuführen: Die Sache ist den Schülern bekannt, so daß man sich auch tatsächlich völlig auf das interpretatorische Handwerk konzentrieren kann.

Text 3 (vgl. Materialienbd. S. 11) läßt sich, wenn man den Schlußsatz akzentuiert, als Überleitung zu einer Unterrichtsreihe „Einführung in die Ethik“ verwenden: moralisches Handeln und ethische Reflexion sind, so Pascal, nur auf der Basis selbst-bewußten Denkens möglich, was einmal das Bewußtsein der eigenen Begrenztheit und Endlichkeit impliziert, andererseits aber auch die Gewißheit, als einzige „Wesen in der Natur“ sich dieser Sachverhalte gewiß zu sein und, im Unterschied zum Befangensein der Tiere im „Leibschema“ (Scheler) etwa, der Freiheit reflektierten Handelns teilhaftig zu sein: Selbst-Bewußt-Sein fungiert als Grundlage selbstverantwortlicher Moral, womit sich nicht-rationale Ethiken – z. B. das von Kant kritisierte „Wohltun aus Menschenliebe“ – relativieren lassen.

Eine zweite Schwerpunktsetzung bietet der Text an, wenn er von Raum und Zeit spricht, „die wir nicht ausfüllen können“. Man kann diese Passage verwenden, um eine (zwangsläufig verkürzte) phänomenologische Analyse durchzuführen, in der ‚Objektivität‘ und ‚Subjektivität‘ von Raum und Zeit einander gegenübergestellt werden: Subjektiv erfahre ich meine Position im Raum immer als *mein* „Hier“, alle anderen Menschen und Gegenstände befinden sich für mich „dort“, für jeden Schüler im Kurs bin ich ebenfalls „dort“. Dies kann man z. B. dadurch verdeutlichen, daß jeder einen Gegenstand aus einer anderen Perspektive wahrnimmt: Von dem Stuhl, der vor dem Lehrer auf dem Pult steht, sieht dieser nur die ihm zugewandte Seite, die Schüler aber Einzelheiten, die der Lehrer aus seiner „Hier“-Position gar nicht erblicken *kann*.

Schwieriger ist es, die Subjektivität der Zeit zu klären, die sich in der absoluten Gegenwärtigkeit – im „Jetzt“ – zeigt. Hierzu kann man an der Tafel einen Zeitstrahl skizzieren, auf dem der Lehrer die Geburtsjahre einiger Schüler und sein eigenes (um eine deutliche Differenz zu erhalten) einträgt. Dann trägt er die Lebensdaten einer bereits gestorbenen prominenten Person ein (in unserem Beispiel Hegel) und läßt erschließen, daß einige „Jetzte“ der angezeichneten Lebensverläufe Schülern und Lehrern gemeinsam (gewesen) sind, keines ihrer „Jetzte“ aber denen des Lebens Hegels entsprechen kann/konnte:

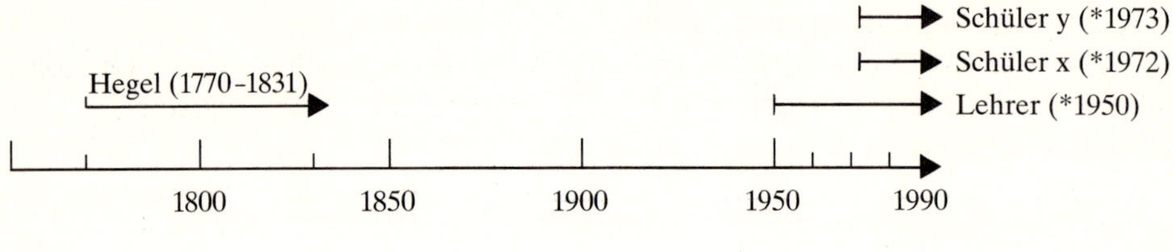

Ist diese Struktur verstanden, kann man sie abschließend mit einer weiteren Skizze verbinden, wobei man die Unterschiede der (von Hegel übernommenen) Termini „an sich"/ „für mich" am besten im Lehrervortrag erklärt:

RAUM	–	HIER
ZEIT	–	JETZT
an sich		für mich

Sollte ein naturwissenschaftlich interessierter Schüler hier ‚streiken' und auf die Relativitätstheorie Einsteins verweisen, wird der Lehrer in der Regel passen müssen: Er kann dann im Grunde nur darauf hinweisen, daß die subjektive Raum/Zeit-Erfahrung als solche hierdurch nicht prinzipiell entwertet, wohl aber theoretisch modifiziert wird.
Gegenüber den eher erkenntnistheoretisch orientierten vorangegangenen Texten 1, 2 und 3 läßt sich **Text 4** (vgl. Materialienbd. S. 12) anthropologisch interpretieren, aber auch gesellschaftskritisch:
In einem ersten Durchgang muß man natürlich den Text von der Sache her klären – hierbei ist wie fast immer, wenn ein Nietzsche-Text besprochen wird, der Bildlichkeit größtes Gewicht beizumessen.
Dann aber sollte man auf die Fragen zu sprechen kommen, die der Text *nicht* beantwortet: Warum sind wir für uns „keine Erkennenden"? Warum haben wir „nie nach uns gesucht"? Hier besteht dann ganz deutlich die Möglichkeit, Faktoren zu diskutieren, die Menschen daran hindern, sich selbst zu finden, wobei nicht nur Kolleginnen und Kollegen, die sich der 68er-Zeit verbunden fühlen, eine Fülle von Beispielen finden dürften – im Grunde alles, was in der Gesellschaft des ausgehenden 20. Jahrhunderts der „Zerstreuung", dem „Abschalten vom Alltagsstreß" dient und damit echtes Sich-Konzentrieren (con-crescere [lat.] = zusammenwachsen!), das Eins-Werden mit sich selbst, verhindert.

7. Verwendbarkeit der Sequenz in anderen Unterrichtszusammenhängen

Die Sequenz läßt sich gut einer Unterrichtsreihe voranstellen, die innerhalb eines Halbjahreskurses „Erkenntnistheorie" Grundprobleme traditioneller Erkenntnistheorie thematisiert, also nicht notwendigerweise gleich zu Beginn des Kurses.
Hier bietet sich z. B. die philosophiegeschichtliche Troika Rationalismus (Descartes), Empirismus (Locke, Hume) und Kritizismus (Kant) an, die in keinem Kurs „Erkenntnistheorie" fehlen sollte: In allen drei Strömungen spielt das Problem von Reflexion und Selbstreflexion eine entscheidende Rolle.
Bei diesem Anschluß werden die Schüler also mit diesem Problem zuerst *systematisch* und dann *philosophiegeschichtlich,* in verschiedenen Entfaltungen, vertraut.

1.6 Der chemische Einstieg oder: Wasser = H_2O?

Philosophische Teildisziplin: Anthropologie
Thema: Subjektivität des Weltbezugs
Zeitaufwand: 2 bis 3 Stunden (ohne Anschlußtext)
Alternative Verwendungsmöglichkeit: Wissenschaftstheorie/Problem der „brute facts" (Tatsachenwirklichkeit)
Hilfsmittel: OHP-Folie Nr. 1 (vgl. Materialienband S. 13)
Anschlußtexte: Texte 1–4 (vgl. Materialienbd. S. 14–16)

Fachwissenschaftliche Hinweise

Das Problem der Subjektivität des Weltbezuges und seiner Konsequenzen ist philosophiegeschichtlich sehr alt, stellt sich in seiner zugespitzten Form aber erst mit der Emanzipation der empirisch-analytischen Wissenschaften und ihrer wissenschaftstheoretischen Reflexion durch die Philosophie seit Beginn des 20. Jahrhunderts.

Ging die klassische griechische Philosophie mit ihren Hauptvertretern Platon und Aristoteles – der berühmt-berüchtigte „Homo mensura"-Satz des Protagoras und Teile der antiken Sophistik und Skepsis seien hier einmal unberücksichtigt – von der Sicherheit einer ontologisch verankerten metaphysisch-kosmologischen Ordnung aus, so war damit gleichzeitig ein Vorrang der zu erkennenden Objektwelt vor ihrer möglicherweise inadäquaten Erkenntnis durch das Subjekt formuliert, theoretische Philosophie definiert als reflexive Ergründung des als Einheit verstandenen Wahren, Guten und Schönen. Dieser Vorrang des Objekts vor der Subjektivität setzte sich im wesentlichen bis an die Schwelle der Neuzeit fort: neuplatonische und scholastische Erkenntnistheorie lassen sich vergröbernd beschreiben als der Versuch, antike „theoria" in eine christlich verstandene Erkenntnis und Interpretation des Kosmos als Schöpfung Gottes zu integrieren: Von hierher bezieht das mittelalterliche Reden von Philosophie als „ancilla theologiae" seinen philosophiegeschichtlichen Sinn.

Der Rationalismus Descartes' und der englische Empirismus erst schaffen die Voraussetzungen, von denen her das Problem der Subjektivität des Weltbezugs virulent wird: Locke und Hume, indem sie die Dignität sinnlicher Erfahrung des Subjekts betonen, Descartes, indem er die erkenntniskritischen Leistungen des Subjekts thematisiert. Kann Kant noch einmal die sich in Beliebigkeit zu verlieren drohende Subjektivität mit einem transzendentalphilosophischen Entwurf zu intersubjektiver Verbindlichkeit erheben, so muß schon Hegel ein knappes halbes Jahrhundert später auf die Bemerkung hin, gewisse Tatsachen stimmten doch mit seinem System gar nicht überein, mit seinem heute ignorant wirkenden „Desto schlimmer für die Tatsachen!" antworten, und das Ende der Systemphilosophie im 19. Jahrhundet markiert deutlich den ‚point of no return': Philosophie hat sich fortan nicht nur den Ergebnissen moderner Wissenschaft zu stellen, sondern auch einer sich immer stärker ausdifferenzierenden Subjektivität, von deren vor allem emotionaler Verfeinerung, aber auch Verunsicherung und Zerbrechlichkeit z. B. Hanno Buddenbrook und Ulrich, der „Mann ohne Eigenschaften", ein beredtes Zeugnis ablegen.

Die pathogenen Konsequenzen dieses Problems spiegeln sich in der Begründung der Psychoanalyse durch Freud; zeitlich parallel zu ihm erkennt Husserl, daß den lebensweltlichen Bezügen des Subjekts eine eigene Dimension zuzusprechen ist, und wiederum fünfzig Jahre später wird Gadamer gerade diese Subjektivität zum Motor hermeneutischen Verstehens erklären: Der Zugang nicht nur zur schriftlichen Überlieferung, sondern zur Welt überhaupt wird de-finiert durch die geschichtlich vermittelte Vor-Urteilsstruktur des Subjekts – ein transzendentales Apriori, dessen Intentionalität dann Habermas in den „erkenntnisleitenden Interessen“ betont.

Didaktische Hinweise

Jugendliche erfahren ihre Welt heute als wesentlich von Wissenschaft und Technik bestimmt. Dies führt schon bei Schülern jüngerer Jahrgänge (Sek. I und z. T. sogar schon in der Primarstufe) oft dazu, daß ihnen ein theoretisch vermittelter Weltbezug zur Selbstverständlichkeit wird: In der Biologie z. B. werden Haustiere zu Säugern mit bestimmten Gebißformeln, werden Pflanzen zu Sauerstoffproduzenten qua Photosynthese, ist Vererbung auf den genetischen Code einer bestimmten Anordnung von Aminosäuren in der DNS zurückführbar. Diese theoretischen Modelle, die Sachverhalte beschreiben und strukturieren, sie mithin auch rational verfügbar machen, versagen jedoch in Situationen unmittelbarer Welterfahrung: Die Kenntnis der Gebißformel nützt dem Fünftklässler nichts, wenn sein eigener Hund aus Altersschwäche Probleme mit der Nahrungsaufnahme bekommt, sich bei einem Spaziergang mit Freund oder Freundin durch einen sommerlichen Wald der Photosynthese zu erinnern, vergiftet die Situation oder zieht sie ins ungewollt Lächerliche, das Wohlgefallen einer siebzehnjährigen Schülerin an den eigenen hübschen Augen, die exakt dieselbe Farbe haben wie die ihrer Mutter, wird durch entsprechende Kenntnisse der Genetik möglicherweise getrübt.

Genau bei diesem Problem – der Kluft zwischen wissenschaftlicher Erklärung und lebensweltlichem Bezug des Subjekts – setzt die folgende Einführung an: Ausgangspunkt ist die den Schülern gängige Formel H_2O für Wasser, und im sich anschließenden freien Problemgespräch wird verdeutlicht, daß ein wissenschaftlich vermittelter Zugang zur Welt etwas prinzipiell anderes ist als ein unmittelbarer, wie er sich z. B. in den obigen Situationen zeigt. Dem entspricht die Entgegensetzung von *Tatsachenwirklichkeit* und *„Lebenswelt“* (Husserl), die als philosophische Fachtermini ebenso eingeführt werden sollten wie die Unterscheidung von *unmittelbarem* und *vermitteltem Weltbezug*. Hierbei kann es nicht darum gehen, die eine oder andere Seite wertend abzuqualifizieren: Beide Möglichkeiten, Welt zu erfahren, müssen vielmehr in ihrem jeweiligen Eigenwert, aber auch in ihren Grenzen begriffen werden. Sollte dies in der textfreien Einführung nicht gelingen, läßt es sich mit Hilfe der angegebenen Anschlußtexte erreichen oder vertiefen.

1. Präsentation des Mediums

Die **OHP-Folie Nr. 1** (vgl. Materialienbd. S. 13) wird zuvor in einzelne Teile zerschnitten, und zwar so, daß das zu der Bildmitte (Wasser = H_2O?) gehörende Fragezeichen noch am sechsten Teilbild (Ertrinkender) befestigt ist und also erst mit diesem zusammen am Schluß aufgelegt wird.

Bei der Präsentation der Folie geht der Lehrer folgendermaßen vor: Nach einer kurzen

Einführung (etwa in der Form: Sie kennen alle Wasser, haben sich auch im Chemieunterricht damit beschäftigt, so daß ich Ihnen hier nichts Neues zeige) legt der Lehrer das Bildzentrum (Wasser = H_2O) auf, sodann nacheinander die sechs Einzelbilder um dieses Zentrum herum, wobei jeweils nach jedem Bild eine kurze Betrachtungspause eingelegt wird, in der aber der Lehrer auf Meldungen und Bemerkungen der Schüler noch nicht eingeht, da dies die Ganzheitlichkeit der Präsentation stören würde. Mit der Auflage des letzten Teilbildes erscheint auch das Fragezeichen, so daß die Ist-Aussage „Wasser = H_2O" nun in Form eines stummen Impulses relativiert und gleichzeitig frag-würdig wird.

2. „Common sense"-Beschreibung

Die Schüler werden nun aufgefordert, die einzelnen comic-ähnlichen Situationen zu beschreiben und zu analysieren, etwa mit Hilfe der Frage: Welche Rolle spielt das Wasser auf den einzelnen Bildern? Hierbei muß vor allem den Extremen Rechnung getragen werden: Wasser als Lebensretter (Bild 3)/Wasser als Lebensvernichter (Bild 6), Wasser als merkantiles Moment (Bild 4)/Wasser als Freizeitspaß (Bild 2), und am Ende der vergleichenden Situationsanalyse muß für die Schüler klar sein, daß Wasser in je verschiedenen Situationen eine völlig andersgeartete Qualität aufweist. Diese Einsicht wird durch die Sprechblasen der Folie indirekt vorbereitet und unterstützt: Auf fast allen Bildern wird der Begriff „Wasser" verwendet, allerdings in jeweils anderen Sprechakten: Die Sprechblase in Bild 3 z. B. enthält den Ausdruck höchster Verzweiflung, die Sprechblase in Bild 5 einen schlichten, aber deutlichen Befehl. Durch diese Einbettung des Begriffs in verschiedene Sprachzusammenhänge teilt sich dem Betrachter unbewußt mit, daß die Situationen, in denen der Begriff „Wasser" verwendet wird, wechseln, der Begriff selbst aber offensichtlich – als Bezeichnung eines bestimmten Objektes – festgehalten wird. Daß es sich hier um je unterschiedliche Sprechakte handelt, sollte jedoch nicht im Unterricht thematisiert werden (es sei denn, die Schüler kämen von selbst darauf), da eine Metareflexion diese Unterrichtsphase unnötig theoretisch befrachten würde.

3. Philosophische Durchdringung des Problems

Phase 2 endete mit einer möglichst genauen Funktionsbestimmung des Wassers in den sechs unterschiedlichen Situationen; in dieser Phase nun geht es um mehr als eine vergleichende Situationsbeschreibung bzw. -analyse: es geht um die Erforschung von Ursachen und Gründen, warum das Wasser sich in den einzelnen Situationen für den Menschen unterschiedlich darstellt.

Somit könnte die erste Stufe philosophischer Durchdringung mit der Frage eingeleitet werden: Wieso hat das Wasser eine jeweils unterschiedliche Bedeutung?

Diese Fragestellung richtet sich deutlich auf das jeweilige Subjekt aus, das mit dem Wasser in je unterschiedlichen Situationen zu tun hat, denn die unterschiedliche Bedeutung ein und desselben Wassers – chemisch betrachtet – kann ja nur durch die Subjektivität und ihre Situationsgebundenheit bzw. -verhaftetheit verursacht werden.

Eine nächsthöhere Abstraktionsstufe läßt sich mit der Frage erreichen: Welcher Schluß läßt sich hieraus auf das Verhältnis von Ich und Welt ziehen? Die mit dieser Frage beabsichtigte Verallgemeinerung versucht auf folgende grundlegende Einsicht hinzuweisen:

Jede Form des Weltbezugs ist subjektiv geprägt, Welt ist immer subjektiv wahrgenommene und insofern durch das Subjekt definiert: In der Beziehung Subjekt/Welt ist das „sub-iectum" (lat.) das Zugrundeliegende.

Lernhilfe: Formulierung analoger Beispiele
Zur Sicherung der erzielten Ergebnisse aus Phase 2 kann man an dieser Stelle die Schüler auffordern, analoge Beispiele zu entwickeln und konsequent durchzuspielen: Hier sind viele Möglichkeiten denkbar – Feuer z. B. kann in ähnlicher Weise wie Wasser als lebenserhaltendes, vernichtendes, Lebensqualität steigerndes (Kochen, Heizung) Phänomen beschrieben werden, ebenso Luft oder andere naturgegebene Sachverhalte.
Es läßt sich aber auch auf technische Gegenstände zurückgreifen wie z. B. das Auto, das als Transportmittel, als Krankenwagen, als Mittel der Freizeitgestaltung etc. angesprochen werden kann. Allerdings besteht bei solchen Beispielen die Gefahr, daß die Schüler die Analogie zwischen dem Abstraktum „*das* Auto" und der Formel H_2O für Wasser nicht ohne weiteres ziehen können.

4. Problematisierung wissenschaftlicher und lebensweltlicher Erfahrung
In dieser Phase soll der Unterschied zwischen zwei verschiedenen Arten des Weltbezugs deutlich werden: zum einen der unmittelbar-lebensweltlichen, zum anderen der wissenschaftlich vermittelten.
Ein Einstieg kann dabei mit der Frage erreicht werden: Worin besteht der Unterschied zwischen der chemischen Formel für Wasser und den einzelnen Erfahrungen von Wasser? Hierbei muß deutlich werden, daß die chemische Formel H_2O als Beschreibungsmodus sich gleichsam zwischen Subjekt und Welt schiebt, während Durst, Ertrinken etc. unmittelbarste Erfahrungen von Wasser implizieren. Dies läßt sich auch mit folgendem einfachen Tafelbild veranschaulichen:

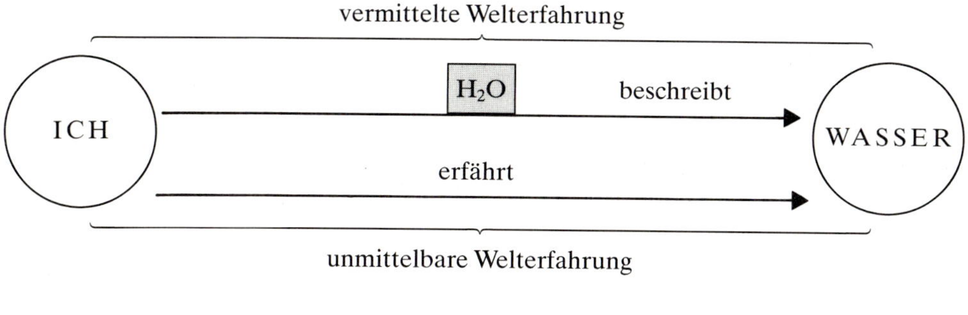

Während bei den unmittelbaren Erfahrungen von Durst, Ertrinken etc. das Subjekt in direkten Kontakt mit der Welt – in diesem Fall dem Phänomen Wasser – tritt, wird aufgrund der obigen Skizze deutlich, daß zwischen das Ich und das Wasser ein theoretischer Entwurf eingeschoben wird, der Wasser nicht mehr auf der Ebene intentionaler Erfahrung, sondern als chemisch beschreibbare Tatsache auffaßt: An die Stelle des unmittelbaren Umgangs tritt die wissenschaftliche Definition.

5. Wissenschaftliche Tatsachenwirklichkeit als philosophisches Problem

Genau dieser Aspekt wird im folgenden Gegenstand der Reflexion. Mit der Frage: Aufgrund welcher Voraussetzungen wird die Formel Wasser = H_2O möglich? werden die Schüler aufgefordert, nicht weiter spezifizierte Bedingungen zu nennen. Diese können ganz unterschiedlicher Art sein: z. B. geschichtliche (nach dem Motto: Seit wann gibt's denn Chemie?), psychologische (Motto: Wie kommt denn der Mensch auf so eine Idee?), anthropologische (Motto: Wieso kann der Mensch etwas so Unmittelbares wie Wasser so formalisieren?), erkenntnistheoretische (Motto: Was für eine Distanz zur Welt muß der Mensch gewonnen haben, um eine derart abstrakte Aussage treffen zu können?) etc.

Welcher Art die Antworten sein werden, kann nicht prognostiziert werden; trotzdem ist es didaktisch sinnvoll, die o. a. Frage so offen zu stellen, um möglichst viele Aspekte der Schüler einbinden zu können. Natürlich sind für die Zielsetzung dieser Phase vor allem *die* Antworten von Bedeutung, die in irgendeiner Weise Bedingungen formulieren, aufgrund derer die Entwicklung wissenschaftlicher Deskription – und damit vermittelte Wirklichkeit – möglich wird, also z. B.: Der Mensch hat erkannt, daß alles Wasser aus denselben Elementen besteht. Oder: Mit der Formel „Wasser = H_2O" erfaßt man (nur) die Tatsachen.

Solche oder ähnliche Äußerungen von Schülern lassen sich gut verwenden, um zur letzten Zuspitzung überzuleiten: zum Problem der „brute facts". Jeder kennt dieses Problem aus dem Alltag, wenn z. B. unterstellt wird, eine Zeitungsnachricht sei dann „objektiv", wenn sie nur die „nackten Tatsachen" enthalte.

Aufbauend auf dem Wasserbeispiel läßt sich hier der Begriff der Tatsachenwirklichkeit einführen und induktiv entfalten, und zwar in folgendem *Fragendreischritt:*

1. Inwiefern beschreibt die Formel H_2O (nur) nackte Tatsachen?

Diese Frage zielt auf eine deutliche *Eingrenzung* des Problems und seine *Klärung* ab. Bei der Beantwortung durch die Schüler muß darauf geachtet werden, daß die chemische Formel die gemeinsame Substanz *allen* Wassers beschreibt (nicht nur die von Aquadest!), also unabhängig von dessen etwaiger Nitratbelastung, seinem Härtegrad etc. Die „Nacktheit" der auf den Begriff gebrachten Molekülstruktur von Wasser besteht also darin, daß dieses unabhängig von der Bandbreite seines realen Vorkommens (als Süß-, Salz- oder Brackwasser z. B.) betrachtet wird und mithin – um im Bild zu bleiben – aller zusätzlichen empirischen Merkmale (z. B. Geruch, Geschmack, Farbe) „entkleidet" wird.

2. Was sind nackte Tatsachen?

Die Klärung dieser Frage, die gemäß dem induktiven Ansatz eine *Verallgemeinerung* bezweckt, sollte unbedingt mit Hilfe anderer Beispiele gestützt werden: Der Lehrer kann darauf verweisen, daß die früher als „*Raub*vögel" bezeichneten Tiere in der Biologie heute allgemein „*Greif*vögel" genannt werden (der meines Wissens auch verwendete Terminus „*Beute*greifer" ist nicht so deutlich ‚wertfrei') oder daß – außer in der „BILD" – in jeder ernsthaften Zeitung ein „Mörder" bis zu seiner rechtskräftigen Verurteilung als „mutmaßlicher Mörder" apostrophiert wird.

Schwieriger sind Beispiele alltäglicher Sinneserfahrung wie das Urteil: „Die Sonne geht unter“, denn hier fungiert naturwissenschaftliche Kenntnis nicht als Ausgangspunkt des Problems (wie beim H_2O), sondern als Prämisse der Kritik dieses Satzes.

3. *Was verändert sich für den Menschen, wenn die Welt für ihn aus nackten Tatsachen besteht?*

Zweck dieser *Hinterfragung* ist natürlich die kritische Reflexion eines an scheinbarer Objektivität orientierten Weltbezuges. Hier müßten die Schüler einmal auf die sachliche, theorieerzeugte Distanz eingehen, andererseits aber auch deren Nüchternheit und Emotionslosigkeit erkennen.
Sollte die Kritik an dieser Stelle im freien Problemgespräch nicht gelingen, läßt sie sich entweder bis zur Analyse der Anschlußtexte verschieben (insbesondere des Frisch-Auszuges) oder im Exkurs mit Hilfe der aus Wittgensteins „Tractatus“ einzugebenden Formel: „Die Welt ist alles, was der Fall ist“ erreichen.
Hierzu einige Erläuterungen: Das Schlüsselwort dieses Aphorismus ist „Fall“. Daß hiermit keine juristische oder physikalische Größe gemeint ist, dürfte klar sein: „der Fall sein“ zielt vielmehr auf ein Vorhanden- oder Gegebensein bzw. auf ein Eintreten von etwas ab. Damit ist aber auch implizit definiert, daß alles, was nicht „gegeben“ ist oder „eintritt“ – eben das, was nicht nackte Tatsache ist – auch nicht im eigentlichen Sinne zur „Welt“ gehört.
Im Rückbezug auf die OHP-Folie läßt sich dann die Frage anknüpfen, ob z. B. die Gefühle der auf den Bildern dargestellten Personen im Sinne Wittgensteins „der Fall sind“ oder ob hier nicht andere Formen des Weltbezuges zur Geltung kommen.

6. Anschlußtexte

Zur Vertiefung und Weiterführung lassen sich die **Texte 1–4** anschließen.
Text 1 (vgl. Materialienbd. S. 14) ist insofern leicht zu analysieren, als er auf vorbereitete Ergebnisse zurückgreift und diese philosophisch bündelt. Entscheidend ist jedoch, daß er mit einem hypothetischen Schlußsatz den Grundstein für eine Diskussion bietet: die scheinbare Differenzierung von „geistiger“ und „physikalischer“ Welt.
Der Lehrer sollte den Schülern an dieser Stelle die Möglichkeit geben, ihre Pro- und Contra-Argumente umfassend zu äußern und zu begründen; die Ergebnisse sind als Tafelanschrieb und/oder im Heft festzuhalten. Dies kann bei der Interpretation von **Text 2** (vgl. Materialienbd. S. 14) eine Hilfe sein.
In diesem nämlich wird deutlich darauf abgehoben, daß ‚objektiver‘ und ‚subjektiver‘ Weltbezug auseinanderzuhalten sind, womit das in der Schlußphase der textfreien Einführung thematisierte Problem erneut aufgegriffen wird.
Als Abschluß wären **Text 3** oder **4** (vgl. Materialienbd. S. 15f.) möglich.
Zwischen den beiden Texten muß der Lehrer nach seiner Einschätzung der Abstraktionsfähigkeit des Kurses auswählen. Text 3 ist ansprechender, da provokativer, muß aber durch analytische Begrifflichkeit aufgearbeitet werden; Text 4 ist in dieser Hinsicht ‚griffiger‘, aber auch um vieles abstrakter.

7. Verwendbarkeit der Sequenz in anderen Unterrichtszusammenhängen

Außer in einem Einführungskurs läßt sich die vorgestellte Sequenz in einem Kurs Wissenschaftstheorie, z. B. im Zusammenhang mit Positivismus oder Neopositivismus (Popper, Carnap) einsetzen. Vorangestellt, zeigt sie, welche Formen des Weltbezuges der Positivismus historisch und systematisch hinter sich hat und welche Leistungen, aber auch Gefahren in seiner formalisierten Form des Philosophierens stecken.

Möglich wäre auch die Verwendung der Sequenz als Relativierung eines wissenschaftsgläubigen Ansatzes, z. B. A. Comtes Dreistadiengesetz, dessen Historisierung im Grunde genau jenem Denken verhaftet bleibt, welches es kritisieren will.

In einem Einführungskurs, der sich mit der Abstraktion schwertut, wäre es denkbar, die Sequenz bereits nach Phase 3 (oder auch Phase 4) abzubrechen, obwohl dadurch wesentliche Vertiefungen verloren gehen. Zwangsläufig wird man dann auch auf die Anschlußtexte verzichten und ganz neu ansetzen müssen.

2. Zwischenspiel: Vom philosophischen Fragen und Systematisieren

2.1 Didaktische Zielsetzung: Warum philosophisch fragen und systematisieren?

Im vorangegangenen Kapitel sind sechs Möglichkeiten vorgestellt worden, in die Philosophie einzuführen: alle von der Struktur her parallel angelegt, aber mit unterschiedlicher Thematik und oft mehreren Textanknüpfungen. Natürlich könnte man die Einführung damit bewenden lassen und im folgenden, im wesentlichen bestimmt durch das ‚magische Dreieck' Lehrplan/Schülerinteressen/fachliche Präferenzen des Lehrers, medias in res gehen und die noch verbleibende Unterrichtszeit des Einführungskurses mit einer geeigneten Text- und Themenwahl bestreiten.
Damit aber würde man der didaktischen Situation in den meisten Fällen nicht gerecht: Gerade in einem Einführungskurs sollte man sich als Lehrer immer wieder vor Augen halten, daß Fach, Themen, Fragestellungen und auch Arbeitsweisen den Schülern noch neu sind, so daß es geboten erscheint, die Einführung zwar behutsam, aber methodisch gezielt durchzuführen. Zum Vergleich: Kein Englischlehrer käme nach fünf bis sechs Stunden Anfangsunterricht – und in etwa so lange dauert jede der Einführungen des „Prologs", wenn man die Anschlußtexte ergänzt – auf die Idee, im Unterricht bereits so zu verfahren, wie er das vielleicht nach einem Jahr Englischunterricht tut – warum sollte dieses Prinzip für den Philosophieunterricht nicht auch gelten?
Infolgedessen ist es didaktisch opportun, im Anschluß an eine der Einführungen des „Prologs" das philosophische Fragen und Systematisieren, welches in diesem Kapitel vorgestellt wird, zu behandeln. Zusammen mit dem Einstieg ergibt sich dann ein propädeutischer Block von ca. 12 bis 15 Unterrichtsstunden, der geeignet ist, Schülern in fachlicher wie methodischer Hinsicht eine sichere Grundlage für ihren weiteren Philosophieunterricht zu vermitteln.

Welcher Art ist nun die didaktische Situation *vor* dem „Zwischenspiel"? Die Schüler haben Philosophieren im Vollzug kennengelernt, indem sie sich, ausgelöst durch ein Sich-Verwundern, mit bestimmten philosophischen Problemen auseinandergesetzt haben. Des weiteren haben sie – je nach Art des Einstiegs – einige philosophische Grundbegriffe (z. B. Reflexion, Ich, Wahrnehmung) und Grundprobleme (z. B. die Subjekt/Objekt-Relation) kennengelernt.
Angesichts dieses Sachstandes und der Voraussetzung, daß alle Aussagen – nicht nur philosophische – als Antworten auf ausgesprochene oder auch nicht ausgesprochene Fragen aufgefaßt werden können, ergibt sich das folgende weitere Vorgehen, das die Schüler in

mehreren Arbeitsschritten an Wesen und Zielsetzung philosophischen Fragens heranführt:

1. Mit Hilfe eines Textvergleiches (2.4 u. 2.5) wird philosophisches Fragen von nicht-philosophischem abgehoben.
2. Auf der Grundlage eines Vergleichs zwischen philosophischen und nicht-philosophischen Fragen wird definiert, durch welche Merkmale und Besonderheiten sich philosophische Fragen auszeichnen.
3. Nach dieser Klärung formulieren die Schüler (in Einzelarbeit oder als Hausaufgabe) schriftlich einige philosophische Fragen, die sie persönlich interessieren, und geben diese auf einem Zettel anonym ab.
4. Der Lehrer systematisiert die schriftlich fixierten Fragen, indem er sie Teildisziplinen der Philosophie zuordnet (z. B. Metaphysik, Ethik, Anthropologie), und gibt den Schülern diesen so systematisierten Fragenkatalog, der möglichst alle im Kurs gestellten Fragen enthalten sollte, als Textabzug.
5. Der Fragenkatalog wird i. e. besprochen, indem auf thematische Präferenzen, Zielrichtung, Umfang, sprachliche Form etc. einiger Fragen eingegangen wird.
6. Auf der Grundlage einschlägiger Lexika werden die o. a. philosophischen Teildisziplinen näher definiert (z. B. in Gruppenarbeit) und durch die vom Lehrer ihnen jeweils zugeordneten Fragen veranschaulicht.
7. Schüler und Lehrer legen gemeinsam die Folgethemen des Kurses fest, indem sie *die* Fragen des Fragenkatalogs bestimmen, die das breiteste Interesse finden. Dieser letzte Schritt ist jedoch fakultativ, da nur in Bundesländern möglich, die – wie Nordrhein-Westfalen – im Einführungskurs einen breiten thematischen Spielraum gestatten.

Ist dieser propädeutische Block, bestehend aus einem Einstieg des „Prologs“ und dem „Zwischenspiel“, durchgeführt worden, haben die Schüler

- eine thematisch umgrenzte Erfahrung von Philosophieren in actu gemacht,
- sich eine gewisse fachliche Grundbegrifflichkeit angeeignet,
- das freie Problemgespräch und die Textanalyse als die beiden Grundlagen des Philosophieunterrichts kennengelernt,
- philosophisches Fragen in seiner Besonderheit von anderen Arten des Fragens unterschieden,
- das Arbeiten mit fachspezifischen Hilfsmitteln (philosophischen Wörterbüchern, Schülerduden „Die Philosophie“ o. ä.) kennengelernt,
- die wichtigsten Teildisziplinen der Philosophie in Grundzügen erfaßt,

womit alles in allem eine solide Grundlage geschaffen ist, um philosophische Einzelfragen oder Rahmenthemen niveauvoll angehen zu können.

2.2 Fachwissenschaftlicher Hintergrund: Was ist philosophisches Fragen?

Fragen-Können als besonderer Modus des Sprechen-Könnens darf als anthropologisches Spezifikum angesehen werden: Schon Aristoteles rückte die Definition des Menschen als eines „zoon logon echon“ (sprachlichen Wesens) in unmittelbare Nähe seiner Definition als „zoon politikon“ (politischen Lebewesens), und spätestens seit Herders Abhandlung „Über den Ursprung der Sprache“ ist die Sprachlichkeit des Menschen zum philosophischen Allgemeingut geworden.

Als eine Klasse von Sprechakten lassen sich Fragen differenzieren: Neben *rhetorischen Fragen,* die zwar von ihrer Form, nicht aber inhaltlich echte Fragen sind, kann der Mensch *Entscheidungsfragen* stellen, auf die lediglich mit „Ja“ oder „Nein“ zu antworten ist: „Scheint heute die Sonne?“ „Kannst du während meines Urlaubs meine Blumen gießen?“ Die dritte Möglichkeit stellen *W-Fragen* dar, die mit Hilfe eines Fragewortes (Wer, wann, warum, wozu etc.) differenzierter ansetzen und einen ganz bestimmten Sachverhalt geklärt wissen möchten.

Diese drei Fragetypen sind inhaltlich beliebig und von daher alle in philosophischen Texten grundsätzlich möglich, auch die rhetorische Frage, der namentlich Augustinus, aber auch Aristoteles zu einer gewissen philosophischen Weihe verholfen hat.

Die drei Fragetypen unterscheiden sich aber im Grad ihrer Offenheit: Entscheidungsfragen zielen auf eine eindeutige Ja- oder Nein-Antwort ab, auch wenn dies im Alltag oft nicht streng beachtet wird: Jemandem, der mir auf der Straße die Frage stellt: „Wissen Sie, wie spät es ist?“, die Antwort „Ja“ zu geben und ihn im übrigen ungerührt stehen zu lassen, bedeutet zwar, daß ich formal korrekt geantwortet habe, denn schließlich hat er mir eine einfache Entscheidungsfrage gestellt, nicht mehr. Von der Kommunikationssituation her aber war eindeutig klar, daß seine Frage als implizite W-Frage gemeint war: „Wie spät ist es?“ Dieses Beispiel mag zeigen, daß der Horizont, den W-Fragen eröffnen, immer größer ist als der von Entscheidungsfragen, die lediglich eine positive oder negative Beantwortung verlangen.

Sind philosophische Fragen aber, wie schon oben angedeutet, als rhetorische, Entscheidungs- und W-Fragen möglich, können ihre Kriterien nicht im formalen Bereich liegen.

1. In Anlehnung an W. Weischedel („Der Gott der Philosophen“, Bd. 2. S. 178–193) läßt sich das erste Kriterium dahingehend bestimmen, daß philosophische Fragen eine Antwort auf eine Herausforderung darstellen. Diese Herausforderung erwächst in und aus Situationen, die – ähnlich wie im „Prolog“ – ein Staunen oder Sich-Verwundern auslösen und infolgedessen philosophische Fragen provozieren. Zweifelsohne: Niemand vermag ohne Unterbrechung zu staunen, doch kann sich aus vielen und wiederholten Situationen, die ein Staunen hervorgerufen haben, ein Seinsmodus der Fraglichkeit entwickeln, dem das Fragen-Müssen und Fragen-Stellen habituell geworden ist: eine quasi dianoetische Tugend des theoretischen Menschen, die sich durch wiederholtes Fragen zu einer festen Haltung verdichtet hat.

2. Aus dieser theoretischen Haltung ergibt sich ein weiteres Kriterium: Philosophische Fragen werden in der Form der o. a. Fragetypen gestellt, unterscheiden sich aber wesentlich von einfachen Informationsfragen: Diese nämlich zielen auf ein faktisches, reproduzierbares Wissen ab, welches nicht gedanklich zu vollziehen, sondern schlicht zu ‚lernen' ist. Zu welch verdinglichter Form derartige Gedächtnisübungen gerinnen können, zeigen Quizsendungen im Fernsehen oder auch Kreuzworträtsel: Über nähere geographische und ökologische Zusammenhänge braucht der Rater, der auf die Frage „Fluß in Oberitalien mit zwei Buchstaben?" schlicht „Po" angibt, keinesfalls Bescheid zu wissen, es genügt die Kenntnis zweier auswendiggelernter Buchstaben.
Gegenüber dieser Art von Wissen, das sich in reiner Quantität erschöpft, zielt philosophisches Fragen auf die Qualität der zur Diskussion stehenden Sache ab: Selbst eine auf ‚Information' abzielende Frage wie: „Durch welche situativen Faktoren wird eine ethische Handlung beeinflußt?" verlangt vom Auskunftgeber nicht eine Reproduktion verdinglichter Versatzstücke, sondern den erneuten reflektierenden Vollzug von Überlegungen, die u. U. in der Vergangenheit von ihm schon einmal geleistet worden sind – nur bedeutet erneuter Vollzug eben gerade nicht Reproduktion, sondern wiederholtes Durch-Denken.

3. Mit diesem Erfordernis prozessualen Denkens hängt es zusammen, daß die Beantwortung philosophischer Fragen häufig unabgeschlossen und auch unabschließbar ist. Dies kann natürlich nicht für Fragen der formalen Logik gelten, ebenso nicht für einige Bereiche der analytischen Philosophie.
Sehr wohl trifft dieses Kriterium aber auf Fragen zu, deren Beantwortung nicht schließender, sondern argumentierender Rationalität obliegt: Hierunter fällt die ethische Kardinalfrage „Was sollen wir tun?" ebenso wie ganz spezielle ethische Probleme, etwa, ob es vertretbar sein kann, einem Komatösen mit Einwilligung seiner Angehörigen ein Organ zu entnehmen, welches für eine lebensrettende Transplantation benötigt wird.
Fragen dieser Art – die selbstverständlich auch aus anderen Teildisziplinen der Philosophie stammen können – fordern Antworten heraus, die unabgeschlossen und unabschließbar bleiben, da sich neue Gesichtspunkte ergeben können, die zu anderen Antworten oder zur Modifizierung früherer Antworten führen. Dies muß nicht durch originelle Überlegungen einsamer Denker geschehen; auch technische, geschichtliche oder natürliche Ereignisse provozieren gelegentlich scheinbar selbsttätig neue oder modifizierte Antworten – man denke nur daran, wie sehr die Katastrophe von Tschernobyl die Diskussion über die ethische Vertretbarkeit der friedlichen Nutzung von Atomkraft beeinflußt hat.
Kurz: Auf philosophische Fragen sind nur relative Antworten möglich, deren Gültigkeit abhängt von dem Kulturkreis, der geschichtlichen Situation und der Traditionsbestimmtheit der Individuen, auf die diese Antworten jeweils bezogen sind.

4. Aus dieser – im weitesten Sinne – Geschichtsbezogenheit philosophischer Fragen resultiert, daß auf sie keine im mathematischen Sinne „eineindeutigen" Antworten gegeben werden können.

Argumentierende – und das heißt immer auch: dialektische – Rationalität entzieht sich solcher Festlegung, was mit der Trivialisierung, die Philosophie führe letztlich zu nichts, lasse sich aber stets ein Hintertürchen offen, nichts zu tun hat, denn in welchen Bereichen menschlichen Lebens treffen wir schon Eineindeutigkeit an?

5. Ein letztes Kriterium soll hier als Übergeschichtlichkeit philosophischen Fragens bezeichnet werden.
   Dieses bezieht sich zum einen darauf, daß philosophisches Fragen ein gattungsspezifischer Modus ist – wie Philosophieren eine mit seinem Menschsein gesetzte Möglichkeit des Menschen darstellt, so auch philosophisches Fragen. In dieser Hinsicht trifft Übergeschichtlichkeit auf philosophisches Fragen prinzipiell zu.
   Auf die Inhaltlichkeit philosophischer Fragen bezogen, läßt sich von Übergeschichtlichkeit jedoch nur z. T. sprechen. Insbesondere metaphysische Fragen (Gibt es einen Gott? Was ist der Tod?), aber auch anthropologische (Was ist Angst? Sind Menschen von Natur aus gut oder böse?), ethische (Was ist Glück? Darf ein Mensch über sein Leben entscheiden?) oder staatsphilosophische (Was ist Gerechtigkeit? Warum gibt es Zivilisation?) können heute genausogut gestellt werden, wie sie auch im Mittelalter und der Antike gestellt worden sind, nicht aber Fragen, die entweder von der Philosophie an die Einzelwissenschaften abgetreten worden sind (z. B. die Frage nach der „Seele" des Menschen, die von Psychologie, Psychoanalyse wie Neurologie untersucht wird), oder Fragen, die durch den wissenschaftlich-technischen Fortschritt allererst aufgeworfen worden sind (z. B. die Frage nach der Verantwortbarkeit von Organtransplantationen): Die einen lassen sich als *philosophische* Fragen heute *nicht mehr* ohne weiteres stellen, die anderen ließen sich in früheren Zeiten *noch nicht* stellen.

2.3 Methodische Hinweise: Wie wird philosophisches Fragen zum Problem?

Vor dem Hintergrund der fachwissenschaftlichen Überlegungen des Kapitels 2.2 mag es zwar dem Lehrer einsichtig und didaktisch sinnvoll erscheinen, zu diesem Zeitpunkt des Einführungskurses philosophisches Fragen zu thematisieren, doch bedeutet das noch lange nicht, daß dies auch von Schülern als notwendig und zweckmäßig angesehen wird. Wir stoßen damit auf die (nicht allein auf das Fach Philosophie beschränkte) methodisch-didaktische Schwierigkeit, auf welche Weise ein Lerninhalt zu einem Problem erhoben werden kann, welches den Schülern nicht bloß ‚aufgepfropft' wird und von dem lediglich unterstellt wird, Schüler müßten es auch haben.
Ein Beispiel mag dies veranschaulichen: In vielen Philosophie-Curricula wird der Marxismus, zumindest in den Bereichen Staats- und Geschichtsphilosophie, als thematischer Schwerpunkt ausgewiesen. War es bis zur Mitte der achtziger Jahre für den Lehrer kein Problem, diesen im Unterricht zu behandeln, da Schüler aufgrund der allgemeinen poli-

tischen Situation den Marxismus tatsächlich als philosophisches Problem fraglos akzeptierten, ist er dies spätestens seit Ende 1989 nicht mehr – Schüler sehen nicht mehr ohne weiteres ein, daß sie sich mit einer Position auseinandersetzen sollen, von der sie annehmen, sie habe geschichtlich abgewirtschaftet: Der Marxismus liegt heute überwiegend außerhalb ihres philosophischen Problembewußtseins, und ein Lehrer, der mit dem Entfremdungsbegriff operiert, wird spätestens dann Schiffbruch erleiden, wenn er erwähnt, dieser Begriff habe durch Marx seine gesellschaftskritische Ausprägung erhalten: „Fromm lese ich ja wirklich gerne, aber daß der immer so auf Marx zurückgreifen muß!" (Schülerzitat)

Viele Kolleginnen und Kollegen werden dies zu Recht beklagen, doch läßt sich dies Desinteresse nicht wegdiskutieren.

Zurück zum Ausgangspunkt: Wie kann man philosophisches Fragen, ein auf den ersten Blick abseitiges Thema, in das Problembewußtsein der Schüler rücken? Ähnlich wie im „Prolog", in dessen Einführungen durch das Sich-Verwundern der Schüler eine Anfangsmotivation erzeugt wurde, wird auch hier mit einem methodischen Kniff gearbeitet. Da Schüler aber nicht durch pausenloses Staunen ‚bei der Stange gehalten' werden können und man mit solchen methodischen Knalleffekten ohnehin sparsam umgehen sollte, geht es an dieser Stelle solider zu: Der Lehrer gibt zwei themengleiche Texte ein, einen ‚harmlosen' Sachtext und einen philosophischen Text, und im Vergleich beider wird das spezifisch Philosophische des letzteren erschlossen.

Das Unterrichtsverfahren gliedert sich dabei in folgende Schritte:

1. Analyse des Sachtextes: Diese bereitet in der Regel keine methodischen Schwierigkeiten, da die Schüler mit der Analyse solcher Texte aus anderen Fächern der Sekundarstufe I (Deutsch, Geschichte etc.) vertraut sind.

2. Analyse des philosophischen Textes: Dieser wird wie der erste Text in methodisch gewohnter Weise (z. B. Formulierung der Intention, Gliederung, Linearanalyse) interpretiert.

3. Vergleich beider Texte: Hier setzt die gezielte methodische Arbeit ein, indem die Schüler aufgefordert werden, Fragen zu formulieren, auf die der jeweilige Text eine Antwort gibt. Dabei werden zweifellos auch Fragen auftauchen, die von beiden Texten beantwortet werden, aber ebenso solche, auf die nur der philosophische Text eine Antwort gibt. Genau diese werden dann vom Lehrer als *„philosophische Fragen"* apostrophiert und später einer genauen Analyse unterzogen. War die Textauswahl geschickt und haben die Schüler umfassend und differenziert gearbeitet, lassen sich alle die Merkmale philosophischen Fragens erschließen, die unter 2.2 behandelt worden sind.

Was ist durch dieses Verfahren methodisch-didaktisch gewonnen? Ausgehend von etwas Bekanntem – der Analyse eines Sachtextes –, haben die Schüler an einem Beispiel exemplarisch das Spezifikum philosophischen Fragens erfahren, ohne daß dies als aufdiktiert empfunden wird.

Um diesen Eindruck gar nicht erst aufkommen zu lassen, ist es natürlich auch notwendig, eine Textauswahl zu treffen, die im Interessen- und Erfahrungsbereich der Schüler liegt, denn jedes methodische Raster kann nur dann tragen, wenn auch die inhaltlichen Voraussetzungen stimmen. Im folgenden sollen daher zwei Beispiele, mit denen ich persönlich gute Erfahrungen gemacht habe, näher erläutert werden.

2.4 Beispiel 1: Sokrates und der Tod

Wie bereits erwähnt, behandeln die **Texte 1** und **2** (vgl. Materialienbd. S. 17) – ein Lexikonartikel und ein Auszug aus Platons „Apologie“ – dasselbe Thema: den Tod. Angesichts der immer noch zu verzeichnenden Todesverdrängung in den westlichen Industriegesellschaften, aber auch angesichts eines stillschweigend vorauszusetzenden individuellen Interesses am Phänomen des Todes ist es müßig, die didaktische Relevanz des Themas näher zu begründen: Wen ginge der Tod nicht unmittelbar an, auch wenn das Bewußtsein der eigenen Endlichkeit verdrängt wird und der Tod im öffentlichen Leben weitgehend umgangen, umschrieben, abgeschoben wird?

Da dieser Lexikonartikel (**Text 1,** vgl. Materialienbd., S. 17) im wesentlichen in Form einer Begriffsdefinition verfaßt ist, läßt sich seine Analyse gut mit einer Strukturskizze verdeutlichen:

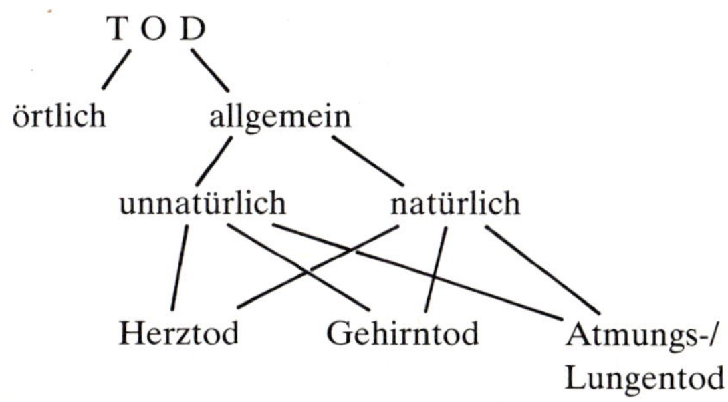

Wer Anschaulichkeit großschreibt, kann die Schüler Beispiele für natürlichen allgemeinen Tod (Altersschwäche), unnatürlichen allgemeinen Tod (Mord, Verkehrsunfall, Krebstod) oder natürlichen örtlichen Tod (Haarausfall) und unnatürlichen örtlichen Tod (Zerstörung von Hautpartien durch Verbrennen, Verlust eines Fingers bei der Arbeit mit einer Kreissäge) bilden lassen.

Medizinisch nicht mehr völlig korrekt ist die in diesem Text angegebene ‚Gleichrangigkeit‘ von Herz-, Gehirn- und Lungentod, da in der heutigen Medizin erst der totale Ausfall der Gehirnströme als entscheidendes und irreversibles Todesmerkmal gilt, das Aussetzen von Herz oder Atmung hingegen leitet erst das Stadium des sogenannten „klinischen Todes“ und damit die prinzipielle Reanimierbarkeit des Sterbenden ein. (Vgl. hierzu die auch für Unterrichtszwecke geeignete Aufsatzsammlung: Hans-Martin Sass [Hrsg.], Medizin und Ethik, S. 160ff.)

Zum besseren Verständnis von **Text 2** (vgl. Materialienbd., S. 17) sollte auf jeden Fall kurz auf den geschichtlichen und biographischen Hintergrund eingegangen werden, allein schon deswegen, weil Sokrates, dessen Verteidigungsrede Platon hier – in welch bearbeiteter Form auch immer – wiedergibt, *der* Ahnherr abendländischen Philosophierens ist und der an ihm begangene Justizmord ihn letztlich zu einem ‚Märtyrer in eigener Sache‘ gemacht hat: Hintergründe dieser Art faszinieren nicht nur Schüler!

Auf die etwas abgelegene Übersetzung des Textes (M. Claudius) ist hier zurückgegriffen worden, da sie auf der einen Seite (im Unterschied zu manch moderner Platon-Übersetzung) eine gewisse sprachliche Patina aufweist – Platon und die Bibel sollte man nicht „in heutigem Deutsch" lesen! –, auf der anderen Seite aber für Schüler deutlich verständlicher ist als andere gängige Ausgaben (Rowohlt, Reclam).
Folgende Schwerpunkte sind bei der Interpretation zu setzen:

1. Der Text entwickelt zwei Todestheorien – den ewigen Schlaf und den Ortswechsel –, die durch Anknüpfung an alltägliche Beispiele plausibilisiert und konkretisiert werden.
2. Die undogmatische Sprachform, die sich im Gebrauch des Konjunktivs niederschlägt, verdient Beachtung: Keiner der beiden Todestheorien wird eine größere Wahrscheinlichkeit zuerkannt, beide werden als möglich erachtet. Diese Form hypothetischen Sprechens findet aber ihre Grenze an der apodiktischen Grundaussage des Textes: „Eines von beiden *muß* der Tod sein . . .", tertium non datur.

Über die Textanalyse hinaus sind zwei Ergänzungen möglich: Zum einen kann, wer das Ganze religionsphilosophisch vertiefen will, in dem o. a. Zusammenhang den Begriff *„rationaler Glaube"* einführen: Sokrates erörtert zwei Möglichkeiten, was der Tod sein könnte; er legt sich nicht fest, weil dies strenge Rationalität nicht zuläßt. Der Glaube hingegen, der sich für eine der beiden Theorien – den ewigen Schlaf oder den Ortswechsel – entscheidet, glaubt aber nun nicht völlig ‚ins Blaue hinein': Indem er eine von zwei *rational* erwägbaren und auch erwogenen Möglichkeiten vorzieht, kann er mit Fug und Recht als „rationaler Glaube" bezeichnet werden, ist doch die Ratio bei diesem Entscheidungsprozeß nicht nur im Vorfeld tätig, sondern wird auch Argumente anführen, aus denen heraus der Glaubende sich auf *eine* der beiden Todestheorien festlegt.
Zum zweiten kann man, sofern die Schüler nicht von selbst das Gespräch darauf lenken, den apodiktischen Eingangssatz diskutieren: Existiert tatsächlich keine dritte Möglichkeit? Zumindest ist sie im Rahmen menschlicher Rationalität nicht vorstellbar, so daß sich nur negativ formulieren ließe, der Tod sei etwas, das nicht näher beschrieben werden könne, da es sich den Möglichkeiten und Grenzen menschlicher Fassungskraft entziehe. Auch die Theorie der Seelenwanderung, spätestens seit den Holismus-Absonderungen der New-Age-Bewegung ins allgemeine Bewußtsein gerückt, wird von Schülern in diesem Zusammenhang gerne angeführt, muß aber als eine Variante der Theorie des „Ortswechsels" apostrophiert werden.
Im Anschluß daran sollte man auf eine von Schülern gern angenommene Ergänzung nicht verzichten: Als Hausaufgabe oder im Brainstorming läßt man die Schüler Todesanzeigen und Grabsteininschriften (am besten älterer Friedhöfe) studieren bzw. memorieren und deren Umschreibungen und metaphysische Überhöhungen des Todes den beiden sokratischen Theorien zuordnen. Unter „ewiger Schlaf" lassen sich z. B. Formulierungen rubrizieren wie:
ist entschlafen, ist eingeschlafen, ruht in Frieden . . .,
entsprechend unter „Ortswechsel":
ist von uns gegangen, hat uns für immer verlassen, ist heimgegangen, Gott rief . . . zu sich, Gott rief . . . aus dieser Zeit in die Ewigkeit. (Zum Thema Tod vgl. die nicht nur für

Historiker lesenswerte grundlegende Monographie: Philippe Ariès, Geschichte des Todes. Anschaulicher, da als Bildband konzipiert, und mit einem Text versehen, der praktisch den Extrakt aus dem o. a. Werk darstellt: Ph. Ariès, Bilder zur Geschichte des Todes.)

Nachdem die beiden Texte jeder für sich analysiert worden sind, folgt – wie oben angegeben – ihr Vergleich in der Form, daß die Schüler Fragen formulieren, auf die der jeweilige Text eine Antwort gibt. Diese sollte man als Tafelanschrieb festhalten. Zur Konkretisierung einige Beispiele:

Lexikon-Artikel (vgl. Materialienbd., S. 17)
- Wann ist ein Mensch tot?
- Was ist der (natürliche, örtliche . . .) Tod?
- Wie kommt es zum Sterben?
- Welche Arten von Tod gibt es?
- Warum sind Einzeller potentiell unsterblich? (Negativ formuliert:) Warum ist der Mensch nicht potentiell unsterblich?

Platon-Text (vgl. Materialienbd., S. 17)
- Warum ist der Tod für den Menschen ein Gewinn?
- Was geschieht mit dem Menschen im Tode?
- Was ist der Tod?
- Ist es besser, zu leben oder tot zu sein?
- Warum braucht der Mensch vor dem Tod keine Angst zu haben?

Diese Beispiele mögen bereits verdeutlichen, welche Intention die Auflistung möglicher Fragen verfolgt:

Den Schülern wird so viel besser und eindringlicher klar, daß beide Texte einen völlig anderen Skopus aufweisen; dies gilt selbst dann noch, wenn Fragen genannt werden, die beide Texte beantworten – die sehr allgemeine „Was ist der Tod?" z. B. wird selbstredend in beiden Texten beantwortet, wer aber beide bereits gelesen hat, weiß, daß ein und dieselbe Frage von beiden Texten auch nicht annähernd in ähnlicher Weise beantwortet wird. Von daher gilt: Die Frage „Was ist der Tod?" hat, an Text 1 gestellt, von vornherein eine andere Frageintention, als wenn sie an Text 2 herangetragen wird.

Der nächste Schritt besteht nun darin, auf der Grundlage der Fragen zum Platon-Text mit den Schülern zu erarbeiten, was das Spezifikum philosophischen Fragens ausmacht. Hierzu lassen sich die unter 2.2 entwickelten Überlegungen ohne weiteres in einen Tafelanschrieb umsetzen.

2.5 Beispiel 2: Schopenhauer und die Freundschaft

Da sich dieses Beispiel nur inhaltlich von dem unter 2.4 ausführlich dargestellten unterscheidet, kann ich mich auf wenige Hinweise beschränken. Grundlage sind die **Texte 1** und **2** (vgl. Materialienbd., S. 18f.).

Das Thema „Freundschaft“ ist für Schüler gerade dieser Altersstufe motivierend, da in der Zeit der Adoleszenz überkommene Kinderfreundschaften oft nicht mehr tragen und gelöst werden, neue Freundschaften aber meist mit kritischerem Blick und wählerischer eingegangen werden: An den Freund werden jetzt höhere Ansprüche gestellt als zu Kinderzeiten.
Wie der Lexikonartikel „Tod“ beschränkt sich auch dieser (**Text 1,** vgl. Materialienbd., S. 18) auf eine Begriffsdefinition, zu der aber verstärkt zwischenmenschliche Beziehungen herangezogen werden, die lediglich freundschafts*ähnlich* sind (u. a. geselliges Miteinander, Gastfreundschaft, Kameradschaft).
Auf eine Definition verzichtet hingegen der Schopenhauer-Text (**Text 2,** vgl. Materialienbd., S. 19); er nennt im Eingangssatz nur Voraussetzungen für Freundschaft, deren tatsächliche Existenz im folgenden grundsätzlich in Zweifel gezogen wird, und zwar vor dem Hintergrund eines von Egoismus geprägten Menschen- und eines von Pessimismus charakterisierten Weltbildes. Herausgearbeitet werden müßte bei der Textanalyse folgende Dreistufung: Schopenhauer differenziert zwischen „alltäglichen Liaisons“, die reine Nutzverbindungen darstellen, freundschaftlichen Verbindungen, die in dieser „Welt der Unvollkommenheit“ notwendig mit egoistischen Motiven durchsetzt sind, und echter Freundschaft, die ein höchstwahrscheinlich rein fiktives Ideal darstellt.
Gerade die diesem Text zugrundeliegende negative Weltsicht motiviert Schüler stark; wer aber lieber auf einen ‚positiveren‘ Text zurückgreifen möchte, verwende einen der Anschlußtexte des Einstiegs 1.4.
Die Auflistung der Fragen, die der Lexikonartikel einerseits und der Schopenhauer-Text andererseits beantwortet, wäre analog zu 2.4 zu erstellen, ebenso die Herausarbeitung der Charakteristika philosophischen Fragens.

Die hier vorgestellte Methode, einen Lexikonartikel mit einem philosophischen Text zu konfrontieren, läßt sich im Prinzip natürlich auf alle möglichen Themen übertragen. Für vier weitere Beispiele, die ich bereits erprobt habe und die m. E. altersgerecht sind und Schüler motivieren, seien hier jeweils geeignete philosophische Texte angegeben:

1. GEIZ:	I. Kant, Die Metaphysik der Sitten, Tugendlehre, § 10 (Vom Geize) (ohne die umfangreiche Fußnote und den Abschnitt „Kasuistische Fragen“)
2. LIEBE:	E. Fromm, Die Kunst des Liebens
	J. Pieper, Über die Liebe. (Geeignete Auszüge aus einem der Bücher)
3. TODESSTRAFE:	J.-J. Rousseau, Der Gesellschaftsvertrag, 2. Buch, 5. Kapitel: Vom Recht über Leben und Tod (Auszug)
	I. Kant, Die Metaphysik der Sitten, Rechtslehre, Abschnitt E: Vom Straf- und Begnadigungsrecht (Auszüge aus A 197–A 199)
4. SUIZID:	Seneca, Briefe an Lucilius, 70. Brief (Auszug)
	D. Hume, Über den Selbstmord (Auszug)

Daß namentlich das letzte Thema mit gehörigem pädagogischen Fingerspitzengefühl zu behandeln wäre, bedarf keiner Erwähnung: Nicht umsonst ist Humes kurze und außer in Universitätsbibliotheken kaum zugängliche Schrift erst postum erschienen.

2.6 Die Systematisierung: Philosophisches Fragen im Rahmen von Teildisziplinen

Im Anschluß an den o. a. Textvergleich und die nähere Definition der philosophischen Frage werden die Schüler aufgefordert, einige philosophische Fragen, die sie persönlich interessieren, anonym auf einem Zettel zu notieren und dem Lehrer abzugeben.
Will man die Fragen bereits für die nächste Stunde auswerten, ist es nötig, diese Aufgabe als Einzelarbeit im Unterricht zu stellen. Von der Zeitökonomie her betrachtet, hat das natürlich Vorteile, und als Lehrer kann man einigermaßen sicher sein, am Ende der Stunde auch von jedem Schüler etwas zu bekommen.
Aufgrund langjähriger Erfahrung mit dieser Aufgabenstellung halte ich es jedoch für sinnvoller, das Ganze als Hausaufgabe zu stellen. Natürlich hat der eine oder andere Schüler in der nächsten Stunde die Hausaufgabe vergessen oder kurz vor dem Unterricht einige Fragen vom Banknachbarn ‚übernommen' – die auf jeden Fall zu wahrende Anonymität verführt leicht hierzu! –, doch erreichen Schüler, die sich zu Hause in gewohnter Umgebung befinden und keinen schrägen Blicken des Nachbarn ausgesetzt sind, durchweg ein qualitativ höheres Niveau bei ihren Fragen, und dies kommt dem Unterricht, der auf diesen Fragen aufbaut, natürlich zugute.
Die hierauf vom Lehrer zu leistende Arbeit stellt sich als nicht ganz einfach dar: Da die Schüler gerade erst ins Philosophieren eingeführt worden sind, wäre es eine schlichte Überforderung, ihnen eine ungeordnete Auflistung aller auf den Zetteln fixierten philosophischen Fragen auszuhändigen mit der Aufforderung, diese in Sachgruppen zu ordnen – den Schülern fehlen die hierzu nötigen fachwissenschaftlichen Kriterien. Bei aller Favorisierung induktiven Lernens: Diese Strukturierung muß der Lehrer selbst vornehmen, und das stellt sich manchmal in concreto als recht kompliziert dar. Fragen wie: „Sind die Dinge so, wie man sie als Mensch wahrnimmt?" oder: „Was ist Macht?" sind ohne größere Schwierigkeiten der Erkenntnistheorie bzw. der Staatsphilosophie zuzuordnen, aber schon die Frage: „Was ist Freiheit?" bereitet Probleme, denn je nach inhaltlicher Vorentscheidung läßt sie sich der Anthropologie, der Ethik oder u. U. auch der Metaphysik zuordnen.
Doch konkret: Um das hier vorgestellte Verfahren zu veranschaulichen, sei an dieser Stelle ein Fragenkatalog abgedruckt, der aus einem Einführungskurs des Jahres 1986 stammt:

Katalog philosophischer Fragen **Philosophie-GK 11 pl_1** **1986/87**

Metaphysik:

Gibt es einen Gott? Gibt es nur *einen* Gott? Wo ist Gott?
Woher kommt das Leben?
Gibt es Schicksal? Gibt es Zufall?
Gibt es das Nichts?
Warum sterben wir? Was ist der Tod? Gibt es ein Leben nach dem Tod?

Anthropologie:

Warum gibt es zwei Geschlechter? Was ist Liebe?
Warum will der Mensch immer irgendwie bewundert werden?
Warum brauchen Menschen (meistens) ein Vorbild/Vorbilder?
Warum sind die Menschen so neugierig?
Was ist Freiheit? (u. U. auch Ethik oder Metaphysik)
Was ist Einsamkeit?
Warum gibt man sich oft anders, als man möchte?
Ist der Mensch gut oder böse? (u. U. auch Ethik)
Warum gibt es Menschen und Tiere? (u. U. auch Metaphysik)
Warum lachen wir?
Warum bekämpfen sich Menschen gegenseitig? Warum streiten Menschen? (u. U. auch Staatsphilosophie)

Ethik:

Was ist der Sinn des Lebens? Gibt es einen Sinn im Leben?
Warum wollen die Menschen sich immer weiterentwickeln?
Warum hat der Mensch den Drang, sich bis zur Perfektion in seinen Leistungen zu steigern? (u. U. auch Anthropologie)
Wie erkenne ich, was gut und schlecht ist?
Was ist Gewissen? Inwiefern beeinflußt das Gewissen unser Verhalten?
Was ist Glück?
Welches Recht hat der Mensch, sich die Erde untertan zu machen?

Erkenntnistheorie:

Woher weiß man, daß man lebt?
Sind die Dinge so, wie man sie als Mensch wahrnimmt?
Warum haben Menschen verschiedene Eindrücke von gleichen Dingen?

Staatsphilosophie:

Warum gibt es Zivilisation? Warum gibt es Gesellschaft?
Warum gibt es in größeren Gemeinschaften Führer (= Leute, die bestimmen)?
Was ist Gewalt?
Was ist Macht?
Warum versucht man sich in die Gesellschaft einzupassen?

Religionsphilosophie:

Warum glauben wir an Gott?
Was ist Glauben?
Gibt es den Teufel?

Ästhetik:

Was ist schön?
Was ist ein Drama?

Naturphilosophie:

Was ist Natur? (u. U. auch Metaphysik)

Neben dem unterschiedlichen Reflexionsniveau der Fragen fällt auf, daß gut zwei Drittel von ihnen den Disziplinen Metaphysik, Anthropologie und Ethik zuzurechnen sind, einige andere Disziplinen sind spärlich, Geschichtsphilosophie, Sprachphilosophie und Wissenschaftstheorie – das didaktische Lieblingskind der 70er Jahre – gar nicht vertreten: eine jugendpsychologisch unschwer zu deutende Präferenz, die für Einführungskurse nach meiner Erfahrung aber signifikant ist. (Seit 1977 setze ich dieses methodische Verfahren in jedem Einführungskurs ein, und Präferenzverschiebungen habe ich nicht bei Metaphysik, Ethik und Anthropologie, sondern nur bei anderen Disziplinen ausmachen können: War bis zum Anfang der 80er Jahre z. B. der Anteil staatsphilosophischer Fragen noch recht hoch, ging er bis gegen Ende der 80er Jahre zurück, verschwand in manchen Jahren fast völlig. Andererseits läßt sich seit Mitte der 80er Jahre ein Anstieg religionsphilosophischer Fragen verzeichnen: ein Trend, der bis heute unvermindert anhält. In beiden Tendenzen dürfte sich ein gewisser Zeitgeist spiegeln, auf den hier nicht näher eingegangen werden kann.)
Hat man den vervielfältigten Fragenkatalog an die Schüler verteilt, wird das Ganze in mehreren Schritten ausgewertet:

1. Der Lehrer erläutert kurz, daß er die Fragen zu Sachgruppen zusammengefaßt hat, deren Überschriften Teildisziplinen (für Schüler verständlicher: besondere Fachgebiete) der Philosophie darstellen. Auf diese werde später noch genauer eingegangen (vgl. u. unter 3.).
2. Der Lehrer greift zwei oder auch mehr Fragen heraus, die sich thematisch überschneiden oder berühren, und läßt die Schüler Unterschiede zwischen diesen Fragen erschließen.

   Das Verfahren sei exemplarisch an einigen Beispielen des o. a. Fragenkatalogs erläutert: Die Frage „Gibt es einen Gott?“ ist deutlich weiter gefaßt als die Frage „Gibt es nur *einen* Gott?“, denn in der ersten wird grundsätzlich nach der Existenz eines Gottes gefragt, was in der zweiten Frage bereits vorentschieden ist, denn ihr Frager geht von der Existenz mindestens *eines* Gottes aus.

   Ähnlich ist es bei den Fragen „Was ist der Sinn des Lebens?“ und „Gibt es einen Sinn des Lebens?“ Was die zweite Frage allererst klären möchte, setzt die erste bereits als gesichert voraus und will nur noch dessen inhaltliche Qualität bestimmt haben.

   In den Fragen zeigt sich jedoch nicht nur eine enge oder weite Frage*stellung*, sondern auch die distanzierte oder weniger distanzierte *Sicht* eines Problems: Die Frage „Warum lachen wir?“ ist relativ undistanziert; dies zeigt sich zum einen in der Verwendung des den Leser implizierenden Personalpronomens, zum anderen darin, daß die Formulierung insgesamt undifferenziert bleibt, da keine näheren Angaben getroffen werden. Der Schüler, der diese Frage gestellt hat, wollte offenbar auf etwas anderes hinaus: auf die Fähigkeit des Menschen, zu lachen, war aber nicht in der Lage, dies in eine exakte Frage zu kleiden, etwa: „Warum hat der Mensch die Fähigkeit, zu lachen?“ oder: „Warum ist der Mensch als einziges Wesen in der Lage, zu lachen?“

   Ähnlich die Frage „Warum glauben wir an Gott?“ Der Frager trifft hier bereits in der Formulierung Vorentscheidungen, die auf eine sehr geringe Distanz zum Thema schließen lassen, geht er doch wie selbstverständlich davon aus, daß andere Menschen in ähnlicher Weise an Gott glauben wie offenbar er selbst.

Die folgenden beiden Fragen entstammen den Fragekatalogen anderer Kurse und zeigen sehr deutlich, zu welchem Grad von Distanz – beim selben Thema – Schüler auch fähig sein können: „Gibt es ein über uns stehendes Wesen?“ „Was ist das, was man ‚Gott‘ nennt?“ Vergleicht man diese Formulierungen mit den ersten beiden des abgedruckten Fragenkatalogs, wird deutlich, was distanzierte Sicht eines Problems ist!

Ein dritter Punkt, den es bewußtzumachen lohnt, betrifft die (mangelnde) Präzision einer Formulierung: Die Frage „Woher weiß man, daß man lebt?“ z. B. ist von der Sache her zutiefst philosophisch – das alte cartesische Problem! –, aber ungeschickt formuliert: Ein individuelles Subjekt, ein Ich, kann wissen, aber „man“?

Ähnlich die Frage „Warum versucht man sich in die Gesellschaft einzupassen?“ Das „man“ ist ja gerade das Ergebnis des Einpassungs- (besser: Anpassungs-)prozesses, also stünde hier besser: „das Individuum“ o. ä.

Damit niemanden der Verdacht beschleicht, ich hätte etwas gegen das „man“: In der Frage „Sind die Dinge so, wie man sie als Mensch wahrnimmt?“ steht es absolut richtig, denn diese hebt ja auf eine Fähigkeit der Gattung ab.

Um die Schüler zu präziser Formulierung und damit zur Schärfe des Denkens anzuhalten, ist es unbedingt sinnvoll, daß der Lehrer nicht nur auf ‚schlechte‘ Formulierungen aufmerksam macht, sondern die Schüler auffordert, eine treffendere Formulierung zu suchen, auch wenn dies Mühe und Zeit kostet: Feinheiten, auf denen man zu Anfang eines Kurses besteht, werden später als Selbstverständlichkeiten akzeptiert, fängt man jedoch in einem Kurs gleich mit – salopp gesprochen – methodischer Schluderei an, werden die Schüler differenziertes Arbeiten dann, wenn es nottut, später als überflüssig und unzumutbar empfinden.

Fassen wir zusammen: Bei der Auswertung des Fragenkatalogs werden

- weite und enge Fragestellung,
- distanzierte oder weniger distanzierte Sicht eines Problems und
- präzise und weniger präzise Formulierung

thematisiert mit dem Ziel, die Schüler in sprachlicher und sachlicher Schärfe zu üben sowie sie mit der unterschiedlichen Akzentuierung und Leistung philosophischer Fragen vertraut zu machen.

Eine Bemerkung noch am Rande: Unter den von den Schülern gestellten Fragen werden sich gelegentlich auch nicht-philosophische finden, z. B. solche, die in den Bereich der Einzelwissenschaften gehören (Was ist ein Atom?) oder ‚tiefsinnig‘ scheinen und deshalb fälschlich für philosophisch gehalten werden (Warum ist ein Ziegelstein achteckig?).

Auf diese kann man als Lehrer in zweierlei Weise reagieren: Entweder ignoriert man sie schlicht in der Hoffnung, daß die betreffenden Schüler nach der Besprechung des Fragenkatalogs ihre Fehler erkennen, oder man nutzt sie zu einer Lernzielkontrolle, indem man erschließen läßt, warum man die Frage X wohl nicht in den Fragenkatalog aufgenommen habe.

3. Die mit der Besprechung des Fragenkatalogs begonnene Systematisierung bringt man folgendermaßen zu Ende: Die erste – zeitökonomischere – Möglichkeit besteht darin, daß der Lehrer in Form eines Referates Informationen über die einzelnen Teil-

disziplinen der Philosophie gibt und dann die Frage stellt, inwiefern die unter . . . aufgelisteten Fragen tatsächlich dieser Disziplin zuzurechnen sind. Wer dann noch ein übriges tun will, läßt die Schüler ein paar weitere Beispiele für philosophische Fragen dieser Disziplin bilden.
Bei der zweiten Möglichkeit ersetzt man den Lehrervortrag durch eine Gruppenarbeitsphase: Die Schüler bekommen einen Klassensatz eines philosophischen Wörterbuches (z. B. Schülerduden Philosophie) ausgehändigt mit der Aufgabe, die entsprechenden Lexikonartikel (Metaphysik, Ethik, . . .) durchzuarbeiten und eventuelle Unklarheiten im Gruppengespräch zu klären. Im Plenum werden dann mögliche Verständnisfehler korrigiert und ein gemeinsamer sachlicher Konsens hergestellt.

4. In Bundesländern, deren Curriculum für den Einführungskurs recht offen gehalten ist, kann man schließlich den Fragenkatalog nutzen, um die weiteren Unterrichtsthemen für das Halbjahr auszuwählen: Da alle Fragen ja aus dem Kurs und nicht vom Lehrer kommen, kann man sicher sein, daß die Akzeptanz der meisten Themen gegeben ist.

Zum Schluß dieses Kapitels noch ein Wort in eigener Sache: Den hier vorgestellten propädeutischen Block, bestehend aus einer Einführung des „Prologs“ und dem „Zwischenspiel“, habe ich bisher in ca. 20 Einführungskursen verwendet und festgestellt, daß sich das vorgeschlagene Verfahren bewährt hat: Die Schüler werden mit grundlegenden Fachbegriffen, Fragestellungen und Arbeitsweisen des Faches vertraut, was vor allem für diejenigen wichtig ist, die Philosophie bis zum Abitur und eventuell als 3. oder 4. Abiturfach belegen. Aber auch die Schüler, die nach dem Einführungskurs aufgrund ihrer Fächerbelegung (mögliche Pflichtbindungen) Philosophie nicht weiterwählen können oder das Fach abwählen, weil es ihnen zu ‚theoretisch‘ ist, haben in diesem propädeutischen Block entscheidende philosophische Grunderfahrungen gemacht, und das dürfte im Hinblick auf eine Allgemeinbildung, wie sie in der Bildungspolitik für Abiturienten immer wieder gefordert wird, nicht zu unterschätzen sein.

3. Erstes Hauptstück: Philosophieren im Rahmen von Teildisziplinen

Die Unterrichtsideen, die in diesem Kapitel vorgestellt werden, richten sich – anders als der „Prolog“ und das „Zwischenspiel“ – an Kurse, die schon eine gründliche Einführung in das Fach hinter sich haben, unabhängig davon, ob diese Einführung (wie z. B. in Nordrhein-Westfalen, Schleswig-Holstein oder Niedersachsen) als kompletter Halbjahreskurs vorgesehen ist oder nicht. Daher weisen diese Unterrichtsideen insbesondere bei den Anschlußtexten ein höheres Anspruchsniveau auf.
Aus pragmatischen Gründen wurde das Kapitel nach philosophischen Teildisziplinen gegliedert, denn diese tauchen in den Curricula der Bundesländer überall an irgendeiner Stelle auf, wenn auch nicht unbedingt als kursorganisierendes Prinzip. Daß an dieser Stelle nur drei Teildisziplinen der Philosophie explizit vertreten sind, ergibt sich vor allem aus den Schülerpräferenzen (vgl. Kap. 2.6), aber auch daraus, daß die Arbeit mit nicht-textualem Material im Philosophieunterricht bisher noch relativ wenig praktiziert wird und in der fachdidaktischen Literatur meines Wissens nur ansatzweise aufgearbeitet worden ist (vgl. Joachim Krause, Medien, S. 423–429). Infolgedessen habe ich mich darauf beschränkt, Materialien vorzustellen, die von mir im Unterricht (z. T. mehrfach) erprobt worden sind: Eine grundlegende fachdidaktische Reflexion kann nicht Aufgabe eines Buches sein, das als Unterrichtshilfe für die pädagogische Alltagspraxis konzipiert ist.
Wie bereits im Vorwort erwähnt, sollen die hier vorgestellten Unterrichtsideen überwiegend Einführungen in Teildisziplinen der Philosophie anbieten oder gängige Teilthemen aus Anthropologie, Ethik etc. einleiten. Wie im „Prolog“ sind die Einzelkapitel analog aufgebaut: Zu Beginn jedes Kapitels findet sich jeweils ein **Überblick** mit Hinweisen auf Thema, Zeitaufwand usw., damit der Leser einen schnellen Zugriff erhält und leichter entscheiden kann, ob die „Unterrichtsidee“ in seinem Kurs zu verwenden ist.

1. Unter der Überschrift **„Hinweise zum Bild/Cartoon etc.“** werden in mehr feuilletonhaft-essayistischer als fachwissenschaftlicher Form einige Überlegungen zu dem jeweiligen Unterrichtsmaterial (überwiegend Bilder) dargelegt, die dem Leser den fachdidaktischen Zugang erleichtern sollen. Eine Bildanalyse zu geben, hätte mich als kunsthistorischen Laien überfordert und wäre auch dem unterrichtspraktischen Verwendungszweck unangemessen gewesen – ein um die Sache bemühter „Dilettantismus“ (im positiven Wortverstande Goethes und Schillers), zu dem ich mich freimütig bekenne, muß ja nicht notwendig fachliche Niveaulosigkeit zeitigen. Praktisch gesprochen: Die hier zum jeweiligen Medium geäußerten Gedanken sollen dem Benutzer des Buches die Zeit für die unterrichtliche Aufbereitung verkürzen, nicht mehr.
2. **Möglicher Verwendungszusammenhang:** In diesem Abschnitt werden konkrete Hinweise auf die unterrichtspraktische Anwendbarkeit gegeben: Vorschläge, wie und in welchen Zusammenhängen das vorgestellte Material einzusetzen ist, u. U. seine Einbettung in konkrete Unterrichtsreihen usw.

3. Unter der Überschrift **„Umsetzung in die Unterrichtspraxis“** findet der Leser methodische Hinweise, Angaben zu Lernschritten und -phasen, kurz: alles das, was ihm hilft, das Material in den Unterrichtsalltag einzubringen, was bei der Stundenvorbereitung erfahrungsgemäß die meiste Zeit kostet.
4. **Anschlußtexte:** Die – nur in einigen Kapiteln angegebenen – Texte haben Vorschlagscharakter: Ziel ist es nicht, dem Leser komplett ausgearbeitete Unterrichtsreihen anzubieten, sondern ihm den einen oder anderen Hinweis auf Texte zu geben, die zu dem entsprechenden Thema gehören, aber nicht ohne weiteres zugänglich sind, da sie in gängigen Textsammlungen meist nicht verwendet werden.

3.1 Anthropologie

3.1.1 Der Mensch und seine Freiheit oder: Wer hat denn daran gedreht?

Philosophische Teildisziplin: Anthropologie (u. U. auch Ethik oder Metaphysik)
Thema: Freiheit und Determination
Zeitaufwand: ca. 30 Minuten (ohne Anschlußtexte)
Hilfsmittel: Cartoon von Loriot (OHP-Folie Nr. 1, vgl. Materialienbd., S. 20)
Anschlußtexte: J. O. de la Mettrie, Der Mensch eine Maschine (Auszug, vgl. Materialienbd., S. 21), P. T. d'Holbach, System der Natur (vgl. Textnachweis), K. Jaspers, Einführung in die Philosophie (Auszug, vgl. Materialienbd., S. 22), F. Schiller, Erklärung über die Freiheit (vgl. Materialienbd., S. 23), W. Weischedel, Skeptische Ethik (Auszug, vgl. Materialienbd., S. 24), F. M. Dostojewskij, Schuld und Sühne (Teil I, Kap. 6/7), F. Nietzsche, Menschliches, Allzumenschliches (I, Nr. 107, vgl. Materialienbd., S. 24f.)

1. Hinweise zum Cartoon

Der Cartoon, **OHP-Folie Nr. 1** (vgl. Materialienbd., S. 20), ist das Musterbeispiel eines Bilder*witzes,* denn er ist konzipiert im Hinblick auf eine Schlußpointe, die erst in Bild 5 deutlich wird. Auch sein formaler Aufbau entspricht einem erzählten Witz: Er beginnt mit etwas scheinbar Belanglosem, dem Verkauf von Spielzeugpuppen mit Aufziehmotor, die bei den Käufern ohne weiteres Absatz finden. Auffällig ist bis einschließlich Bild 4 nur, daß Verkäufer und Verkauftes gleich gekleidet sind, was versteckt schon eine Beziehung andeutet, und auffällig ist auch der stets gesenkte Blick des Verkäufers, der bereits auf eine gewisse Leblosigkeit, vielleicht aber auch auf ein Sich-Konzentrieren auf die Puppen hindeuten könnte. Erst mit dem letzten Bild ergibt sich für den Betrachter die Pointe: Der Verkäufer entpuppt sich ebenfalls als Aufziehpuppe (oder als ‚Maschinenmensch‘), ein Umstand, der offenbar auch den Kunden verborgen geblieben ist.

Gerade das Schlußbild vermittelt Denkanstöße, die auf mehrere philosophische Probleme verweisen:

1. Das Problem der (persönlichen) Freiheit: Wenn der Verkäufer sich auch als Aufziehpuppe entpuppt wie seine Verkaufsgegenstände, stellt sich die Frage nach seiner Selbst- bzw. Fremdbestimmung: Er erscheint buchstäblich als Maschine, die offenbar nur bestimmte mechanische Abläufe vollzieht.
2. Des weiteren stellt sich die Frage nach dem ‚Aufzieher des Puppenaufziehers': Gibt es, wenn er selbst offenbar rein mechanisch agiert, vielleicht eine Instanz, die seinen Motor in Gang setzt oder gesetzt hat? Was geschieht, wenn der Aufziehmotor abgelaufen ist?
3. Die Beobachtung, daß Puppen und Verkäufer gleich gekleidet sind, verweist auf das philosophische Problem des „regressus ad infinitum": Vielleicht findet sich als ‚Aufzieher' des Verkäufers ein ähnlich gekleideter Mann, der wiederum von einem Aufzieher aufgezogen wird – wo liegt die erste Ursache dieser Kausalkette?
4. Ein Sonderproblem zeigt sich darin, daß die Käufer offenbar keine Aufziehpuppen sind, was darauf schließen lassen könnte, daß es unterschiedliche Grade von Freiheit bzw. Determination gibt.
   Der Verkäufer könnte möglicherweise auch deswegen als Aufziehpuppe dargestellt sein, weil sich für ihn die geschäftlichen Abläufe durch Routine völlig automatisiert haben: Er verkauft die Puppen rein mechanisch, wie eine Maschine.
5. Ein weiteres Sonderproblem: Der Verkäufer kann den eigenen Schlüssel im Rücken nicht sehen – weiß er von der ihm eigenen Mechanik, oder hält er sich nur für selbstbestimmt, ist es in Wahrheit aber gar nicht?

2. Möglicher Verwendungszusammenhang

Die in den „Hinweisen" schon deutlich gewordene Vielschichtigkeit der Deutungsmöglichkeiten läßt eine Verwendung des Cartoons innerhalb mehrerer Unterrichtsreihen, ja sogar Disziplinen zu. Wenn daher hier vor allem auf seine Einsetzbarkeit im Rahmen der Anthropologie eingegangen wird, so deshalb, weil das von ihm aufgezeigte Problem der individuellen Freiheit bzw. Determination des Menschen von Schülern fast immer zuerst gesehen wird; die mögliche und notwendige Differenzierung zwischen Gedanken- und Handlungsfreiheit wird von ihnen im ersten Zugriff meist noch nicht erkannt – sie wäre Thema einer ethischen Unterrichtsreihe, auf die im Kapitel „Anschlußtexte" kurz eingegangen wird. Noch ferner liegt den Schülern die metaphysische Dimension des Cartoons, die nicht notwendig religiös gedeutet zu werden braucht: Natürlich kann man personal fragen nach dem ‚Aufzieher des Aufziehers', das Ganze läßt sich aber auch als abstrakt-metaphysisches Prinzip formulieren: Was steht am Anfang aller Kausalketten? oder noch abstrakter: Worin ist das Kausalitätsprinzip begründet?

1. Im Rahmen der philosophischen Anthropologie ist die Frage nach der Freiheit des Menschen eine über mehr als zwei Jahrtausende hinweg immer wieder gestellte Grundfrage.
   Gerade seitdem aber in die Anthropologie verstärkt Forschungsergebnisse der Einzelwissenschaften (Biologie, Verhaltensforschung, Paläontologie etc.) Eingang ge-

funden haben, ist die Freiheit als ein mögliches Differenzmoment zu allen anderen Lebewesen heraus- und auch in Frage gestellt worden: Handelt nur das Tier im Rahmen eines – je nach dem Grad seiner biologischen Organisation – einfacheren oder differenzierteren Reiz/Reaktions-Schemas, oder auch der Mensch?
Vor diesem Hintergrund bietet es sich an, den Loriot-Cartoon in einer Unterrichtsreihe einzusetzen, die den Unterschied Tier/Mensch thematisiert. Hier könnte man auf klassische Texte der Evolutionstheorie (Darwin, Haeckel) zurückgreifen, aber auch auf ‚moderne Klassiker' (Portmann, Monod), um in verständlicher Form einzelwissenschaftliche Aspekte in den Unterricht einzubringen. In Abhebung von der Naturbestimmtheit der Tiere läßt sich dann der Cartoon einschieben, der so bei den Schülern vermutlich auf Widerspruch stoßen wird, da er den Verkäufer in mechanistischer Weise darstellt, womit die Tier/Mensch-Differenz zumindest stark verringert wird.
Eine zweite Verwendungsmöglichkeit im Rahmen der Anthropologie ergibt sich, wenn man den Cartoon als Einstieg in eine Unterrichtsreihe zum Leib/Seele-Problem einsetzt: Freiheit des Menschen ist ja nur dann philosophisch begründbar, wenn die „Seele" als eigenständige Größe erachtet und der Vernunft die besonders geartete Qualität, selbstursprüngliche Ursache nicht-materieller Vollzüge zu sein, zugesprochen wird.
Vor diesem Hintergrund lassen sich holzschnittartig drei Gruppen von Denkansätzen unterscheiden: Die erste spricht der Seele, speziell der Vernunft, eine Priorität vor dem Körperlichen zu. Als Vertreter dieser Position wären z. B. Platon und Descartes zu nennen. Die entgegengesetzte Position, die eine Priorität des Körperlichen vor dem Seelischen vertritt, findet sich z. B. bei den französischen Materialisten (Holbach, La Mettrie), aber auch bei Marx und Freud. Eine vermittelnde Position vertritt z. B. Aristoteles, und das Judentum ist von jeher der Auffassung, Leib und Seele seien untrennbar, ein Gedanke, der noch in der christlich-paulinischen Anthropologie bestimmend ist. (Vgl. hierzu als Standardwerk: Günther Bornkamm, Paulus, S. 139–144)
Eine weitere Verwendungsmöglichkeit im Rahmen der Anthropologie wird im Kapitel „Anschlußtexte" erläutert.

2. Auch in einem Ethikkurs läßt sich der Loriot-Cartoon einsetzen, problematisiert er doch sinnfällig die Determination eines Handelnden. Selbst wenn man nicht von der radikalen Annahme ausgeht, daß der Verkäufer ein „l'homme machine" ist, dessen Handlungspotential völlig programmiert und infolgedessen auf wenige Abläufe begrenzt ist, deutet der Schlüssel in seinem Rücken an, daß es mit seiner Handlungsfreiheit (?) in dem Augenblick vorbei ist, wo sein Aufziehmotor abgelaufen ist – sein Aktionspotential ist fremd-, nicht selbstbestimmt.
   Um einen philosophischen Begriff von Handlung einzuführen, kann man nach dem Cartoon entweder mit der Unterrichtsidee 3.2.3 oder dem Folienatlas (Kap. 4) arbeiten, wenn man jedoch eine Massierung nicht-textualer Materialien vermeiden möchte, ist es sinnvoll, an dieser Stelle den Schiller- und den Weischedel-Text zu analysieren (vgl. unter „Anschlußtexte"): Ersterer ist für eine Definition des Problems wichtig, da er zwischen Willens- und Handlungsfreiheit differenziert, der zweite the-

matisiert die Faktoren, durch die persönliche Handlungsfreiheit determiniert wird, und damit das Spannungsfeld, in dem ethisches Handeln stattfindet.

3. Da die Möglichkeit, mit diesem Cartoon einen Einstieg in metaphysische Probleme zu leisten, sich nur entfernter anbietet, soll hierauf nur abrißhaft eingegangen werden: Die Frage nach dem ‚Aufzieher des Aufziehers' führt über das Philosophem des „regressus ad infinitum" (s. o.) zum Problem des Kausalitätsprinzips und zu der Frage nach der ersten Ursache. Da der Verkäufer, der die Spielzeugpuppen aufzieht und infolgedessen deren ‚Handeln' verursacht hat, selbst einen Aufziehschlüssel im Rücken trägt, fragt sich, wer diesen betätigt und ob das Aufziehen und das Aufgezogen-Werden nicht theoretisch beliebig weiterverfolgt werden können: Jeder ‚Aufzieher' wäre dann jemand, der auch aufgezogen *wird,* Glied einer Kette, das sowohl aktiv wie passiv ist, Ursache und Wirkung gleichermaßen.
   Dieser Sachverhalt läßt sich für eine Einführung in die Metaphysik z. B. nutzen, indem man die aristotelische Vier-Ursachen-Lehre behandelt und die „causa efficiens" von der „causa formalis", „causa materialis" und „causa finalis" abhebt (Aristoteles, Physik, 194 b 16–195 a 27. Der Text ist leicht zugänglich in: Karl Vorländer, Geschichte der Philosophie 1, S. 245 f.).

3. Umsetzung in die Unterrichtspraxis

Um dem Cartoon als Bilderwitz, der auf eine Pointe abzielt, gerecht zu werden, ist es notwendig, letztere – und das bedeutet: Bild 5 – zurückzuhalten und sich bei der Projektion der OHP-Folie zuerst auf die Bilder 1 bis 4 zu beschränken.

Dabei bieten sich zwei mögliche Vorgehensweisen an: Ist der Kurs, in dem diese Unterrichtsidee eingesetzt wird, wenig spontan und etwas mundfaul, ist der Lehrer selbst gefordert (Präsentationsmöglichkeit 1), sind die Schüler jedoch auch zu Beiträgen bereit, die auf den ersten Blick wenig philosophisch zu sein scheinen, sollte man sie von Anfang an einbeziehen (Präsentationsmöglichkeit 2).

1. Der Lehrer projiziert bei dieser Präsentationsmöglichkeit die Bilder 1 bis 4 (vgl. Materialienbd., S. 20) einzeln nacheinander und kommentiert das dargestellte Geschehen mit einer reportageähnlichen Lehrererzählung etwa der Art: (Projektion des 1. Bildes) „Ein Mann tritt auf. Wie Sie sehen, ist er mit einem schwarzen Anzug bekleidet und hat eine Melone auf dem Kopf. Das erinnert sehr an einen ‚gentleman' englischer Prägung. Es fehlt nur noch der Stockschirm in seiner Hand. Statt dessen trägt er aber einen Pappkarton, als ob er in einem nahegelegenen Supermarkt eingekauft hätte, was gar nicht so ‚gentlemanlike' ist." (Projektion des 2. Bildes) „Offensichtlich handelt es sich doch eher um einen fliegenden Händler: Er packt den Inhalt seines Kartons aus: Spielzeugpuppen, die aufgezogen werden und wie kleine Roboter über den Verkaufstisch gehen. Man kann nicht erkennen, ob der Mann befriedigt oder gespannt auf die Puppen schaut, aber er scheint sie genau zu beobachten, denn er hat den Blick auf sie gerichtet." (Projektion des 3. Bildes) „Der Mann hat den Karton neben den Verkaufstisch gestellt und wickelt seine Geschäfte ab: Ein anderer Mann mit Brille und Hut hat soeben eine Puppe gekauft und trägt sie nach Haus, eine Frau, vermutlich nicht mehr ganz jung, ist offenbar mit dem Verkäufer handelseinig geworden, zumindest sieht sie sich die Puppen genau an. Und auch der Verkäufer scheint von

den Puppen mehr fasziniert zu sein als von dem Verkauf, denn sein Blick ist immer noch gesenkt und auf eine der Puppen gerichtet." (Projektion des 4. Bildes) „Der Verkäufer scheint zufrieden zu sein: Er klappt seinen Karton zu, in dem er wahrscheinlich die Puppen wieder verstaut hat, die er nicht verkauft hat."

2. Bei dieser Präsentationsmöglichkeit projiziert der Lehrer die Bilder 1 bis 4 en bloc und fordert die Schüler auf, das dargestellte Geschehen in Form einer geschlossenen Erzählung wiederzugeben. Ist diese Verbalisierung gelungen – erfahrungsgemäß ergänzen oder korrigieren andere Kursteilnehmer die Erzählung eines Schülers –, fordert der Lehrer die Schüler auf, zu den Bildern 1 bis 4 Sprech- oder Denkblasen zu formulieren: eine Vorübung für die Präsentation des 5. Bildes, die man auch an die erste Präsentationsmöglichkeit anschließen kann, welche aber nach einer Lehrererzählung oft nicht gelingt, weil der Kurs stärker rezeptiv eingestimmt ist.

Da die Schüler nicht wissen, daß jetzt noch ein fünftes Bild und mit ihm die eigentliche Pointe folgt, wird es an dieser Stelle in der Regel im Kurs zu Ratlosigkeit, vielleicht gar Widerstand kommen; unter den Schülern macht sich u. U. ein gewisses Unbehagen breit, weil sie nicht einsehen, warum sie bisher mitgemacht haben bei einer Aufgabe, die vom Anspruchsniveau her ihrem Alter und ihren Fähigkeiten nicht entspricht.
Diesem Unbehagen läßt sich entgegenwirken, wenn man als Lehrer deutlich macht, daß die Bildergeschichte noch nicht zu Ende ist, und dem Kurs die Aufgabe stellt, zu überlegen, wie sie wohl weitergehen könnte. Dieser Einschub ist jedoch fakultativ; man kann statt seiner auch an dieser Stelle bereits die Projektion des 5. Bildes vorbereiten, indem man den Kurs in Gruppen einteilt: aus pragmatischen Gründen sollten es nicht mehr als vier oder fünf sein. Vor der Projizierung des letzten Bildes, das wegen der eindrücklicheren Wirkung *allein* auf den Overheadprojektor gelegt werden sollte, stellt man den Gruppen die Aufgabe: „Entwerfen Sie eine Denk- oder Sprechblase, die zu dem Bild paßt!"
Den Text dieser Blase läßt sich der Lehrer, sobald eine Gruppe fertig ist, leise mitteilen und trägt ihn auf der OHP-Folie ein. Damit die Spannung erhalten bleibt und die anderen Gruppen nicht vorzeitig erfahren, was jeweils genannt worden ist, muß der Lehrer natürlich die Folie mit dem Bild 5 vom Projektor nehmen und darf sie erst wieder auflegen, wenn *alle* Gruppen dem Lehrer ihr Ergebnis mitgeteilt haben. Sobald der Lehrer alle Eintragungen auf der Folie vorgenommen hat, legt er sie wieder auf den Projektor und fordert die Schüler auf, Stellung zu nehmen, welche Denk- oder Sprechblase ihrer Meinung nach am gelungensten sei. Eine Arbeitsanweisung dieser Form führt zwangsweise zur vergleichenden Würdigung aller Gruppenergebnisse und zur Einbeziehung des gesamten Cartoons.

Zur Veranschaulichung seien hier Beispiele aus einem Kurs wiedergegeben:
- „Prima, die haben nichts gemerkt!": Ein Text, der einen Teil des Problems benennt: die Unwissenheit der Kunden hinsichtlich der ‚Mechanik' des Verkäufers.
- „Da habe ich heute wieder ein gutes Geschäft gemacht!": Auch auf solche völlig unbrauchbaren Antworten muß man gefaßt sein und kann sie wegen der Gleichbehandlung mit anderen Gruppenergebnissen schlecht zurückweisen. So kann der Lehrer

eigentlich nur hoffen, daß Texte, die derart am Problem vorbeigehen, im anschließenden Gespräch konstruktiv kritisiert werden.

- „Bin ich kaputt! Jetzt muß ich aber schnell zum Auftanken!“: Dieser Text trifft einen sehr wichtigen Aspekt des Problems, die Erschöpfbarkeit der Mechanik des Verkäufers, läßt aber offen, wo und wie der Verkäufer „aufgetankt“ wird: eine Sprechblase, die Impulse für die Auswertung liefert.
- „Ich hoffe, der Boß ist mit mir zufrieden.“: Diese Sprechblase hebt zwar auch auf das Merkantile ab, bezieht aber deutlich ein, daß es eine Instanz gibt, die dem Verkäufer übergeordnet ist. Ob diese mit dem Aufziehschlüssel etwas zu tun hat, wird im Text zwar nicht klar, doch läßt sich bei der Auswertung das Gespräch in diese Richtung lenken.
- „Ich-geh'-jetzt-nach-Hau-se, ich-geh'-jetzt-nach-Hau-se, ich-geh'-jetzt-nach-Hau-se . . .“: Auch hier wird ein wichtiger Punkt betont – das Mechanische und Roboterhafte, welches die Unfreiheit des Verkäufers unterstreicht.

Die Auswertung der Textblasen mit Hilfe der o. a. offenen Frage, welche der Denk- oder Sprechblasen nach Meinung der Schüler am gelungensten oder treffendsten sei, führt zumeist zu einer recht differenzierten Auseinandersetzung mit dem Problem: Fast immer werden die Schüler geteilter Meinung sein, was sich aus dem Umstand ergibt, daß die einzelnen Texte – vgl. die obigen Textbeispiele – meist nur einen Aspekt besonders betonen, welcher ergänzungsbedürftig ist, und so werden zwangsläufig mehrere Facetten der Thematik „Freiheit und Determination“ thematisiert.
An den Unterrichtenden stellt diese Auswertungsphase hohe Anforderungen: Er muß Schülerbeiträge flexibel aufnehmen können, ihre sachliche Qualität sehr schnell einschätzen können und muß auch möglicherweise zusätzliche Denkanstöße und Impulse geben.
Methodisch ungeschickt wäre es, im Sinne einer gut gemeinten Bündelung die Aufgabe zu stellen, gemeinsam eine „Idealsprechblase“ zu erstellen, da dies die Komplexität des Themas und die Vielschichtigkeit des Cartoons nicht gestatten.
Um eine Überleitung zur Textarbeit zu schaffen, ist es sinnvoll, im Lehrervortrag das Begriffspaar Freiheit/Determination (oder: Indeterminismus/Determinismus) einzuführen, da hiermit die Diskussion auf eine philosophische Begrifflichkeit gebracht wird. Hierbei kann der Lehrer – sozusagen als ‚Merkskizze‘ für die Schüler – folgenden einfachen Tafelanschrieb verwenden:

Indeterminismus:
Handeln
Wollen — des Menschen sind *selbst*bestimmt
Denken

Determinismus:
Handeln
Wollen — des Menschen sind *fremd*bestimmt
Denken

und ankündigen, daß in den folgenden Stunden Texte gelesen würden, die beide philosophische Positionen näher erläutern. Hat man eine Einzelstunde zur Verfügung, gibt man den ersten Folgetext als Hausaufgabe, bei einer Doppelstunde schließt man eine Einzelarbeitsphase für die Lektüre des Textes an.

4. Anschlußtexte

Zum Thema Freiheit und Determination werden im folgenden zwei Textsequenzen, die sich gut an den Cartoon anschließen lassen, erläutert.

1. Die erste Sequenz ist anthropologisch ausgerichtet und umfaßt die **Texte 1–3** (vgl. Materialienbd., S. 21–23). Da der Loriot-Cartoon das deterministische Moment betont, ist es sinnvoll, mit einem sachverwandten Text zu beginnen. Hier läßt sich gut auf die französischen Materialisten zurückgreifen, vorzugsweise auf Holbach und La Mettrie, die beide in unterschiedlicher Modifizierung die Psyche des Menschen als Funktion seines Körpers begreifen. Da Texte Holbachs recht problemlos zugänglich sind (vgl. Textnachweis), wird im Materialienband nur ein Auszug aus dem „L'homme machine“ von La Mettrie abgedruckt (**Text 1,** vgl. Materialienbd., S. 21).

Dieser Text ist geeignet, die Determinierung des Psychischen durch das Physische zu erläutern, wobei der Titel der Schrift bereits verdeutlicht, daß der Mensch als materieller Mechanismus verstanden wird, was sich von der Sache her an den ‚Aufzieher‘ des Cartoons anschließt. Zugespitzt könnte man sagen: La Mettrie liefert in gewisser Weise den philosophischen Begriff für ein Problem, das Loriot ästhetisch darstellt.

Im Unterschied zu La Mettrie entwickelt **Text 2** (vgl. Materialienbd., S. 22) von Karl Jaspers eine diametral entgegengesetzte Position, indem er ein gegenständliches Wissen vom Menschen scharf abhebt von dessen Selbstreflexion: Diese sei nur möglich aufgrund einer vorgängigen Freiheit des Subjekts, deren Ungegenständlichkeit Gegenstandswissen allererst ermöglicht, womit Jaspers ein transzendentalphilosophisches Apriori entwirft.

Text 3 (vgl. Materialienbd., S. 23), eine Schiller zugesprochene kurze Notiz, differenziert zwischen Willens- und Handlungsfreiheit, von denen erstere als Gattungsmerkmal des Menschen angesprochen wird und infolgedessen auch „nur im Wahnsinn“ verloren werden könne, während man dem Menschen die Handlungsfreiheit „rauben“ könne. Diese Dichotomie scheint auf den ersten Blick problemlos und einleuchtend zu sein, doch ist der Text aufgrund seiner knappen Antithetik und der Tatsache, daß er mehrere Randprobleme mehr andeutet als entfaltet, nicht ganz einfach zu analysieren; er wird von Schülern leicht unterschätzt. Eines dieser Randprobleme besteht darin, daß er in das Gebiet der Praktischen Philosophie übergreift, was ihn – neben seiner Funktion als Abschluß der ersten Sequenz – prädestiniert, die zweite Textsequenz (s. u.) einzuleiten.

2. Die zweite Textsequenz thematisiert ethische Aspekte des Problems, wobei, anders als in der obigen anthropologischen Sequenz, nicht von der Determiniertheit, sondern von der Freiheit des Menschen ausgegangen wird:

Man beginnt mit **Text 3** (vgl. Materialienbd., S. 23), der eine Determiniertheit des Handelns ganz allgemein angibt, indem er sie von der Indeterminierbarkeit der Willens*freiheit* unterscheidet.

Text 4 (vgl. Materialienbd., S. 24), von W. Weischedel verfaßt, teilt mit Schiller die prinzipielle Voraussetzung der Handlungsfreiheit, schränkt ihre Realisierung jedoch sofort wieder ein: Die „Situation", in der jeder Handelnde sich befindet, wird im wörtlichen Sinne de-finiert durch vier unterschiedliche Arten von „Einschränkungen": natürliche, gesellschaftliche, individuelle und biographisch-geschichtliche. Damit differenziert Weischedel genau jene Determination der Handlungsfreiheit, von der Schiller allgemein gesprochen hatte; insofern ergänzt er den Schiller-Text, indem er die Determination des Menschen konkretisiert.

Da die philosophische Ethik mit Praxis im ursprünglichen Wortsinne zu tun hat, ist es didaktisch opportun, an den Weischedel-Text ein Fallbeispiel anzuschließen, das das Problem von Freiheit und Determination veranschaulicht und für die Schüler griffiger macht. Fast täglich finden sich in den Nachrichten der Massenmedien hierfür scheinbar geeignete Geschehnisse, deren Aktualität zweifellos einiges für sich hat, an denen aber philosophische Sachverhalte oft nur schwer zu verdeutlichen sind: Einmal verstellt die Tagesaktualität leicht den Blick auf das Wesentliche, zum zweiten ist eine induktive Abstraktion auf ein philosophisches Grundproblem oder zumindest auf eine philosophische Reflexionsebene nicht immer möglich. Daher empfiehlt es sich, für ethische Fallbeispiele auf die Literatur zurückzugreifen.
In unserem Zusammenhang bietet sich dabei Dostojewskijs Roman „Schuld und Sühne" an, dessen Inhalt der Lehrer oder auch ein Schüler mit Hilfe einer Literaturgeschichte referieren kann. Sodann liest der Lehrer die Kapitel 6 und 7 des ersten Teils vor (dtv, S. 83–114 / Zeitaufwand ca. 45 Minuten) mit der Arbeitsanweisung, die Schüler sollten darauf achten, an welchen Stellen das Freiheits/Determinationsproblem zum Tragen komme: Handelt z. B. Raskolnikow frei, wenn er den Mord an der alten Dame und ihrer Schwester begeht? Durch welche Einflüsse („Einschränkungen" im Sinne Weischedels) wird seine Situation bestimmt? Ist nicht zumindest die Ermordung der Schwester Lisaweta eine determinierte Handlung? etc.
Wenn man noch einen Schritt weitergehen will, kann man den Roman nutzen, um in das ethische Problem der Wertung von Handlungen einzuführen, womit sich in einem Ethikkurs eine thematisch neue Sequenz einleiten läßt. Auf den Punkt gebracht, besteht Raskolnikows moralisches Problem in folgendem: Ist es erlaubt, einen anerkanntermaßen moralisch verwerflichen Menschen zu töten, um mit dessen Reichtum den eigenen – sonst unter dem Existenzminimum liegenden – Lebensunterhalt zu bestreiten? Raskolnikows erste Antwort lautet Ja, und er begründet dies in einem Aufsatz, aus dem man Auszüge eingeben kann (Teil 3, Kap. 5, S. 315 ff., insbes. S. 330 ff.).
Anstelle dieses Raskolnikow-Einschubs kann man an den Weischedel-Text auch **Text 5** (vgl. Materialienbd., S. 24), einen Ausschnitt aus Nietzsches Schrift „Menschliches, Allzumenschliches", zum Problem der Unfreiheit anschließen. Dieser Text ist jedoch schwer und von daher nur in sachlich kompetenteren Kursen einzusetzen.

3.1.2 Schopenhauer und der Bahnwärter oder: Wer bin ich eigentlich?

Philosophische Teildisziplin: Anthropologie
Thema: Selbsterkenntnis/Erkenntnis des Gattungswesens
Zeitaufwand: ca. 25–35 Minuten (ohne Anschlußtexte)
Hilfsmittel: Schopenhauer-Anekdote (s. u.)
Anschlußtexte: A. Gryphius, Menschliches Elende (vgl. Materialienbd., S. 26), M. Claudius, Der Mensch (vgl. Materialienbd., S. 26), G. Benn, Der Arzt II (vgl. Materialienbd., S. 27), möglich: Anschlußtexte des Einstiegs 1.5 (vgl. Materialienbd., S. 10–12)

Text der Schopenhauer-Anekdote
Von dem greisen Philosophen Arthur Schopenhauer wird erzählt, er sei bei einem seiner Spaziergänge plötzlich mitten auf einem Bahnübergang stehengeblieben, da ihn ein philosophisches Problem so sehr fesselte, daß er Zeit und Ort und damit auch die Gefahr, in der er schwebte, völlig vergaß.
Der Bahnwärter nun, der wohl wußte, daß in wenigen Minuten ein Zug kommen würde, stürzte entsetzt und zornig aus seinem Häuschen und schrie den in Gedanken Versunkenen barsch an: „He, Sie! Was machen Sie da? Wer sind Sie überhaupt?"
Und Schopenhauer, derart unsanft aus seinen Überlegungen gerissen, soll erzürnt zurückgeschrien haben: „Ja, wenn ich *das* wüßte!"

1. Hinweise zur Anekdote
Diese Anekdote, die mir noch aus einer Universitätsvorlesung bekannt ist, die ich aber bisher nirgendwo habe finden können, erinnert in einem Motiv stark an einen Bericht des Alkibiades, der von Sokrates erzählt, dieser habe in einem Söldnerlager einen ganzen Tag und eine ganze Nacht lang in Gedanken versunken dagestanden. Weder für die Schopenhauer- noch für die Sokrates-Anekdote ist jedoch die Echtheitsfrage von Bedeutung – wie viele Anekdoten enthüllen beide etwas Typisches: die nicht nur für das Vorurteil des Spießbürgers ausgemachte Weltfremdheit des Philosophen.
Anders als die Alkibiades-Erzählung geht jedoch die Schopenhauer-Anekdote einen Schritt weiter, indem sie ein durchaus ernsthaftes philosphisches Problem aufnimmt und zu einer Schlußpointe verarbeitet. Diese schöpft ihren Witz daraus, daß der kurze Wortwechsel doppelbödig angelegt ist: Die Frage des wackeren Bahnwärters entspringt echter Sorge um den da Stehenden ebenso wie dem Zorn über dessen lebensgefährdende Gedankenlosigkeit (oder besser: Gedankenfülle). Dies erklärt seine zweite Frage: Natürlich geht es dem Bahnwärter nicht um Auslotung der Identität des Philosophen, sondern er kann sich nicht vorstellen, wie ein alltagskundiger Mensch an solch einem Gefahrenpunkt stehenbleiben kann – solch ein Mensch kann eigentlich nicht ‚normal' sein, und infolgedessen will sich der Bahnwärter mit seiner Frage hierüber Gewißheit verschaffen.
Diese Bedenklichkeiten wiederum sind nun dem Philosophen fremd. Auch seine Sicht

der Situation ist verkürzt und einseitig, da er vor allem die Wut empfindet, seinen Gedanken nicht weiterverfolgen zu können. Von daher muß er die Frage des Bahnwärters auf der philosophischen Ebene verstehen, von der er gerade heruntergeholt worden ist, und damit als eine Frage nach der eigenen Identität. Den eigenen aktenkundigen Namen vermöchte er dem Bahnwärter wohl zu nennen, nicht aber die philosophische Frage nach dem Ich zu beantworten.

2. Möglicher Verwendungszusammenhang

Diese Unterrichtsidee läßt sich vor allem als Einstieg in einen Halbjahreskurs „Anthropologie" verwenden, wenn man deren Grundfrage „Was ist der Mensch?" als ihr eigentliches Anliegen im Unterschied zu anderen philosophischen Teildisziplinen thematisieren will.

Gerade entwicklungspsychologisch ist es sinnvoll, diese Frage nicht unvermittelt zu behandeln, sondern Schülern, die an der Grenze zum Erwachsensein stehen und infolgedessen – im wertneutralen Sinne – ‚ich'-bezogen leben, über die individuelle Frage nach diesem Ich die auf die Gattung bezogene „Was ist der Mensch?" näherzubringen: Über das eher emotional besetzte individuelle Problem „Wer bin ich?" werden die Schüler zur theoretisch-allgemeinen Grundfrage der Anthropologie geführt.

Der Einführungscharakter verbietet dabei eine vorzeitige Festlegung und eilfertige Beantwortung beider Fragen – sie bewußt gestellt und damit den ‚Objektbereich' der Anthropologie umrissen zu haben, muß zu diesem frühen Zeitpunkt genügen.

Mehr noch: Indem die Schüler durch die Präsentation dieser Unterrichtsidee die Grundfrage der Anthropologie kennenlernen, eröffnet dieser Einstieg einen Spannungsbogen, von dem der ganze Halbjahreskurs bestimmt sein sollte, denn man kann ohne weiteres die „Was ist der Mensch?"-Frage zum ‚roten Faden' des Kurses erheben, wenn man nach jeder kleineren thematischen Einheit die Schüler klären läßt, was diese denn zur Beantwortung der Frage „Was ist der Mensch?" beigetragen habe – dies nach jedem Text zu tun, würde die Geduld der Schüler wahrlich überstrapazieren, es aber in einem Halbjahr jeweils nur nach einer längeren Sequenz zu tun, wäre zu wenig: Damit geriete die unterrichtsstrukturierende Funktion der Frage aus dem Blick. Findet man aber den geeigneten Mittelweg zwischen zu häufiger und zu seltener Bezugnahme auf die „Was ist der Mensch?"-Frage, ergeben die Zwischenergebnisse für die Schüler – bildhaft gesprochen – einzelne Mosaiksteine, aus denen sich für sie bis zum Ende des Halbjahres ein durchsichtiges Gesamtbild des Unterrichtsstoffes formt: ein wichtiger Punkt, der von uns Lehrern im Schulalltag leider oft vergessen wird. Wir haben (vielleicht?) unseren ausgearbeiteten Grobplan für ein Kurshalbjahr und kennen die Funktion einzelner Texte und Stunden, die Schüler hingegen haben diesen nicht, und so brauchen wir uns nicht zu wundern, wenn sie aufgrund dieser fehlenden Informationen nicht so gut folgen können.

Genau diesen Zweck, Unterricht für Schüler durchsichtiger zu machen und damit einen höheren und sichereren Lernerfolg zu erzielen, verfolgt diese Unterrichtsidee. Diese wichtige didaktische Funktion kann sie jedoch nur dann erfüllen, wenn sie am Beginn eines Anthropologiekurses eingesetzt wird, und dies ist ihr eigentlicher Ort. Zwar kann man sie auch in einer Sequenz verwenden, die die Selbstreflexion als Fähigkeit des Menschen thematisiert (vgl. hierzu auch Kap. 1.5), durch ihren Hinführungscharakter auf die anthropologische Grundfrage bietet sich der oben entwickelte Verwendungszusammenhang aber eher an.

3. Umsetzung in die Unterrichtspraxis

Schon im vorgen Abschnitt ist erwähnt worden, daß sich diese Unterrichtsidee, wenn mit ihr nicht ein Anthropologiekurs eröffnet wird, nur sehr bedingt in anderen Zusammenhängen verwenden läßt. Deshalb wird hier die methodische Seite auch nur für *diesen* Zusammenhang dargestellt.
Die Umsetzung in die Unterrichtspraxis gliedert sich in folgende Schritte:

1. Der Lehrer präsentiert die Anekdote nur mit dem Vorhinweis, Schopenhauer sei ein Philosoph des 19. Jahrhunderts, sein Leben sei z. T. in das Zeitalter der Industriellen Revolution (Bahnübergang!) gefallen; ansonsten sollte man auf alle weiteren Erklärungen verzichten: Wer kennt nicht die schlechten Witzerzähler, die bereits vor dem Erzählen des eigentliche Witzes von dessen Inhalt soviel preisgeben, daß die Pointe gründlich mißlingt? Und mehr als ein pflichtschuldiges „Hö, hö“ sollte man den Schülern schon zu entlocken versuchen.
   Wer nicht ein hundertprozentig sicherer Erzähler ist, sollte daher den Text der Anekdote lieber vorlesen, allein schon deshalb, weil das Ganze dadurch auf die Schüler einen verbindlicheren Eindruck macht.
2. Je nach Stärke der Schülerreaktionen stellt man die Frage: „Warum haben Sie über diese Anekdote gelacht/geschmunzelt?“
   Diese Frage zielt bewußt noch nicht auf die philosophischen Hintergründe ab (vgl. hierzu die didaktischen Erörterungen im Kapitel 1.0 „Hallo, Taxi!“), sondern indirekt auf eine Analyse der Kommunikationssituation, in der der Bahnwärter und der Philosoph stehen: Sie ist geprägt von einem Mißverständnis, denn der Bahnwärter bekommt nicht die Antwort, die er erwartet. Möglicherweise handelt es sich aber auch um ein von Schopenhauer bewußt provoziertes Mißverständnis: aus Ärger, so unsanft aus seinen Überlegungen gerissen worden zu sein. Gleichviel – entscheidend ist, daß die Kommunikation beider Gesprächspartner asymmetrisch ist und mißlingt.
3. Eine philosophische Ebene versucht man dann dadurch zu erreichen, daß man das Frageziel der Fragen des Bahnwärters zu ermitteln sucht. Hierbei werden die Schüler recht schnell erschließen, daß in den Fragen Gesagtes und Gemeintes auseinanderklaffen: Die erste („Was machen Sie da?“) ist weniger als echte W-Frage (vgl. Kap. 2.2) denn als rhetorische Frage anzusprechen, denn was Schopenhauer da *tut* – auf den Gleisen stehen – sieht der Bahnwärter ja; die Frage entspringt also nicht einem Informationsbedürfnis, sondern dem Willen, persönliches Unverständnis und Ärger in Worte zu kleiden.
   Ähnlich die Frage „Wer sind Sie überhaupt?“: Vom Wortlaut her zielt sie darauf ab, die aktenkundige Identität des Angesprochenen (Name, Alter, Beruf, . . .) festzustellen. Das kann aber kaum intendiert sein, denn der Zug wird ja in Kürze erwartet; die Frage ist vielmehr deutlicher Ausdruck des Unverständnisses, wie sich jemand so realitätsfremd verhalten kann.

Ist diese Differenz von Gesagtem und Gemeintem erschlossen, ist es nicht mehr schwer, festzustellen, daß Schopenhauers Antwort dem *Wortlaut* der an ihn gerichteten Frage durchaus gerecht wird, nur eben nicht deren ‚Sinn'. Er faßt sie vielmehr als philosophische Frage auf und macht in seiner Antwort implizit deutlich, daß er sie gerne beantworten würde, es aber nicht kann.

4. Angesichts des in diesem Buch favorisierten induktiven Ansatzes könnte es an dieser Stelle geraten erscheinen, die Frage „Wer sind Sie?" direkt an die Schüler weiterzugeben, doch wird man selten philosophisch brauchbare Antworten erhalten, eher Allgemeinplätze wie „ein Schüler", „ein Mensch" o. ä.; deshalb sollte man so nur in Kursen vorgehen, bei denen man sicher sein kann, differenzierte und niveauvolle Beiträge zu bekommen. Die meisten Schüler sind zu ihrem Glück keine Schopenhauers, und selbst dieser wußte ja offensichtlich keine Antwort!
   Von daher ist es methodisch günstiger, eine Vorgabe zu machen, indem man die Fragen
   - Wer bin ich?
   - Was ist der Mensch?

   untereinander an die Tafel schreibt und den Schülern keine direkte inhaltliche Auseinandersetzung abverlangt, sondern sie auffordert, die Fragen miteinander zu vergleichen: „Worauf zielen die beiden Fragen jeweils ab?"
   Durch diese Vorgehensweise sollen die Schüler erkennen, daß die erste nach der Identität eines besonderen Individuums fragt, die zweite hingegen nach dem Gattungswesen. Um die Ergebnisse zu sichern, kann man noch eine Ersatzprobe vorschlagen und diskutieren lassen, warum die zweite Frage nicht „*Wer* ist der Mensch?" lauten kann; diese bezieht sich aufgrund des Fragepronomens von vornherein auf eine bestimmte Person.
5. Als Abschluß geht man dann in einem Lehrervortrag kurz darauf ein, daß es sich bei der Frage „Was ist der Mensch?" um die Kardinalfrage der Anthropologie handle und daß im folgenden Kurs verschiedene philosophische Antworten hierauf vorgestellt würden.

4. Anschlußtexte

Die drei Gedichte (**Texte 1–3,** vgl. Materialienbd., S. 26f.), die im folgenden als Anschlußtexte vorgeschlagen werden, sind, obwohl keine philosophischen Texte, insofern gut geeignet, als sie zum einen bestimmte Sichtweisen des Menschen thematisieren, die auf philosophischen Grundüberzeugungen beruhen, und zum anderen aus drei verschiedenen Jahrhunderten stammen, was bereits implizit eine historische Problemperspektive vermittelt.

Philosophiekolleginnen und -kollegen, die wie ich auch das Fach Deutsch unterrichten, wird es schwerfallen, bei einer Gedichtanalyse ästhetische Textstrukturen wie Sonettform, Reim, Metaphorik etc. außen vor zu lassen, doch sollte man im Philosophieunterricht hierauf besser nicht bestehen, zumal formalistische Gehalt/Gestalt-Interpretationen im Deutschunterricht immer noch Schülern die Freude an Lyrik verderben. (Eine sehr anregende Handreichung, die die Form/Inhalt-Dichotomie zu überwinden trachtet, bietet: Hans-Dieter Gelfert, Wie interpretiert man ein Gedicht?)

Um den Kolleginnen und Kollegen, die die drei Gedichte verwenden wollen, mögliche Nachschlage- und Vorbereitungsarbeit abzunehmen, habe ich im folgenden einige Anmerkungen zusammengestellt.

Text 1 (vgl. Materialienbd., S. 26): Das Gedicht hat den Aufbau des (italienischen) Sonetts, weist allerdings nicht fünf-, sondern sechshebige, zäsurierte Verse auf: zwei Quartette (Vierzeiler) und zwei Terzette (Dreizeiler). Das erste Quartett gibt in Form einer Aufzählung von Bildern verschiedene Antworten auf die Eingangsfrage.

Glück (Z. 2):	Anspielung auf die barocke Fortunavorstellung, aus der die absolute Unsicherheit der menschlichen Situation abgeleitet wurde. Embleme und Stiche der Zeit zeigen z. B. das „Rad der Fortuna" oder die Fortuna als Frau, die mit den Füßen auf einer Kugel steht: Beides versinnbildlicht, wie schnell das Glück ‚umkippen' kann.
Irrlicht (Z. 2):	Flämmchen im Moor, die durch Selbstentzündung von Gasblasen entstehen und über die Wasseroberfläche huschen. Im Volksaberglauben wurden Irrlichter mit den Seelen gestorbener Kinder, die keine Ruhe finden, in Verbindung gebracht.

Das zweite Quartett steigert den Vergänglichkeitsgedanken (Z. 8): Diejenigen Menschen, die vor den jetzt lebenden gestorben sind, sind auch aus deren Bewußtsein („Sinn") und Gefühl („Hertz") verschwunden.

eitel (Z. 8):	gehaltlos, nichtig, vergänglich
aus der Acht (Z. 8):	heute nur noch in der Wortverbindung „acht geben/haben" gebräuchlich; hier etwa: nicht mehr beachtet werden, aus dem Bewußtsein verschwinden
verscheust (Z. 10):	verschießt, hinwegschießt

In Z. 11 wird das Schicksal der jetzt noch Lebenden dem der Toten gleichgestellt (Z. 6–8): Auch ihr (Nach-)Ruhm hat keinen Bestand. Z. 12 greift auf die ganz unmittelbar-kreatürliche Vorstellung zurück, daß Leben an das Atmen gebunden ist.

nachzihn (Z. 13):	intransitiv gebraucht im Sinne von „nachfolgen"

Das Menschenbild, das in diesem Gedicht dargestellt wird, läßt sich unter dem Begriff der „vanitas", einem barocken Topos, zusammenfassen.

Text 2 (vgl. Materialienbd., S. 26): Das Gedicht entwickelt im Tone eines nicht ironischen, sondern gelassenen Altershumors das Leben des Menschen in Form einer gereimten Allgemein-Biographie (Titel: *Der* Mensch); Eckpunkte des Lebens sind Empfängnis (Z. 1) und Tod (Z. 17f.).
Der Mensch wird vor allem in seinen Tätigkeiten, die z. T. in antithetischer Form aufgezählt werden (Z. 7–11, Z. 13), dargestellt.

Trug (Z. 4): nicht „Be-Trug", sondern „Schein": Das sinnlich Wahrgenommene (Z. 3) ist nicht das ‚Eigentliche'. Zur Erläuterung kann man die Schüler darauf hinweisen, daß Claudius ein zutiefst gläubiger Christ war.

Z. 15f.: Anspielung auf Psalm 90, Vers 10

Z. 17: Im AT wird der Tod an mehreren Stellen mit „sich zu den Vätern niederlegen" oder „zu den Vätern niedergelegt/versammelt werden" bezeichnet (z. B. 1. Mose 25, 8).

Z. 18: Trotz der Allgemeingültigkeit des Gedichts betont der Schlußvers das Individuelle: *Jeder* „kömmt nimmer wieder".

Text 3 (vgl. Materialienbd., S. 27): Vor der Ausgabe des Textes sollte man darauf hinweisen, daß Benn im ‚Hauptberuf' Arzt war und seine medizinischen Erfahrungen gerade in seinen frühen Gedichten desillusionierend verarbeitete.

Das Gedicht stellt den Menschen zum einen in seiner leiblichen Hinfälligkeit dar (z. B. Z. 3, Z. 5, Z. 7, Z. 11f.) und konfrontiert diese mit seinem hybriden Selbstverständnis (Z. 1, Z. 8, Z. 10).

Zum zweiten wird der Mensch als animalisches (Z. 1f., „kläfft" [Z. 9]) und pflanzenhaftes Lebewesen („Geknolle" [Z. 8]) dargestellt. In den Z. 15ff. wird eine ‚poetische Evolutionslehre' vorgestellt, die aber nicht in eine Höherentwicklung, sondern in einen Niedergang („Abwärtsbogen" [Z. 19]) mündet, ins Dunkel („Schatten" [Z. 20]), aber unter Beibehaltung der menschlichen Selbstüberhebung und Selbstgerechtigkeit („selbstgefällig" [Z. 20]).

Fazit: Der Mensch ist ein Tier, das sich nicht in falscher Selbsteinschätzung über seine hinfällige und gebrechliche Kreatürlichkeit hinwegtäuschen sollte.

Bei einer Weiterführung der Unterrichtssequenz kann auch auf die Texte des Einstiegs 1.5, die die Selbstreflexion des Menschen thematisieren, zurückgegriffen werden.

3.1.3 Der Mensch und seine evolutionäre Vergangenheit oder: Wehe, wenn wir die Maske abnehmen!

Philosophische Teildisziplin: Anthropologie
Thema: Der Mensch als Naturwesen
Zeitaufwand: ca. 35–40 Minuten (ohne Anschlußtexte)
Hilfsmittel: „Die Menschen vor den Menschen" (OHP-Folie Nr. 1) und „H. G. Rauch, Der Mörder in uns" (OHP-Folie Nr. 2, vgl. Materialienbd., S. 28f.)
Anschlußtexte: s. u. „Möglicher Verwendungszusammenhang"

1. Hinweise zum Bild

Das Bild, **OHP-Folie Nr. 1** (vgl. Materialienbd., S. 28), wirkt auf den Betrachter gleichermaßen verblüffend wie provozierend: verblüffend, weil es in Form einer Montage zwei verschiedene evolutionäre Stationen der Menschheitsentwicklung kombiniert, provozierend, weil es den Schluß nahelegt, der Homo sapiens sei nichts anderes als ein sich mit einer Maske kaschierender Urmensch.

Geistesgeschichtlich betrachtet, inszeniert das Bild einen auf Maskenbällen namentlich des 18. und 19. Jahrhunderts gepflegten Ritus: Ein dem Betrachter zuvor unbekanntes und in seiner Identität unerkanntes Individuum gibt mit seiner Demaskierung sein eigentliches Aussehen preis. Enthüllt wird ein neandertalerähnlicher Urmensch mit fliehender Stirn, vorgewölbtem Unterkiefer, affenartig anmutender Nase, aber zutiefst ‚menschlichen' Augen. Vor allem aus dieser Diskrepanz zwischen Kopfform und Augenausdruck speist sich die oben angemerkte Verblüffung des Betrachters, denn diese Augen blicken ihn in einer Weise an, die er einem ‚Primitiven' nicht zutraut. Dieser Eindruck wird unterstützt durch die anscheinend selbstbewußte und selbstverständliche Geste der Selbstdemaskierung, gibt sich doch hier offenbar jemand zu erkennen, der weiß, was es mit ihm selbst auf sich hat. Mag die Maske auch das Gewohnte und für den Betrachter Selbstverständliche zeigen – hinter ihr lauert immer noch das Eigentliche, das Sein, dessen Schein nur geborgt und in doppeltem Sinne aufgesetzt ist.

Nicht Überraschung, nicht Ertapptsein spricht aus dem Gesicht des Neandertalers, vielmehr die wortlose Frage: Glaubst du immer noch nicht, daß derjenige, den du vor dir hast, nicht der ist, den du vor dir zu haben glaubtest? Wenn aus diesem Gesicht eine milde Irritation abzulesen ist, dann bestenfalls diese: gestört worden zu sein in einer Selbstverständlichkeit, die Veranlassung war zur freiwilligen Selbstdemaskierung.

2. Möglicher Verwendungszusammenhang

Im Ausgang des 20. Jahrhunderts Philosophische Anthropologie zu betreiben, ohne einen Blick auf gesicherte Ergebnisse der Fachwissenschaften zu werfen, wäre ein intellektuell unredlicher Anachronismus: Was moderne Klassiker wie Gehlen und Scheler in der ersten Hälfte des Jahrhunderts gerade aufgrund ihrer Einbeziehung einzelwissenschaftlicher Überlegungen für die Philosophische Anthropologie geleistet haben, zu ignorieren, wäre sträfliche Vernachlässigung, bedeutet doch Berücksichtigung biologischer, ethologischer, ethnologischer und psychologischer Forschungen nicht Außerkraftsetzung der anthropologischen Grundfrage „Was ist der Mensch?", sondern deren Bereicherung, und dies muß auch für schulische Belange gelten.

Einbeziehung wissenschaftlicher Ergebnisse der obengenannten Disziplinen bedeutet nicht Negierung philosophischer Ansprüche, und genau in diesem Grenzbereich von Einzelwissenschaft und Philosophie ist das in diesem Kapitel verwendete Bild anzusiedeln: Der Mensch als naturhaftes Wesen ist Bestandteil philosophischer Reflexion und von daher auch im Schulunterricht zu thematisieren.

Damit ist gleichzeitig der didaktische Ort des verwendeten Bildes bestimmt: Es fixiert evolutionäres Geschehen in einer provozierenden Kombination und ist geeignet, eine Unterrichtseinheit über den Menschen als Naturwesen einzuleiten. Sollte der Kurs über Evolutionstheorie keine oder nur unzureichende Kenntnisse besitzen, muß man mit Hilfe geeigneter Texte (z. B. Darwin, Haeckel) einen gemeinsamen Horizont erarbeiten oder die nötigen Grundkenntnisse im Lehrer- oder Schülerreferat vermitteln.

Im Anschluß daran lassen sich die Naturhaftigkeit des Menschen bzw. deren Rudimente sehr motivierend mit einigen Theoremen der Verhaltensforschung demonstrieren, von

denen die beiden folgenden Bücher eine Fülle enthalten: Desmond Morris, Der nackte Affe, und Dieter E. Zimmer, Unsere erste Natur. Die biologischen Ursprünge menschlichen Verhaltens. D. E. Zimmer erläutert z. B. lachen, weinen, grüßen und andere körpersprachliche Phänomene, deren ethologische Interpretation für die Schüler sehr motivierend ist.
(Eine Fülle interessanten und in Auswahl auch im Philosophieunterricht einsetzbaren Materials findet sich außerdem in dem Kapitel „Affengeschichten“ in: Hartmut Eggert u. a., Westermann Texte Deutsch. Gymnasium 10, S. 123–177.)
Damit die philosophische Dimension nicht ausgeklammert wird, ist es nötig, entweder einen themengleichen Text anzuschließen oder im freien Problemgespräch zu erarbeiten, daß der Mensch nicht *nur* Naturwesen ist und infolgedessen Verhaltensweisen wie lachen, weinen oder grüßen auch künstlich produzieren, unterdrücken oder verweigern kann. (Zum Lachen kann man z. B. zurückgreifen auf: A. Klingemann, Nachtwachen des Bonaventura, S. 172–174 und Joachim Ritter, Über das Lachen, S. 62ff. Zum Gruß: José Ortega y Gasset, Der Mensch und die Leute, S. 148ff.)
Eine zweite Möglichkeit, den Menschen als Naturwesen zu thematisieren, bietet das Schüler sehr interessierende Problem der Aggressivität, zu dem eine gut zusammengestellte Textauswahl vorliegt, die man noch durch die **OHP-Folie Nr. 2** (vgl. Materialienbd., S. 29) oder durch die Videoaufnahme eines Serienkrimis ergänzen kann. (Werner Trutwin, Theologisches Forum Bd. 5. Frieden auf Erden, S. 9ff.)
Eine dritte – textfreie – Anknüpfungsmöglichkeit läßt sich mit einer Videoaufnahme des Spielfilms „Am Anfang war das Feuer“ (vgl. Textnachweis 3.1.3, S. 156) herstellen: Dieser stellt in einer fiktiven Filmhandlung, welche ca. 80000 Jahre vor unserer Zeit angesiedelt ist, drei verschiedene „Menschen“-Gruppen dar, die sich auf unterschiedlichen kulturellen Entwicklungsstufen befinden. Dies zeigt sich z. B. darin, daß nur eine dieser Gruppen die Technik des Feuermachens beherrscht und in anderen Siedlungsformen und höherentwickelten Sozial- und Geschlechtsbeziehungen lebt – Techniken und Verhaltensweisen, die die Hauptfigur des Films, die einer der kulturell weniger entwickelten Gruppen angehört, erst erlernen muß, womit Menschheitsentwicklung auf den Zeitraum eines Spielfilms verdichtet wird.
Der Film, der unter der wissenschaftlichen Beratung namhafter Anthropologen entstand, ist stellenweise recht blutrünstig, beugt aber so auch einem romantisierenden Vorurteil der Schüler über die Erquicklichkeit eines ‚naturnahen Lebens‘ vor. Aufarbeiten läßt sich der Film gut mit einem Arbeitsblatt, in das die Schüler während des Betrachtens ihre Beobachtungen in zwei Rubriken eintragen: Tierisches Verhalten der Figuren/ Menschliches Verhalten der Figuren.
Die Ebene philosophischer Reflexion erreicht man bei der Auswertung des Arbeitsblattes, indem man die Schüler auffordert, zu erläutern, warum dieses oder jenes Verhalten von ihnen als „tierisch“ oder „menschlich“ qualifiziert worden ist.

3. Umsetzung in die Unterrichtspraxis

Schwerer als in anderen Fächern ist es im Philosophieunterricht, die emotionale Lernzieldimension einzubeziehen – so schwer, daß diese in der Fachdidaktik der sechziger und siebziger Jahre praktisch ausgeblendet war: eine nach damaligen Maßgaben durchaus folgerichtige Entscheidung, denn Emotionalität ist nicht operationalisierbar; der verhaltene Glanz in den Augen von Schülern, wenn sie einen komplizierten philosophischen Gedanken begriffen haben, ist z. B. im Rahmen programmierten Lernens nicht einplanbar – er stört lediglich die seinerzeit unterstellte reine Rationalität von Lernvollzügen. Die Einsicht in die Begrenztheit derartiger Ansätze darf natürlich nicht dazu führen, das Heil des Philosophieunterrichts in *bloßer* Emotionalität zu suchen, etwa im Sinne einer säkularisierten Betroffenheitspädagogik, doch sollte Emotionalität dort integrierendes Unterrichtsprinzip werden, wo ihre Ausblendung künstliche Verkopfung nach sich zöge.

Was bedeutet dies für die Arbeit mit der **Folie Nr. 1** (vgl. Materialienbd., S. 28) dieser Unterrichtseinheit? Natürlich ließe sich das Bild rational aufarbeiten, strukturieren, analysieren – dies hieße jedoch verkennen, daß es primär die Emotionalität des Betrachters anspricht. Infolgedessen ist es didaktisch zweckmäßig, deren Möglichkeiten auch unterrichtlich zu nutzen. Dies läßt sich folgendermaßen bewerkstelligen:
Bevor man die Folie projiziert, fordert man die Schüler auf, Papier und Schreibgerät herauszunehmen, und erläutert, daß gleich ein Bild projiziert werde, bei dem es darauf ankomme, die ersten spontanen Eindrücke schriftlich festzuhalten. An die Tafel schreibt man dann den Arbeitsauftrag: „Notieren Sie spontan Ihre Gedanken und Empfindungen, die Sie beim ersten Betrachten des Bildes haben!"
Diese Vorgehensweise hat den Vorteil, daß sie die Vorzüge einer mündlichen Spontanphase – ungefilterte, unmittelbare Äußerungen – verbindet mit der Möglichkeit, das schriftlich Fixierte einzeln und u. U. mehrfach abzurufen. Dies ist dann beim nächsten Schritt der Fall: Die Schüler werden aufgefordert, reihum ihre schriftlich festgehaltenen Eindrücke vorzutragen. Da es sich um spontane Niederschriften handelt, ist es nicht sinnvoll, jeden Text sofort nach seinem Vortrag zu besprechen – dies kostet sehr viel Zeit und baut auch bei den Schülern, die noch nicht vorgelesen haben, psychische Hemmungen auf („So etwas Tolles habe *ich* nicht hingekriegt.").
Hat man aber alle Texte in Folge gehört, ist es einfacher, so etwas wie einen ‚allgemeinen Eindruck' herauszukristallisieren und die Niederschriften, die hiervon deutlich abweichen, besonders hervorzuheben. Die Schülereindrücke werden ohnehin disparat sein, Belustigung ist ebenso denkbar wie Beängstigung und Sich-bedroht-Fühlen.
Da es didaktisch verantwortungslos wäre, die Schüler an dieser Stelle mit ihrem emotionalen Engagement alleinzulassen, indem man nun zum ‚Eigentlichen' – sprich: zur Bildanalyse – übergeht, versucht man im nächsten Schritt die psychologischen Ursachen zu erarbeiten, die zu der Unterschiedlichkeit der spontanen Eindrücke geführt haben: „Woran liegt es, daß das Bild bei den Kursteilnehmern so unterschiedliche Gefühle geweckt hat?" Hier ist es nun wichtig, das subjektive Verhältnis zum Dargestellten zu betonen: Je nachdem, wie sich der Betrachter zu der Vorstellung verhält, in ihm befinde sich immer noch der Urmensch, wird auch seine emotionale Reaktion aussehen; der eine wird dies eher als bedrohlich, der andere eher als belustigend ansehen.
Nach dieser rationalisierenden Aufarbeitung läßt sich die letzte Phase leichter anschließen, in der man zwei Fragen zu klären sucht:
- Welche Überlegung versucht der Graphiker mit dem Bild zu vermitteln?
  (Mögliche Antworten finden sich oben im Kapitel „Hinweise zum Bild".)

– Angenommen, der Graphiker hätte recht, und wir wären alle Urmenschen mit Homo sapiens-Masken – welche Konsequenzen hätte dies für unser Zusammenleben (oder: Kultur, Politik, Wissenschaft, . . .)?

(Je nach der Fragestellung, die der Lehrer hier wählt, kommt es natürlich zu inhaltlich verschiedenen Antworten, auf deren vielfältige Möglichkeiten hier nicht weiter eingegangen werden kann.)

3.1.4 Der Mensch und seine Instinkte oder: Warum mögen wir Kulleraugen?

Philosophische Teildisziplin: Anthropologie
Thema: Das Kindchenschema als Beispiel eines instinktiven Verhaltensmusters
Zeitaufwand: ca. 45 Minuten (ohne Anschlußtext)
Hilfsmittel: 1. (alternativ) Spielzeugpuppe, Plüschtier o. ä., das dem Kindchenschema entspricht, *oder* Bambi, Klopfer (OHP-Folie Nr. 1, vgl. Materialienbd., S. 30), 2. Graphik von Konrad Lorenz (OHP-Folie Nr. 2, vgl. Materialienbd., S. 31)
Anschlußtexte: I. Kant, Über Pädagogik (Auszug, vgl. Materialienbd., S. 32)

1. Hinweise zu den Hilfsmitteln

Ähnlich wie im Kapitel 3.1.3 dienen die einzusetzenden Hilfsmittel dem Zweck, an etwas Vor-Rationales im Betrachter zu appellieren, welches später dann bewußtgemacht werden soll. Anders als die Fotomontage des sich demaskierenden Urmenschen, die ganz bewußt darauf abzielt, *unterschiedliche* emotionale Reaktionen auszulösen, richten sich die hier zu präsentierenden Medien auf das sogenannte „Kindchenschema", welches mit hoher Wahrscheinlichkeit angeboren ist und nicht nur beim Menschen, sondern auch bei Tieren eine Brutpflegereaktion auslöst:

> „Lorenz hat untersucht, auf welche Merkmale des Kleinkindes wir mit Betreuungsreaktionen ansprechen, was wir an ihm als niedlich oder ‚herzig' empfinden. Es stellte sich dabei heraus, daß wir auf sehr einfache Reizkonfigurationen ansprechen, die im Attrappenversuch übertrieben werden können und die auch einzeln geboten wirksam sind. Ein wichtiges Merkmal betrifft die Kopf-Rumpf-Proportion. Säuglinge und Kleinkinder haben einen verhältnismäßig großen Kopf und sehr kurze Extremitäten. Die Industrie bietet zahlreiche Püppchen und Tierfigürchen an, die einzig und allein aufgrund dieser Beziehungsmerkmale niedlich wirken. Die Kopfgröße wird dabei bis ins Groteske übertrieben. Auch in den Disney-Cartoons werden niedliche Geschöpfe mit übergroßem rundlichem Kopf und winzigem Rumpf dargestellt. Ein weiteres Merkmal betrifft die Hirnschädel-Gesichtsschädel-Relation. Säuglinge haben ein kleines Gesicht und einen relativ großen Hirnschädel. Die rundliche Stirn erscheint relativ hoch und vorgewölbt. Dieses Merkmal wird ebenfalls bei Puppen und in zeichnerischen Darstellungen übertrieben. Man denke etwa an das rundstirnige, kurzschnäuzige Gesicht des beliebten Bambi-Rehleins. Die

Pausbacken sind ein weiteres, Betreuung auslösendes bzw. freundlich stimmendes Signal. Auch dieses Merkmal wird gern im Attrappenversuch der Industrie übertrieben. Die Deutung, daß es sich hier um angeborene Reaktionen auf uns angeborene Merkmale handelt, wird durch die Tatsache gestützt, daß die gleichen Signale in sehr verschiedenen Kulturen wirksam sind.
Die freundlich stimmende Wirkung der Kindchen-Signale nützt man in verschiedenen Kulturen dazu, Mitmenschen friedlich zu stimmen und freundliche Absichten zu demonstrieren. Suchten Australier den Kontakt mit Europäern, dann schoben sie ein Kind vor sich her und legten die Hände auf dessen Schultern. Waika-Krieger, die ein befreundetes Dorf besuchen, bringen Kinder mit. Beim Eintanz der Krieger tanzen sie mit und schwenken grüne Wedel, während die Männer kriegerisch prahlen. In den westlichen Nationen begrüßt man gern Staatsgäste über ein Kind."

(I. Eibl-Eibesfeldt, Der vorprogrammierte Mensch)

Im Vertrauen auf die Richtigkeit der Forschungsergebnisse Konrad Lorenz' werden den Schülern Medien präsentiert, die diesem Kindchenschema weitestgehend entsprechen: z. B. eine Spielzeugpuppe oder ein Plüschtier, welche von ihrem Aussehen und ihren Körperproportionen her ‚niedlich' wirken. Aus eigener Erfahrung kann ich Kolleginnen und Kollegen, die diese Unterrichtsidee praktisch umsetzen wollen, empfehlen, eher eine Puppe oder ein Plüschtier in den Unterricht mitzubringen als die beigefügte OHP-Folie von „Bambi" und dem Hasen „Klopfer" zu verwenden – der Verblüffungseffekt, Philosophieunterricht mit scheinbar ‚unphilosophischem' Spielzeug zu betreiben, wirkt wesentlich eindringlicher als eine zweidimensionale Bildprojektion. Zur Not geht es jedoch auch mit dieser, selbst wenn die Schüler(-innen): (vor allem letztere zeigen oft ganz spontane Zärtlichkeit, wenn man das mitgebrachte Plüschtier herumgibt!) das projizierte Bild nicht streicheln oder drücken können.
Aber ernsthaft: Die zu präsentierenden Medien dienen dem Zweck, im Unterricht eine – soweit möglich – Situation unmittelbarer Erfahrung zu schaffen – über das Kindchenschema und seine anthropologischen Implikationen und Konsequenzen soll nicht nur abstrakt philosophiert, es soll in seiner Wirkmächtigkeit zuerst *erfahren* werden, bevor diese dann zum *Reflexion*sgegenstand wird.

2. Möglicher Verwendungszusammenhang

Fachdidaktisch ist es sinnvoll, diese Unterrichtsidee als Ergänzung zur Unterrichtsidee 3.1.3 einzusetzen: Sofern man dort das Problem der Aggressivität thematisiert hat, haben sich die Schüler auch mit der Triebtheorie S. Freuds auseinandergesetzt – auf den Menschen als Triebwesen folgt seine rudimentäre Instinktivität, womit man zwei wichtige Aspekte des Menschen als eines naturbestimmten Wesens erörtert hat: den Menschen als Trieb- und als Instinktwesen.
Damit ist auch der Zusammenhang, in dem diese Unterrichtsidee stehen kann, umrissen: Sie verdeutlicht gleichsam eine Facette des Menschen, insofern er als *Natur*wesen betrachtet wird, woran man seine Thematisierung als *Kultur*wesen anschließen kann. Hierzu bietet namentlich der vorgeschlagene Anschlußtext (Kant) eine organische Überleitung: Da der Mensch dort als ein Wesen erscheint, dessen Triebhaftigkeit diszipliniert

werden muß und auf dessen unsichere Instinkte – anders als beim Tier – kein Verlaß ist, bleibt nur die Möglichkeit der Erziehung, um den Menschen zu einem Wesen zu machen, das die menschliche Gesellschaft nicht durch „Rohigkeit" oder „Wildheit" (Kant) stört oder gar in ihrem Bestand gefährdet.
Wie dieser Ansatz weiterzuführen ist, hängt natürlich vom Interesse des jeweiligen Kurses und der Schwerpunktsetzung des Lehrers ab; ich persönlich habe gute Erfahrungen damit gemacht, den Menschen als Kulturwesen mit Hilfe von Texten Arnold Gehlens vorzustellen. (Eine didaktisch sinnvolle Textauswahl findet sich hierzu in: J. Ossner e. a., Philosophiekurs Anthropologie, S. 63ff.) Seine Auffassung des Menschen als eines „Mängelwesens" schließt sich inhaltlich gut an die in diesem Kapitel auch thematisierte Instinktunsicherheit (die Möglichkeit, sich auch über das Kindchenschema hinwegzusetzen) an, und Gehlens Theorie der „Institutionen" liefert einen für Schüler griffigen, wenn auch relativierungsbedürftigen Ansatz. (Vgl. hierzu das Gespräch zwischen A. Gehlen und Th. W. Adorno, in: J. Ossner e. a., Philosophiekurs Anthropologie, S. 70–73.)

3. Umsetzung in die Unterrichtspraxis

Die Präsentation des Mediums geht – je nach Art des eingesetzten Hilfsmittels – entweder so vor sich, daß der Lehrer die mitgebrachte Spielzeugpuppe (Plüschtier) an einer für alle Schüler gut einsehbaren Stelle postiert (z. B. Tafelkante, Stuhl, der auf das Pult gestellt wird) oder die **OHP-Folie Nr. 1** (Bambi/Klopfer, vgl. Materialienbd., S. 30) projiziert.
Hat man mehrere Gegenstände oder die beiden Bilder zur Verfügung, beginnt man mit der Frage: „Welches Spielzeug/Bild gefällt Ihnen besser?" Hiermit wird natürlich eine nur scheinbare Alternative angeboten, denn das Kindchenschema ist ja in den Spielzeugen oder Bildern gleichermaßen präsent. Sollte daher eines der mitgebrachten Spielzeuge oder projizierten Bilder stärkere Zustimmung erfahren, verlangt man von den Schülern eine Begründung. In 90% aller Fälle werden sie sich für die Möglichkeit entschieden haben, die auf sie ‚niedlicher' wirkt.
Arbeitet man nur mit *einem* Spielzeug oder Bild, stellt man, ähnlich wie in 3.1.3, die Frage: „Welche Empfindungen löst die Puppe (das Plüschtier, das Bild) in Ihnen aus?"
Analog zu 3.1.3 kann man die Schüler auffordern, stille Notizen zu machen, muß dies aber nicht tun, da die Reaktionen in eine Richtung gehen werden: Das Medium wird als ‚süß', schutzbedürftig, niedlich, als ‚Schmusetier' empfunden. (Schlimmstenfalls ist die Reaktion „Wie kitschig!" zu erwarten, wenn man einen Gegenstand erwischt haben sollte, an dem die Merkmale des Kindchenschemas *zu* ‚dick aufgetragen' erscheinen.)
Auf die Erfahrung der Schüler, welche Reaktionen das Kindchenschema in ihnen ausgelöst hat, folgt die erste Stufe der rationalen Aufarbeitung. Der Lehrer stellt die Frage: „Wie erklären Sie sich Ihre Reaktion?"
Sofern die Schüler nicht noch zu befangen sind in ihrer Emotionalität (Originalzitat einer Schülerin: „Weil ich so etwas zum Knuddeln brauche."), ist bereits hier zu erwarten, daß sie die Schutzbedürftigkeit und ihren eigenen Beschützerinstinkt in die Diskussion einbringen.
Die zweite Stufe rationaler Aufarbeitung beginnt man damit, daß die **OHP-Folie Nr. 2**

(Lorenz-Graphik, vgl. Materialienbd., S. 31) aufgelegt wird, deren rechte Seite aber vorerst abgedeckt wird, so daß nur die Abbildungen erscheinen, die dem Kindchenschema entsprechen (vgl. den Text von Eibl-Eibesfeldt auf S. 94f.), indem man die Frage stellt: „Welche Gemeinsamkeiten weisen diese vier Abbildungen auf?“ Die Antworten werden in einem Tafelanschrieb festgehalten, etwa:

- Pausbacken
- Kulleraugen
- rundliche Kopfform
- kurze Ohren, Schnauze, Schnabel

Sollte sich der Kurs mit der Beantwortung schwertun, deckt man wortlos die rechte Seite mit den ‚Erwachsenenbildern‘ auf, welche kontrastiv die Merkmale des Kindchenschemas veranschaulichen; ansonsten kann man dies nach dem Tafelanschrieb tun, um eine Ergebnissicherung zu erzielen, z. B. mit der Frage: „Warum wirken diese Bilder anders auf uns?“
Vor allem aufgrund der gestrichelten Proportionslinien lassen sich die Merkmale des Kindchenschemas so noch einmal ex negativo verdeutlichen.

An dieser Stelle ist es sinnvoll, eine Zwischenzusammenfassung einzuschieben. Nicht nur aus Gründen der Zeitökonomie sollte der Lehrer diese am besten selber geben, denn hier kann er noch zusätzliche Informationen einfließen lassen, die von den Schülern nicht oder nicht ohne weiteres zu erschließen sind: Das Kindchenschema weckt im Menschen nicht nur Brutpflegereaktionen, sondern kann interpretiert werden als ein instinktives Verhaltensmuster, das angeboren ist. So wird exemplarisch deutlich, daß der Mensch, als Naturwesen betrachtet, durchaus Rudimente instinktiven Verhaltens zeigt. Auch auf die Gefahr hin, dem Biologielehrer ins Handwerk zu pfuschen, kann man zur Vertiefung einen Text zum Instinkt eingeben und die Schüler auffordern, Beispiele für tierische Instinkte zu nennen (z. B. Jagd- oder Fluchtinstinkt), und sie fragen, inwieweit auch menschliches Verhalten noch von Instinkten bestimmt wird. (Im Fischer-Lexikon Biologie 2 findet sich unter dem Stichwort „Tierpsychologie, Verhaltenslehre“ ein brauchbarer Text.) Hat der Kurs jedoch bereits zuvor den Sachverhalt sicher rezipiert, sollte man ohne diesen Zwischenschritt die philosophische Dimension ansteuern:
Am Beispiel einer Kindes- oder Tiermißhandlung – über die sich in der Tagespresse fast täglich Berichte finden – wird den Schülern verdeutlicht, daß der Mensch nicht ausschließlich Naturwesen ist, sondern offenbar in der Lage, sich über angeborene Instinkte hinwegzusetzen. Der Brutpflegeinstinkt kann von ihm anscheinend bei einer Kindesmißhandlung in ähnlicher Weise außer Kraft gesetzt werden wie z. B. der Fluchtinstinkt, wenn er als Soldat im Kriege einem übermächtigen Gegner gegenübersteht. Mit diesem Ergebnis läßt sich überleiten zu einer Unterrichtseinheit, die den Menschen als Kulturwesen behandelt, denn gerade weil der Mensch nicht wie das Tier auf ein enges Spektrum instinktiven Verhaltens festgelegt ist, lebt er gleichermaßen in einer Situation von Freiheit und Ungesichertheit.

4. Anschlußtext

Die spezifische Struktur dieser Situation läßt sich gut am Beispiel der Erziehung verdeutlichen: Zum einen ist der Mensch als „der erste Freigelassene der Natur" (Herder) ein Wesen, das nicht auf instinktiv-festgelegtes Verhalten beschränkt ist, zum anderen ist er nicht in der Lage, aus sich selbst Maßstäbe sozialen Verhaltens zu schöpfen – er muß erzogen werden. Genau dies Problem wird in **Text 1** (vgl. Materialienbd., S. 32) zum Thema erhoben.

Der Urtext existiert nur in Form einer Vorlesungsmitschrift, so daß nicht völlig zu klären ist, ob er in allen Einzelheiten der kantischen Intention entspricht. Gleichwohl enthält er einige typische kantische Philosopheme: So weist bereits der vierte Abschnitt („Die Menschengattung soll . . .") auf die spätere Schrift „Idee zu einer allgemeinen Geschichte in weltbürgerlicher Absicht" voraus, mit deren Grundgedanken einer aufklärerisch-optimistischen Geschichtsphilosophie man sich bei der Vorbereitung unbedingt vertraut machen sollte. In demselben Abschnitt findet sich eine Anspielung auf die positive Naturzustandstheorie Rousseaus (der „vollkommene, ausgebildete Zustand"). Inwieweit man den dieser Theorie entgegengesetzten „rohen Zustand" als impliziten Verweis auf Hobbes' „bellum omnium contra omnes" ansprechen kann, muß offenbleiben – sollte dies zutreffen, müßte Kant die Hobbessche Auffassung vom Natur- und Gesellschaftszustand als zeitliche Entwicklung mißdeutet haben, was sie sicher nicht ist.

Ein weiteres Verständnisproblem von Schülern betrifft den Begriff der „Disziplin": Diese wird von ihnen häufig als *Zustand* interpretiert, der Text hingegen – Abschnitte eins und drei – versteht ihn eindeutig als erzieherische Einwirkung, also als *Tätigkeit*.

Einen zu Diskussionen herausfordernden Aspekt entwickelt der letzte Abschnitt, der auf die pädagogisch relevante Anlage/Umwelt-Problematik eingeht.

3.2 Ethik

3.2.1 Der Pressefotograf bei der Hinrichtung oder: Dürfen wir alles, was wir können?

Philosophische Teildisziplin: Ethik
Thema: Die Moralität menschlicher Handlungen als ethisches Grundproblem
Zeitaufwand: ca. 45 Minuten; bei Einbeziehung des Arbeitsblatts und der Gruppenarbeitsphase 90 bis 120 Minuten
Hilfsmittel: K. Rössing, „Der Pressefotograf bei der Hinrichtung" (OHP-Folie Nr. 1, vgl. Materialienbd., S. 33)
Anschlußtexte: Vgl. die Hinweise im Abschnitt „Möglicher Verwendungszusammenhang"

1. Hinweise zum Bild

OHP-Folie Nr. 1 (vgl. Materialienbd., S. 33): „Nomen est omen" – der Titel des Holzstichs „Der Pressefotograf bei der Hinrichtung" ist Omen in doppelbödiger Weise: Als Journalist ist der Fotograf ‚bei' der Hinrichtung, indem er diese fotografisch dokumentiert, als eine Person, die, groß in die Bildmitte gerückt, die Kamera ‚im Anschlag' hat, erscheint er selbst im übertragenen Sinne als Henker, der ‚bei' seiner Tätigkeit ist: der fotografischen Exekutierung.

Der hier angenommenen Intention des Holzstichs entspricht, daß er kein Erschießungskommando abbildet – der Fotograf selber ist dieses Kommando, nicht mit traditioneller Henkerkapuze bekleidet, wohl aber in seiner Physiognomie unerkennbar verborgen durch den hochgereckten Arm, der die Kamera schußbereit hält, und den Hut, unter dem kein Kopf sichtbar wird, geschweige denn ein Gesicht. Konzentriert und angestrengt wirkt die Körperhaltung dieses Fotografen, der offenbar genau auf den Moment wartet, den es dokumentarisch festzuhalten gilt: den Tod jenes Delinquenten, der weder in der Lage ist, seinen tatsächlichen Henkern noch seinem sein Sterben festhaltenden Henker ins Auge zu sehen, dies nicht könnte, selbst wenn er keine Augenbinde trüge, hat sich doch der Fotograf hinter jenem scheinbare Objektivität verbürgenden Gerät verborgen, dem es obliegt, auf Zelluloid einen Tod für eine Zeitung festzuhalten, die dann erscheint, wenn die Subjektivität des Hingerichteten bereits ihrer Qualen und Ängste ledig ist.

Was treibt ihn um, diesen Pressefotografen? Die Jagd nach jener bebilderten Story, die die Publikumsneugier nach dem Noch-nie-Dagewesenen befriedigt? Die scheinbar legitime Pflicht journalistischer Berichterstattung?

Hölderlin schrieb in einem seiner bekanntesten Gedichte einmal von den Mauern, die „sprachlos und kalt" stehen – auf welche Mauer könnte dies besser zutreffen als auf diejenige hinter dem zum Tode Verurteilten? Quaderförmig, gleichmäßig gefügt wie gefugt bildet sie den Hintergrund des Stichs, schirmt die Sinnlosigkeit dieser Todesstrafe vor dem Blick einer Außenwelt ab, die erst durch das Foto eines Journalisten minutiös erfahren wird, wie sich ein rechtsstaatlich sanktioniertes Sterben vollzogen hat. (Eine Deutungsmöglichkeit, die dem Fotografen die kritische Intention unterstellt, er wolle der Leserschaft die Fragwürdigkeit der Todesstrafe vermitteln, scheint mir angesichts der Anlage des Bildes nicht haltbar zu sein, denn er fotografiert lediglich den Delinquenten, nicht aber das Exekutionskommando, und ist vom Künstler in nahezu herrischer, breitbeiniger Pose direkt in die Bildmitte gerückt.)

2. Möglicher Verwendungszusammenhang

Die philosophische Unterrichtsthematik, die mit diesem Stich eingeleitet werden kann – das Problem kritischer Reflexion des Handelns und seiner möglichen normativen Reglementierung –, ergibt sich zwingend, wenn man die Darstellung einer meta-ethischen Reflexion unterwirft und Situation wie Handeln des Fotografen als Beispiel einer ethischen Grundfrage begreift: Die Todesstrafe war zur Zeit der Entstehung des Holzstichs (1928) in Deutschland noch nicht abgeschafft, wie dies heute in Artikel 102 des Grundgesetzes in einem lapidaren Satz verbürgt ist, war mithin rechtsstaatlich legitim. Als ebenso verfassungsrechtlich legitim muß daher angesehen werden, daß ein Fotograf die Hinrichtung eines rechtmäßig Verurteilten festhält und dieses Dokument in der Presse einer Öffentlichkeit zugänglich macht, in deren Namen zuvor Recht gesprochen worden ist: im Namen des Volkes. Der Fotograf *kann* dies also nicht nur tun, er ist hierzu auch in juristischem Sinne befugt.
Gleichwohl stellt sich dem Betrachter des Bildes die Frage, ob der Fotograf dieses denn auch *darf,* womit das Bild im Grenzbereich zwischen juristischer Legalität und verantworteter Moralität angesiedelt ist; geschriebene Gesetze lassen für diesen speziellen Fall etwas zu, was ungeschriebene möglicherweise nicht gestatten.
Von diesen Überlegungen her ist der Holzstich geeignet, eine Unterrichtsreihe einzuleiten, die den Geltungsbereich ethischer Normen sowie diese selbst thematisiert.
Hierbei eröffnet das Grundproblem, das sich in diesem Bilde zeigt und das in dem Untertitel dieser Unterrichtsidee formuliert ist, eine Fülle von Anschlußmöglichkeiten, läßt es sich doch je nach Interesse des Kurses und Intention des Lehrers mit Hilfe traditioneller ethischer Probleme (z. B. der aristotelischen Tugendlehre, der Definition des „Guten" in der Geschichte der Philosophie, dem kategorischen Imperativ Kants) konkretisieren wie auch mit Hilfe aktueller Fragestellungen (z. B. der ethischen Vertretbarkeit von Organtransplantationen oder der Genmanipulation). (Materialien hierzu bieten z. B.: Lothar Bade, Ethik und Biologie, und Hans-Martin Sass, Medizin und Ethik.)
Didaktisch wichtig ist nur, daß am Ende der Auseinandersetzung mit dem Bild das o. a. ethische Grundproblem für die Schüler deutlich geworden ist und daß sie die anzuschließende Textarbeit als Konkretion dieses Grundproblems begreifen.
Eine mit diesem Stich begonnene Unterrichtseinheit wäre also in Form eines didaktischen Dreischritts anzulegen: Ausgehend vom konkreten Bild, formulieren die Schüler das diesem zugrundeliegende ethische Problem, welches dann an einem thematisch deutlich umrissenen Sachverhalt wiederum konkretisiert wird. Diese Abfolge trägt zum Lernerfolg der Schüler erheblich bei, erschließen sie doch an Hand des Holzstichs induktiv ein ethisches Grundproblem, dessen Veranschaulichung an einer weiteren, thematisch andersartig gelagerten Problematik gleichzeitig einen Transfer garantiert.

3. Umsetzung in die Unterrichtspraxis

Für die *Anfangsphase* der Umsetzung sind zwei Alternativen möglich:

1. Nachdem der Lehrer einige einleitende Worte gesprochen, das Entstehungsjahr des Bildes genannt und dessen Titel an die Tafel geschrieben hat, projiziert er die OHP-Folie und leitet damit eine Spontanphase ein. Möglicherweise äußern sich die Schüler ohne verbalen Impuls von sich aus, sonst muß mit einer Initialfrage das Gespräch angeregt werden. Will man – was sich von der Bildthematik her anbietet – die emotionale Dimension einbeziehen, kann man z. B. die Frage stellen, welche Gefühle das Bild in den Schülern wecke, hat man jedoch einen Kurs, der zu persönlichen Äußerungen wenig bereit ist, sollte man stärker auf die analytische Ebene abzielen, z. B.: „Was fällt Ihnen an dem Bild auf?" (Daß aufgrund der emotionsgeladenen Thematik der Todesstrafe später doch noch mit gefühlsbestimmten Äußerungen der Schüler gerechnet werden muß, sei nur am Rande vermerkt.)
   Diese Alternative hat den Vorteil, daß man zwar unmittelbarste Schülerreaktionen erhält, birgt aber wie fast jede Spontanphase die Gefahr, daß man als Lehrer die häufig sehr disparaten Schülerbeiträge nur schwer strukturieren und ‚auf den Punkt bringen' kann – nur ein sehr gutes Gedächtnis des Lehrers und eiserne Gesprächsdisziplin des Kurses können verhindern, daß das Ganze zu einer Summe bloßer Statements verflacht.
2. Bei der zweiten Alternative verteilt der Lehrer vor der Projektion ein Arbeitsblatt und fordert die Schüler auf, ihre Beobachtungen für das spätere Unterrichtsgespräch einzutragen. Dies sollte auf jeden Fall in Einzel- und nicht in Gruppen- oder Partnerarbeit geschehen, damit gesichert ist, daß sich auch jeder Schüler mit dem Bild auseinandergesetzt hat. Das Arbeitsblatt könnte folgende Fragen (Reihenfolge beachten!) enthalten:

Arbeitsblatt zu Karl Rössings Holzstich

„Der Pressefotograf bei der Hinrichtung"

1. Wie hat der Künstler das Bild aufgebaut? (Vorder-, Mittel-, Hintergrund)
2. Welche Personen zeigt das Bild?
3. Wie sind sie gekleidet?
4. Welche Personen gehören eigentlich noch zu dieser Situation, sind aber vom Künstler nicht aufgenommen worden? Warum wohl nicht?
5. Welche Besonderheiten nehmen Sie an der Körperhaltung des Fotografen wahr?
6. Welcher Körperteil des Fotografen ist im Bild nicht zu sehen?
7. Warum nicht?
8. Welche Funktion hat die Mauer für die Bildgestaltung?
9. Wie verstehen Sie den Titel des Bildes?
10. Welche Intention scheint der Künstler mit diesem Bild zu verfolgen?

Die für die Weiterführung der ethischen Problematik entscheidenden Fragen sind natürlich die beiden letzten; alle vorangegangenen sollen nur sichern, daß das Bild auch genau betrachtet wird.
Allerdings wäre es bei der Auswertung des Arbeitsblattes psychologisch ungeschickt, über die Fragen 1 bis 8, da sie ja ‚nicht so wichtig' sind, einfach hinwegzugehen – die Schüler sähen nicht ein, warum sie sich die Mühe gemacht haben, sich damit auseinanderzusetzen. Andererseits kann ein genaues Eingehen auf diese Fragen bzw. deren Beantwortung in einem diskussionsfreudigen Kurs ohne weiteres eine Doppelstunde kosten. Um die Zeitökonomie nicht zu sehr zu strapazieren, sollte man daher einen Schüler seine Ergebnisse zu diesen Fragen vortragen lassen und den Rest des Kurses auffordern, Ergänzungen anzubringen: Hierdurch wird das Ganze gestrafft, und die übrigen Schüler gewinnen nicht den Eindruck, ‚für den Papierkorb' gearbeitet zu haben.
Auf jeden Fall sollte man aber die Antworten zu den Fragen 9 und 10 für die Diskussion freigeben, wobei zu beachten ist, daß der Titel des Bildes doppelsinnig gemeint sein kann (vgl. die „Hinweise zum Bild").

Die eigentliche ethische Reflexion setzt mit der Diskussion der Antworten zu Frage 10 ein: Hier sollte man sich nicht scheuen, die Schülerantworten möglichst vollständig zu erfassen, indem man die Ergebnisse reihum abfragt und entweder an die Tafel oder auf eine leere OHP-Folie (was Zeit spart) überträgt. Das einzelne Abfragen kostet zwar wiederum Zeit, garantiert aber, daß sich kein Schüler übergangen fühlt, und fördert u. U. Ergebnisse zutage, die ohne dieses Abfrageverfahren nicht geäußert worden wären.
Ausgehend vom Tafelanschrieb oder von der OHP-Folie, müssen dann die Schülerantworten gebündelt werden, wobei die Spannung von „Können" und „Dürfen" deutlich zu betonen ist: Ist der Fotograf moralisch befugt, etwas zu veröffentlichen, was juristisch zumindest nicht verboten ist? Da die Antworten der Schüler eher auf eine moralische Entrüstung hinauslaufen werden, wieso es jemandem gestattet sein könne, das Sterben eines Mitmenschen im Bild zu protokollieren, muß der Lehrer an dieser Stelle möglicherweise auf das Problem der Pressefreiheit verweisen, um die o. a. Spannung bewußtzumachen. Ebenso wäre denkbar, daß er mit Hilfe einer semantischen Analyse der Modalverben „können" und „dürfen" diese Spannung problematisiert.
In jedem Fall aber muß für den Kurs deutlich werden, daß der Fotograf juristisch *legal,* in moralischer Hinsicht aber *problematisch* handelt: Darf er das tun, was er tun kann?
Sicherung und Transfer lassen sich dann dadurch erzielen, daß der Lehrer die Schüler auffordert, Situationen oder Handlungen zu nennen, die von derselben Spannung geprägt sind. Gelingt dies nicht im ersten Anlauf, sollte man nicht sofort mit eigenen vorbereiteten Beispielen aufwarten: Die Reflexionsfähigkeit der Schüler fördert es wesentlich stärker, wenn man sie in Kleingruppen mit der Aufgabe betraut, eine analoge Situation zu erarbeiten, die von der Spannung zwischen Können und Dürfen geprägt ist. Zusätzlich kann man noch von jeder Gruppe eine begründete ethische Stellungnahme zu ‚ihrem' Problem verlangen, entweder mündlich oder als schriftliche Hausaufgabe.
Diese Stellungnahme läßt sich auch *anstelle* des o. a. Transfers an die Analyse des Stichs anschließen, womit man allerdings darauf verzichtet, die zuvor erschlossene abstrakte ethische Problematik durch weitere Beispiele zu sichern.

3.2.2 *Was ein Kind gesagt bekommt oder: Was sind Gebote und Verbote?*

Philosophische Teildisziplin: Ethik
Thema: Gebote und Verbote als Normsätze
Zeitaufwand: ca. 45 Minuten, sofern der Text als vorbereitete Hausaufgabe aufgegeben worden ist
Hilfsmittel: Bertolt Brecht, Was ein Kind gesagt bekommt (s. u.)
Anschlußtexte: M. Heidegger, Sein und Zeit (Auszug, vgl. Materialienbd., S. 34), I. Kant, Grundlegung zur Metaphysik der Sitten (Auszug, vgl. Materialienbd., S. 35)

WAS EIN KIND GESAGT BEKOMMT

Der liebe Gott sieht alles.
Man spart für den Fall des Falles.
Die werden nichts, die nichts taugen.
Schmökern ist schlecht für die Augen.
Kohlentragen stärkt die Glieder.
Die schöne Kinderzeit, die kommt nicht wieder.
Man lacht nicht über ein Gebrechen.
Du sollst Erwachsenen nicht widersprechen.
Man greift nicht zuerst in die Schüssel bei Tisch.
Sonntagsspaziergang macht frisch.
Zum Alter ist man ehrerbötig.
Süßigkeiten sind für den Körper nicht nötig.
Kartoffeln sind gesund.
Ein Kind hält den Mund.

(Bertolt Brecht, 1937)

1. Hinweise zum Gedicht

Bei diesem Gedicht, welches seit der Einläutung eines emanzipatorischen Deutschunterrichts Anfang der siebziger Jahre gelegentlich in Lesebüchern der Erprobungsstufe zu finden ist, muß wie bei vielen Texten vergleichbarer Provenienz deutlich differenziert werden zwischen einem „Kindergedicht“ und einem „Gedicht für Kinder“ – letzteres ist es sicher nur bedingt, vor allem, da über einzelne Aussagen die Zeit hinweggegangen ist, so daß Kinder des ausgehenden 20. Jahrhunderts diese nur noch teilweise verstehen, zumindest, wenn sie nicht näher erläutert werden. Aber auch ersteres ist es nur bedingt, da es nicht Kinder thematisiert, sondern das, was jene „gesagt bekommen“: Und dies sind – neben Lebensweisheiten in popularisierter Form (Z. 3–5, Z. 10, Z. 12f.) und metaphysischen Erziehungshilfen (Z. 1) – vor allem Verbote und Gebote.
Wie der Titel, so der Inhalt des Gedichts, dessen Grundtenor einer vom Autor ironisierten Pädagogik entspringt, die ein Kind nicht nur sprachlich in die Position des grammati-

kalischen Passivs hineindrängt, werden Freiheiten, die jedes Kind sich zu nehmen bestrebt ist, doch durch ein engmaschiges Geflecht positiver (= gesetzter) wie negativer (= verneinender) Reglementierungen eingegrenzt.
Bei dem Erlaß dieser ist sich der Reglementierende seiner Autorität, nicht aber seiner Sache so sicher, daß er das „Sollen" nur ein einziges Mal verwendet (Z. 8), ansonsten kleidet er seine Vorschriften in Aussagesätze ein, deren grammatische Form den Eindruck des scheinbar Unverbrüchlichen suggeriert, welches nur durch den Rückzug auf das verräterische „man" (Z. 2, 7, 9, 11) Lügen gestraft wird. Fast im Zentrum des Gedichtes dann ein Hauch tragischer Ironie (Z. 6): Wie wäre eine Kinderzeit „schön" zu nennen, in der Spontaneität und Unmittelbarkeit, die Merkmale und Wesenszüge echten Kindseins, derart beschnitten werden?

2. Möglicher Verwendungszusammenhang

Es darf als unbestrittenes fachdidaktisches Prinzip gelten, daß Philosophieunterricht in der Schule nicht der Ort sein kann, an dem eine zwangsläufig verkürzte Hochschulphilosophie betrieben wird. Will man auf dieser Grundlage Schüler nicht mit Spezialthemen – etwa der Lektüre einer Ganzschrift, die sich über ein komplettes Halbjahr oder länger erstreckt – traktieren, deren Ausschnitthaftigkeit einer bildungspolitisch zu Recht geforderten Allgemeinbildung entgegenliefe, muß man als Lehrer nicht nur den ‚Mut zur Lücke' aufbringen, sondern Themen- und Textauswahl so zu gestalten versuchen, daß diese gleichermaßen den Prinzipien Problemorientierung, fachwissenschaftlicher Repräsentativität und didaktischer Exemplarität genügen.
Im Sinne dieser Prinzipien läßt sich das Brecht-Gedicht „Was ein Kind gesagt bekommt" als Einstiegstext für eine Unterrichtseinheit verwenden, die deontologische und teleologische Ethik (vgl. W. K. Frankena, Analytische Ethik) als zwei Grundtypen praktischer Philosophie sowie ethischer Reflexion vorstellt. Repräsentativ sind diese insofern, als Schüler in alltäglichen Situationen, aber auch philosophischen Ethiken vor allem mit ethischen Begründungen und Beurteilungen konfrontiert werden, die sich entweder an den moralischen Normen eines handelnden oder beurteilenden Subjekts orientieren oder aber an dem Zweck, den eine moralische Handlung anstrebt – Mischformen natürlich eingeschlossen.
Im Rahmen dieser Gegenüberstellung leitet das Brecht-Gedicht den Teil ein, in dem die deontologische Ethik vorgestellt wird: Im Anschluß an das Gedicht folgt ein Heidegger-Text, der die Entpersönlichung und Selbstentfremdung des Subjekts aufzeigt, wenn sich dieses unreflektiert der normierenden Kraft des „Man" überläßt – wobei dieses „Man" direkt auf die Zeilen 2, 6, 8 und 11 des Gedichts Bezug nimmt.
Ähnlich der sich daran anschließende Kant-Text: Indem er den „Imperativ" als ein „*Gebot* der Vernunft" apostrophiert, greift er auf die Analyse des Gedichts zurück (vgl. unter „Umsetzung in die Unterrichtspraxis") und eröffnet zudem die Möglichkeit, den kategorischen Imperativ als Kern kantischer und als Paradebeispiel deontologischer Ethik einzuführen.
Kontrastiv hierzu läßt sich dann die teleologische Ethik am Beispiel des Utilitarismus exemplarisch verdeutlichen. Da fast alle gängigen Unterrichtswerke Texte von J. Bentham

oder J. St. Mill enthalten, wird hier auf einen näheren Texthinweis verzichtet. Aus demselben Grunde werden auch in den Anschlußtexten keine weiteren Passagen aus der „Grundlegung zur Metaphysik der Sitten" abgedruckt.

3. Umsetzung in die Unterrichtspraxis

Da eine Einbeziehung der emotionalen Dimension – anders als z. B. bei Unterrichtsidee 3.2.1 – kaum eine sachliche oder didaktische Funktion erfüllte, sollte auf eine Spontanphase verzichtet werden: Das Gedicht ist ein durchaus motivierender Anreiz für die ethische Reflexion der Schüler – nicht mehr, aber auch nicht weniger.
Infolgedessen kann man die rein analytisch orientierten Aufgaben (s. u.), mit denen das Gedicht philosophisch erschlossen werden soll, entweder zusammen mit dem Textabzug als Hausaufgabe geben oder aber als Einzel- oder Partnerarbeit zu Beginn der Stunde. (Partnerarbeit bietet sich vor allem an, wenn man es mit einem schwächeren Kurs zu tun hat, in dem nur wenige Schüler in der Lage wären, die Aufgabe selbständig zu lösen.)
Die Aufgabenstellung lautet:

1. Unterscheiden Sie, welche Sätze dieses Gedichtes
   a) Gebote,
   b) Verbote,
   c) keines von beiden sind!
2. Woran haben Sie die Unterschiede erkannt?
3. Versuchen Sie zu definieren: Was ist ein Gebot/ein Verbot?

Zu 1a): Als *Gebote* sind die Zeilen 2, 11 und 14 anzusprechen, wobei es für die Schüler eine gewisse Schwierigkeit darstellen kann, daß jene nicht in der üblichen positiven „Du sollst"-Form auftauchen: Sowohl Z. 2 als auch 11, vor allem aber 14 sind abgefaßt als implizite Gebote, die ein erwünschtes Verhalten in die Form eines Aussagesatzes, nicht aber eines Imperativs kleiden.
Zu 1b): Als *Verbote* dürfen Z. 7, 8 und 9 bezeichnet werden, denn sie thematisieren unerwünschte Handlungsweisen. Auch hier kommt dies bei Z. 7 und 9 nur indirekt – durch die Negation – zum Ausdruck; einzig Z. 8 ist imperativisch-klar als Verbot formuliert.
Zu 1c): Alle übrigen Zeilen (1, 3, 4, 5. 6, 10, 12, 13) sind nicht als Ge- oder Verbote zu klassifizieren, wobei Schüler im Einzelfall durchaus in Zuordnungsschwierigkeiten geraten können, da es sich von der grammatischen Form her auch hier um Aussagesätze handelt. Daß es keine Ge- oder Verbote sind, kann man Schülern verdeutlichen, indem man auf die den Sätzen fehlende Normativität verweist: „Schmökern ist schlecht für die Augen" ist eine (medizinisch fragwürdige) Feststellung, ein Verbot ließe sich erst in Konsequenz dieser Feststellung formulieren: „Also sollst du nicht schmökern!" Oder analog zu Z. 1: „Verhalte dich stets so, daß der liebe Gott dein Handeln auch gutheißen kann!"
Diese Überlegungen berühren bereits Aufgabe 2: Hier müssen die Schüler insbesondere erschließen, daß – bis auf Z. 8 – alle Sätze die Form von Aussagen haben, die o. a. Ge- und Verbote aber eigentlich grammatikalisch getarnte Imperative sind.
Da es für die weitere Arbeit wichtig ist, ein sicheres sachliches Fundament zu legen, ist es ratsam, das Ganze in einem Tafelanschrieb festzuhalten, etwa in Form einer Liste:

GEBOTE	VERBOTE	WEDER/NOCH

Wenn man sichergehen will, daß auch der letzte Schüler das Lernziel erreicht, sollte man in die ersten zwei Spalten nicht nur die Zeilenangaben eintragen, sondern die zu Ge- oder Verboten umformulierten Sätze, also statt: „Man spart für den Fall des Falles." besser: „Man soll (oder: Du sollst) für den Fall des Falles sparen." Hierdurch kann man sichergehen, daß das Modalverb „sollen" sich bei den Schülern als Kernbegriff ethischer Ge- und Verbote einprägt.
Ähnlich verfährt man bei der Lösung der Aufgabe 3, indem man z. B. folgende Definitionen anschreibt:

GEBOTE	formulieren ein erwünschtes Verhalten: das, was ein moralisches Subjekt *tun soll.*
VERBOTE	formulieren ein unerwünschtes Verhalten: das, was ein moralisches Subjekt *unterlassen soll.*

Bei der Diskussion der Ergebnisse zu Aufgabe 3 muß auch deutlich werden, daß Gebote stets einen weiteren Horizont aufspannen als Verbote, die nur einzelne Handlungen untersagen; unter Rückgriff auf das Gedicht wird dies z. B. ersichtlich, wenn man die Schüler auffordert, zu dem Gebot „Man soll sparen" ein entsprechendes Verbot zu formulieren: „Man soll sein Geld nicht für unnütze Dinge ausgeben" oder ähnliche Verbote beziehen sich auf einzelne Handlungsweisen, komplementär zu dem o. a. Gebot wäre nur die doppelte Verneinung: „Man soll nicht nicht sparen."
Dieses wechselseitige Aufeinanderbezogensein von Ge- und Verboten läßt sich in intellektuell unbeweglichen Kursen auch an einem Beispiel aus der Straßenverkehrsordnung verdeutlichen: Die blauen Gebotsschilder gebieten einer Teilmenge aller Verkehrsteilnehmer etwas: z. B. Radfahrern, einen Radweg zu benutzen. Gleichzeitig untersagen sie indirekt allen anderen Verkehrsteilnehmern, diese für Fahrräder reservierte Verkehrsader zu befahren oder zu begehen. Ähnlich, jedoch nicht in genauer Umkehrung die rotweißen runden Verbotsschilder: Diese untersagen direkt eine Teilmenge möglichen Verhaltens, geben aber innerhalb dieses Rahmens keine positiven Anweisungen: Das Schild 30 km/h Höchstgeschwindigkeit gibt nur eine obere Grenze an, definiert aber nicht positiv die zu fahrende Geschwindigkeit; dies können 10, 20 oder 30 km/h sein. Spätestens nach diesem lebensweltlichen Exkurs, bei dem man als Lehrer der Sicherheit halber anmerken sollte, daß die StVO nicht moralisches Handeln, sondern legales Verhalten definiert, dürften den Schülern die Begriffe von Gebot und Verbot sowie deren Relation klar sein.
Sollte zu diesem Zeitpunkt noch kein Schüler auf die Man-Sätze des Gedichts (Z. 2, 6, 9, 11) hingewiesen haben, muß dies der Lehrer selbst tun. Hierbei läßt sich am besten vom Titel des Gedichts ausgehen, u. U. mit der Frage, von *wem* das Kind dies alles gesagt bekommen könnte. Die Schüler nennen in der Regel schnell Beispiele aus dem

Kreise der Erziehungspersonen, und da Erziehung zur Kritikfähigkeit nicht erst seit 1968 zum wesentlichen Teil von Philosophieunterricht gehört, sollte der Lehrer en passant auch die passive Rolle, die die Kinder in dem von Brecht ironisierten Erziehungsstil einnehmen, thematisieren.
Danach kann man dann organisch zu den Man-Sätzen überleiten, indem die Schüler aufgefordert werden, zu erläutern, aus welcher Position heraus die Erziehungspersonen in diesen Sätzen ‚argumentieren'. Je nachdem, wie umfassend und differenziert die Beiträge sind, gibt der Lehrer dann den ersten Anschlußtext (Heidegger) mit dem Ziel der Erarbeitung einer Definition des „Man" oder aber mit dem Ziel der Ergänzung und Vertiefung des Schülerverständnisses ein. Ist der Sachbegriff „Norm" bisher nicht gefallen, sollte man ihn spätestens hier einführen, um auf ihn bei der Fortführung der Reihe als Fachterminus zurückgreifen zu können.

4. Anschlußtexte

Heidegger-Texte in der Schule zu analysieren, bleibt immer ein Wagnis und ist es in den letzten fünfzehn Jahren noch eher geworden, da – einer Untersuchung des Instituts für Deutsche Sprache in Mannheim zufolge – die Kluft zwischen Viel-Lesern und Wenig- oder Nicht-Lesern vor allem unter Jugendlichen erheblich zugenommen hat, was natürlich negative Auswirkungen auf Sprachgefühl und -kompetenz mit sich bringt. Dem wird man namentlich in Bundesländern Rechnung tragen müssen, die Philosophie als Wahlpflichtfach oder als Ersatzbelegung für Religion vorsehen. Ein Kurs, der über eine geringe Sprachkompetenz im abstrakten Bereich und wenig Etymologisierungsfähigkeit – das ‚Wörtlich-Nehmen' von Begriffen – verfügt, wird sich mit Heidegger-Texten, die in ihrer Sprachgebung stark dessen fundamental-ontologischem Ansatz verpflichtet sind, schwertun. Diesem Problem sucht die folgende Textauswahl Rechnung zu tragen, denn außer dem Begriff des „Daseins" – den man die Schüler durch „Mensch" ersetzen lassen kann – enthält **Text 1** (vgl. Materialienbd., S. 34) kaum ‚typisch heideggerische' Wendungen.
Der Text enthält – Heideggers Anspruch gemäß, eine phänomenologische Erhellung des „Man" zu leisten – eine Reihe von Passagen, die genuin (gesellschafts-)kritische Überlegungen entwickeln, so daß man bei der Besprechung darauf achten muß, Analyse- und Problematisierungsphase sauber zu trennen – sonst wird weder aus dem einen noch aus dem anderen etwas Rechtes. Dies ist gleichzeitig für Kurse, die schnell mit der ‚persönlichen Meinung' bei der Hand sind, eine wichtige methodische Übung, und aus diesem Grund wurde auch die Überschrift definitorisch formuliert.
Im Verlauf der Problematisierungsphase kann der Lehrer ein Beispiel eingeben, das meist eine gewaltige kritische Sprengkraft entfaltet: Er fragt danach, welche Wissenschaft dieses Heideggersche „Man" gleichsam zu ihrem ureigensten Forschungsobjekt erhoben hat: die Demoskopie, die nicht nur vor Wahlen sich zum Auguren der Stimme des Volkes aufschwingt. Sofern es dann dabei bleibt, daß die erhobenen Meinungsumfrageergebnisse in Form einer statistischen Deskription veröffentlicht werden, scheint sich hiergegen nichts einwenden zu lassen. Insofern aber diese Deskription Anlaß gibt zur Leser*beeinflussung,* ist deren scheinbare Wertneutralität dahin: Die Ergebnisse der Demoskopie entfalten in einem Zeitalter, das von – nicht nur ethisch-moralischer – Verun-

sicherung und „Außenleitung“ (vgl. David Riesman, Die einsame Masse) geprägt ist, eine latent normative Kraft. Denn der Leser, der z. B. aus einer demoskopischen Statistik erfährt, daß x% der Bevölkerung es für vertretbar halten, zu lügen, wird sich der scheinbaren Normativität dieses Faktums nicht entziehen können und leicht geneigt sein, Kants rigorose Härte angesichts eines „vermeintlichen Rechts, aus Menschenliebe zu lügen“, achselzuckend als ‚Königsberger Klops‘ abzutun – auch wenn er sich damit eines „naturalistischen Fehlschlusses“ (Hume, G. E. Moore) – dem unzulässigen Schluß vom Sein auf das Sollen – schuldig macht; er richtet sich an der zur Statistik geronnenen faden Durchschnittlichkeit des „Man“ aus, nicht aber an einer theoretisch ausgewiesenen normativen Idealität.
Mit der kritischen Reflexion der versteckt normativen Kraft des „Man“ ist die Gelenkstelle zu **Text 2** (vgl. Materialienbd., S. 35) erreicht: dem Auszug aus Kants „Grundlegung“.
Das Ziel der Textanalyse sollte zum einen darin bestehen, positive ethische Sollenssätze als von der Vernunft erlassen zu definieren, womit sie sich von der hypostasierten Allgemeinverbindlichkeit der Man-Sätze z. B. des Brecht-Gedichts abheben: Gebote im kantischen Sinne sind aus „Gründen“ abgeleitet, „die für jedes vernünftige Wesen [. . .] gültig sind“. Zum zweiten besteht das Ziel der Analyse darin, die Einführung des kategorischen Imperativs in seiner mehrfachen Formulierung vorzubereiten. Hierzu ist der Text insofern geeignet, als er die „Imperative“ nur formal definiert, deren Inhaltlichkeit aber offenläßt: Dies macht Schüler neugierig, hierüber mehr zu erfahren.
Von daher erweist sich die vorangestellte Analyse des Brecht-Gedichtes nicht als didaktischer Um- oder gar Holzweg, hat sich doch mit ihr ein Problembewußtsein herangebildet, das wesentlich mehr motiviert, als wenn der Lehrer gleich in Form eines Kant-Textes mit der Tür ins Haus fällt und den kategorischen Imperativ ex cathedra zu einem Problem erklärt, welches auch ein „Dallas“ gewohnter Schüler hier und jetzt als sein ureigenstes anerkennen müsse.

3.2.3 Patellarreflex, Fließbandproduktion, Schuß oder: Was ist ethisches Handeln?

Philosophische Teildisziplin: Ethik
Thema: Begriffsbestimmung ethischen Handelns
Zeitaufwand: ca. 20–30 Minuten
Hilfsmittel: Lehrererzählung; Schiller, „Wilhelm Tell“
Anschlußtexte: Vgl. die Hinweise im Abschnitt „Möglicher Verwendungszusammenhang“

1. Hinweise zur Präsentation der Lehrererzählung
Im Unterschied zu anderen Unterrichtsideen, die in diesem Buch dargestellt werden, wird hier kein Bild und kein (Druck-)Text als Medium verwendet, sondern eine Lehrererzählung. Diese Präsentationsform, von der vor allem der Geschichtsunterricht früherer Jahrzehnte lebte, läßt sich durchaus im Philosophieunterricht einsetzen, sofern

a) ihre Verwendung didaktisch sinnvoll ist und b) die Lehrerin oder der Lehrer in der Lage ist, die Sache so darzubieten, daß bei den Schülern der berühmte Funke überspringt. Infolgedessen gilt es hier, selbstkritisch zu sein: Im Unterschied zum sachlich-nüchternen Lehrer*vortrag* verlangt die Lehrer*erzählung* lebendige Darstellung, Einsatz auch pantomimischer Mittel und eines gewissen Quentchens schülergerechten Humors – wer bei ehrlicher Selbstanalyse des eigenen pädagogischen Tuns sich nicht in der Lage sieht, dieses aufzubringen, sollte daher auf die Arbeit mit dieser Unterrichtsidee besser verzichten. Dies mag hart, vielleicht gar arrogant klingen, aber – Hand aufs Herz! – wer von uns Lehrern ist schon in der Lage, alle methodischen Möglichkeiten von Unterricht wahrhaft zu beherrschen? Dies verbietet allein schon die je individuelle Temperaments- und Charakterstruktur.

Ein Verzicht auf Hilfsmittel wie Text oder Bild und Beschränkung auf erzählerische und pantomimische Darstellung verlangt Übung – sei's vor der Klasse, sei's vor dem Spiegel zu Hause – und völlige Konzentration auf die eigene Person: allein dieses sind Kriterien für das Gelingen.

Doch konkret: In der Lehrererzählung, die das Kernstück dieser Unterrichtsidee bildet, werden drei Grundmöglichkeiten menschlichen Tuns verbal wie darstellerisch entfaltet: der Patellar- oder Kniesehnenreflex, den Ärzte bei ihren Patienten testen und der Schülern aus eigener Erfahrung fast immer bekannt ist, die Industrie- oder handwerkliche Arbeit, die dadurch geprägt ist, daß beim Verfertigen eines Produkts bestimmte erlernbare bzw. erlernte Regeln oder Arbeitsabläufe einzuhalten sind – Schülern oft durch Ferienarbeit vertraut –, und ethisch reflektiertes Handeln, welches in dieser Unterrichtsidee an Wilhelm Tells Monolog vor der Erschießung Geßlers und der Erschießung selbst exemplarisch verdeutlicht wird, wobei dieses literarische Beispiel deswegen gewählt wurde, weil Schillers Schauspiel im Deutschunterricht der Sekundarstufe 1 immer noch häufig gelesen wird. Zumindest die ‚story', im ungünstigsten Fall nur die Apfelschußszene, sind Schülern in der Regel bekannt.

Nicht der Reflex, wohl aber die industrielle oder handwerkliche Arbeit und das ethisch reflektierte Handeln gehen auf eine Differenzierung zurück, die schon Aristoteles getroffen und die unter den veränderten Bedingungen der Moderne u. a. J. Habermas wieder aufgegriffen hat (vgl. Textnachweis S. 156): die Unterscheidung zwischen „poiesis" und „praxis". (Vgl. Aristoteles, Nikomachische Ethik 1140a 1–24 [6. Buch, Kap. 4].)

2. Möglicher Verwendungszusammenhang

Sind in den beiden anderen Unterrichtsreihen dieses Kapitels die Spannung zwischen Können und Dürfen sowie Gebote und Verbote thematisiert worden, wird hier der Begriff ethischen Handelns aufgegriffen und exemplarisch von anderen Formen menschlichen Tuns abgehoben. Da es sich um einen ersten definitorischen Zugriff handelt, kann es noch nicht um eine Klärung aller Faktoren zu tun sein, die eine ethische Handlung bestimmen, z. B. Wille, Gewissen usw. – diese lassen sich später entweder unter Zuhilfenahme geeigneter Texte oder des Folienatlasses (vgl. Kap. 4) einbeziehen und problematisieren. Vorerst geht es nur um eine Begriffsbestimmung des Handelns als eines moralisch *reflektierten* Tuns. Welche Faktoren außer der Reflexion an einer ethischen Handlung noch beteiligt sind, wird von den Schülern bei der Auswertung der Lehrererzählung zwar meist auch angesprochen, sollte aber der didaktischen Stringenz halber hier noch nicht explizit thematisiert werden, da jede gut gemeinte Überfrachtung des Unterrichts meist dazu führt, daß am Ende einer Stunde alles ein bißchen, aber nichts gänzlich geklärt ist.

Da das Handeln des Menschen den eigentlichen Gegenstand von Ethik als philosophischer Disziplin darstellt, ist es sinnvoll, diese Unterrichtsidee an den Anfang eines Ethikkurses zu stellen: Alles andere läßt sich dann daraus entwickeln, da alle Themen und Probleme auf das Handeln rückbezogen oder rückzubeziehen sind.

Infolgedessen werden auch keine Anschlußtexte vorgeschlagen; je nach Interesse des Kurses und didaktischer Zielsetzung des Lehrers mag dieser entscheiden, ob er zuerst die innersubjektiven Faktoren von Handeln thematisiert (z. B. den Begriff des Gewissens mit Hilfe eines Freud- oder Kant-Textes, vgl. Textnachweis S. 156) oder die Handlungssituation (z. B. mit Hilfe des Weischedel-Textes der Unterrichtsidee 3.1.1) oder ob er mit Hilfe der Ethik-Folie des Folienatlanten deduktiv eine ethische Grundbegrifflichkeit entwickeln will: Alle diese Themenkreise haben ihre fachwissenschaftliche und didaktische Berechtigung, doch setzt ihre Behandlung voraus, daß zuvor der Begriff moralischen Handelns de-finiert worden ist.

3. Umsetzung in die Unterrichtspraxis

Um eine gezieltere Auswertung sicherzustellen, wird die Präsentation der Lehrererzählung mit einer Arbeitsanweisung verbunden: Den Schülern wird mitgeteilt, daß ihnen drei Beispiele für menschliches Handeln vorgestellt werden sollen, deren Unterschiede sie im Anschluß möglichst differenziert beschreiben sollen.

Da genaue inhaltliche Vorgaben einer mündlichen Erzählung den Erzähler eher hemmen, als daß sie für ihn eine echte Hilfe sind – schließlich wäre ein vorgegebener Text nicht *sein* Text –, seien hier lediglich einige Punkte angeführt, die bei der Lehrererzählung i. e. zu berücksichtigen sind.

1. Zur Darstellung des Patellar-Reflexes setzt sich der Lehrer am besten aufs Pult, läßt die Beine locker herunterbaumeln und verweist die Schüler darauf, daß ihnen die Situation, um die es jetzt gehe, von Arztbesuchen sicher bekannt sei. Da vermutlich nur wenige Kolleginnen und Kollegen im Besitz eines entsprechenden Metallhämmerchens sind, mit dem Ärzte den o. a. Reflex zu testen pflegen, wird man nicht umhin kommen, diesen Teil der Präsentation stärker zu verbalisieren, und sich eher andeutungsweise mit der Hand auf die Reflexzone unterhalb der Kniescheibe schlagen. Unabhängig davon, ob man ‚getroffen' hat oder nicht, ist natürlich das entsprechende Bein bzw. der Unterschenkel nach vorne zu schnellen. Mit dem Hinweis „Dies war das erste Beispiel" setzt man dann eine deutliche Zäsur.
2. Bei der Darstellung der zweiten Grundmöglichkeit menschlichen Tuns kann man möglichereise auf Schülererfahrungen zurückgreifen – u. U. hat der/die eine oder andere Schüler/in in den Ferien in einem Betrieb gearbeitet, oder vielleicht unterrichtet der Lehrer an einer Schule, die für Schüler der Sekundarstufe 1 ein Betriebspraktikum eingerichtet hat, so daß sie einen ersten unmittelbaren Kontakt zur Arbeitswelt gewonnen haben.

   Ist dies der Fall, läßt man die Schüler kurz angeben, wo und was sie gearbeitet haben

– bei Ferienarbeit werden das meist Arbeiten für „Ungelernte" oder „Angelernte" sein –, und fordert dann einen Kursteilnehmer, der eine solch gering qualifizierte Arbeit erledigt hat, auf, die von ihm getätigten Arbeitsabläufe genauer zu schildern. Bei der Auswertung dieser Schilderung, die im freien Problemgespräch erfolgt, kommt es dann darauf an, die Merkmale „poietischen" Verrichtens herauszukristallisieren: Es handelt sich um ein produktorientiertes Tun, dessen Ablauf meist eng vorgegeben ist und vom Arbeitenden ausgeführt werden kann, sofern er ein bestimmtes Arsenal technischer Regeln theoretisch beherrscht und ‚praktisch' umsetzen kann.
Haben die Schüler keine Erfahrung mit Produktionsarbeit, muß der Lehrer diesen Teil – wie schon den ersten – in Form der Lehrererzählung gestalten, z. B.: Um mein Studium zu finanzieren, mußte ich in den Semesterferien in einer Fabrik arbeiten. Dort war ich an einer Stanze eingesetzt, die Werkstücke für . . . produzierte usw.
Wie schon bei 1. setzt man am Ende mit dem Satz „Das war Beispiel Nummer 2" eine klare Zäsur.

3. Um das letzte Beispiel – Tells Tyrannenmord – eingeben zu können, ist es erforderlich, zuvor einen für alle Schüler gleichen informellen Sachstand zu schaffen. Meist werden einige Schüler das Schiller-Drama aus dem Deutschunterricht kennen, so daß man sie zu einer knappen Inhaltsangabe heranziehen kann. Ist das nicht der Fall, muß der Lehrer diese selbst geben. (Zur schnellen Information kann man dabei entweder auf „Kindlers Literatur Lexikon" oder „Reclams Schauspielführer" zurückgreifen.)

Danach ist die Situation, in der sich Tell vor der Erschießung des Tyrannen Geßler befindet, näher zu erläutern: Indem Geßler unter Androhung, Tells Sohn und ihn selbst hinrichten zu lassen, diesen gezwungen hat, einen Apfel vom Kopf seines Sohnes zu schießen, sieht Tell sich moralisch berechtigt, Geßler zu töten: Da dieser Tells ungebrochene, „naive" (Schiller) Lebenseinstellung zerstört hat, ist Tells im unmittelbaren Vollzug gelebte Moralität vernichtet, so daß er Geßlers Angriff auf sein moralisches Leben mit einem moralisch begründeten Angriff auf dessen wirkliches Leben beantwortet (vgl. hierzu: L. Völker, Tell und der Samariter, S. 185–203 sowie meine Arbeit: Drama und sentimentalisches Bewußtsein, S. 116ff.). Zur Veranschaulichung kann man aus Tells Monolog (4. Aufzug, 3. Auftritt) einige Zitate einflechten, z. B. V. 2568–79, 2590–96, 2631–34, die Tells Verantwortung für seine Familie thematisieren. Auf jeden Fall muß der Erzählende darauf achten, daß dieser Teil nicht zu sehr aufgebläht wird; der Schuß auf Geßler als drittes Beispiel für menschliches Tun darf nicht zu kurz kommen – schließlich sollen die Schüler die drei Formen anschließend vergleichen.
Wer das Ganze besonders griffig darstellen will, kann die Arbeitsanweisung („Vergleichen Sie die drei Beispiele!") mit einer Pantomime unterstreichen, indem der Lehrer alle drei Beispiele mit einer entsprechenden Handbewegung begleitet: bei dem ersten holt er wie mit einem Hämmerchen aus, bei dem zweiten tut er so, als ob er den Hebel einer Maschine zöge o. ä., und beim dritten legt er eine imaginäre Armbrust zum Schuß an.
Mit Hilfe einer Liste (Tafel) werden dann die Beobachtungen und Ergebnisse der Schüler festgehalten, wobei am besten die Überschriften für jede Spalte nachzutragen sind. Folgende Eintragungen könnten erwartet werden:

REFLEX	ARBEIT/PRODUKTION (= poiesis)	MORALISCHE HANDLUNG (= praxis)
– automatisch – unfreiwillig – Denken/Gehirn ist nicht beteiligt – unwillkürlich	– produktorientiert – Denken ist in Form von technischer Vernunft beteiligt – Abläufe sind weitgehend festgelegt (standardisiert)	– reflektiert/überlegt – Ursachen/Motive und Folgen werden einbezogen – frei-willig – breites Spektrum von Handlungsmöglichkeiten

In Form einer Schüler- oder Lehrerzusammenfassung werden dann die Unterschiede gebündelt. Bei der Auswertung ist der konkrete Rückbezug auf das Tell-Beispiel wichtig: Dieser versucht eine Tötung, also eine allgemein als unmoralisch erachtete Tat, zu legitimieren und glaubt diese unter Verweis auf Geßlers Inhumanität – nicht nur in der Apfelschußszene – und auf seine eigene Verantwortung als Familienvater – ein deontologischer Aspekt – auch ausführen zu dürfen. Wenn man diese Paradoxie – die ethische Begründung einer an sich unmoralischen Handlung – entsprechend herausarbeitet, kann man sie sich gut als Motivation zu einer daran anschließenden Unterrichtsreihe nutzbar machen. Überhaupt ist es hier sinnvoll, die Schüler aus den Eintragungen in der rechten Spalte das nächste Thema wählen zu lassen, weil dies eine auf den jeweiligen Kurs bezogene Schwerpunktsetzung ermöglicht.

3.3 Staatsphilosophie

3.3.1 Der König und sein Narr oder: Wie sagen wir's dem Volke?

Philosophische Teildisziplin: Staatsphilosophie
Thema: Das Verhältnis Monarch/Bürger
Zeitaufwand: ca. 20 Minuten (ohne Anschlußtexte)
Hilfsmittel: A. P. W. Weber, „Wie sagen wir's dem Volke?“ (OHP-Folie Nr. 1, vgl. Materialienbd., S. 36)
Anschlußtexte: G. W. F. Hegel, Grundlinien der Philosophie des Rechts (§ 279 Zusatz, § 280 Zusatz, vgl. Materialienbd., S. 37f.), N. Macchiavelli, Der Fürst (Auszug aus Kap. 23, vgl. Materialienbd., S. 38), B. Gracian, Handorakel und Kunst der Weltklugheit (Abschnitt Nr. 70, vgl. Materialienbd., S. 38), Friedrich d. Große, Regierungsformen und Herrschaftspflichten (Auszug, vgl. Materialienbd., S. 39)

1. Hinweise zum Bild
Auch ohne Einbeziehung des Titels entfaltet die Lithographie, **OHP-Folie Nr. 1** (vgl. Materialienbd., S. 36), eine suggestive Wirkung: Der Betrachter erblickt zwei Figuren, die er unschwer als König und seinen Hofnarren identifizieren kann, da sie traditionelle Merkmale aufweisen: einerseits den König, erkennbar an Attributen wie Krone, Hermelinkragen, Purpurmantel, Zepter, andererseits den Narren, erkennbar an Schellenkappe, Zipfelkleid, Spitzpantoffeln, beide angeordnet inmitten einer Szenerie, die ebenfalls auf den ersten Blick traditionell anmutet: ein Weg inmitten eines Schloßgartens, dessen künstliche Anlage durch zwei Topfpflanzen und ein Wasserbecken mit einer Brunnenplastik angedeutet wird.
Genauerer Betrachtung erschließt sich die Ironisierung dieser Inszenierung: Beide Figuren werden, eine Caspar David Friedrichsche Darstellungsweise aufnehmend, in Rükkenansicht dargeboten, doch liegt vor ihnen kein „Nebelmeer“ oder eine ähnlich symbolträchtige romantische Landschaft – die beiden Rückenfiguren sind in gewisser Weise Zitat zum Zwecke einer Kritik des Dargestellten mit ästhetischen Mitteln. Nicht mehr geht es dem Künstler – wie seinerzeit C. D. Friedrich – darum, den Rezipienten sich hineinversetzen zu lassen in die Perspektive einer die Landschaft betrachtenden Bildfigur, wird doch diese selbst zum Objekt geschärfter Betrachtung. Dabei nämlich fällt die Parallelität beider Bildfiguren auf: ihre gleiche gesenkte Kopfhaltung, ihr gleicher Schritt, ihre zwar unterschiedlichen, aber dennoch betonten Kopfbedeckungen über den geduckten Nackenpartien.
Die genauere Betrachtung enthüllt jedoch auch Unterschiede, die gleichwohl korrespondierend aufeinander bezogen sind: Das Zepter des Königs – Symbol seiner Herrschaft – ist ähnlich gesenkt wie die Zipfel am Narrenkleid es sind, seine Hände sind hinter dem Rücken ähnlich verschränkt wie vermutlich die des Narren vor dem Bauch, der deutlich

größere Körper des Königs ist dem Narren zugewendet, auf den er sein linkes Ohr wie beim aufmerksamen Zuhören richtet, kurz: ein scheinbar ungleiches Paar, das durch das ästhetische Arrangement des Künstlers in unlösbarer Verbundenheit einherschreitet. Diese Verbundenheit wird durch den Titel näher erläutert: Wie sagen wir's dem Volke? Der Hofnarr, eine traditionelle Figur, welche dem König einerseits zur Kurzweil dient, ihm die Bürde und Melancholie des Herrscheramtes erleichtert, welche aber auch in verbriefter ‚Narrenfreiheit' Herrschaftskritik äußern darf, erscheint im Bild wie im Bildtitel als gleichberechtigter Gesprächspartner, nicht nur als burleske Stimme, der Gehör zu schenken ist. Bewußt läßt der Bildtitel offen, *was* denn nun dem Volke zu sagen ist, allein der Modus, das *Wie,* steht zur Debatte. Damit verweist die Suggestivität des Bildes nicht mehr nur auf die Form der dem Volke zu überbringenden Verlautbarung, sondern auf die Trennung von Herrschenden und Beherrschten schlechthin – dem König, der sich völlig unüblicherweise mit seinem Narren über das Wie der Übermittlung verständigt, steht das im Bilde nicht erscheinende Volk gegenüber, das mit den königlichen Beschlüssen zu leben hat, unabhängig davon, wie diese zustande gekommen sind, und sei es mit Hilfe närrischer Ratschläge – politische Herrschaft als dialogische Narretei. Was bleibt, ist die Trennung, ist die Kluft zwischen Herrschenden und Beherrschten sowie die Unmündigkeit des Volkes, die aus der Uninformiertheit resultiert, welche Faktoren das Handeln des Monarchen beeinflussen und bestimmen.

2. Möglicher Verwendungszusammenhang

Das Bild ist sehr gut einzusetzen in einer Unterrichtseinheit, die die Hobbessche Naturzustands- und Staatstheorie thematisiert, ein gängiges Kapitel des Philosophieunterrichts.

Unabhängig davon, mit welcher Textauswahl des „Leviathan" (vgl. Textnachweis, S. 157) man im Unterricht arbeitet – die Schwerpunkte Naturzustand als Kriegszustand, Naturrecht, natürliche Gesetze, Vertragsschluß und Rechte und Pflichten des „Oberherrn" und der Bürger im Staat wird man auf jeden Fall berücksichtigen müssen, was konkret bedeutet, daß man mit Textauszügen der Kapitel 13, 14, 17, 18 und 21 arbeiten sollte.

Die Hobbessche Gedankenführung verbietet es, das Bild als Einstieg zu verwenden – da der Naturzustand keine soziale Differenzierung trifft und Hobbes in seiner Analyse nur den „Menschen" betrachtet, wäre es ein didaktischer Fehlgriff, die Graphik *vor* der Textarbeit zu behandeln und damit den Schülern einen unvorbelasteten Zugriff zu verstellen: Am sinnvollsten ist es, das Bild erst vor die Analyse der Kapitel 18ff. zu plazieren, in denen Hobbes die „höchste Gewalt" und speziell auch die Monarchie als Staatsform thematisiert.

Da Webers Graphik Hobbes' positive Bewertung der Monarchie konterkariert, bietet sie in Kursen, die wenig kritikfähig sind, einen wichtigen Impuls, der die staatsphilosophischen Konsequenzen, die Hobbes aus seiner Naturzustandstheorie zieht, indirekt in Frage stellt, präsentiert das Bild doch einen hilflos anmutenden Souverän, der sich für seine Herrschaft dort Rat sucht, wo man es am wenigsten erwartet. Damit verhindert das Bild eine allzu schnelle Zustimmung der Schüler zu Hobbes' Sicht des Monarchen, dessen Rechte ja solange unumschränkt sind, wie er die innere Sicherheit des von ihm regierten Staates gewährleistet.

Eine zweite Möglichkeit, die Graphik einzusetzen, besteht darin, daß man sie in Zusammenhang mit und als quasi bildliche Antithese zu dem Titelkupfer des „Leviathan" in der Erstausgabe von 1651 verwendet (vgl. Textnachweis S. 157). Da dieses Kupfer die Hobbessche Staatsphilosophie in nuce enthält, kann man es nutzen, um *im Anschluß an die Textarbeit* deren Ertrag noch einmal zu wiederholen und zu sichern. Sodann gibt man das Bild Webers ein, das einen Monarchen – im Unterschied zu dem zuvor analysierten Titelkupfer – beileibe nicht herrschaftlich, sondern ratlos zeigt, womit sich eine kritische Relativierung des Hobbesschen Ansatzes einleiten läßt.

Zusätzlich zu diesen zwei Möglichkeiten im Rahmen einer Hobbes-Reihe läßt sich das Bild noch für eine Sequenz zum Thema „Staatsformen" bzw. „Philosophische Begründungen von Staatsformen" verwenden. Hier bieten sich z. B. Demokratie, Diktatur, Sozialismus/Kommunismus, Anarchismus und auch Monarchie an, deren Analyse nach meiner Erfahrung allesamt von Schülern recht gern angenommen werden, zumal dieses Thema im Geschichtsunterricht häufig gestreift, aber selten (oder nie) in systematisierender Form behandelt wird.

Da Schüler der Sekundarstufe II oft psychologisch interessiert sind, sollte man dabei neben Texten, die die Monarchie als Staats*form* thematisieren, auch solche einbeziehen, die die *Person* des Monarchen, sein Verhältnis zum Volk oder zum Adel sowie seine Tugenden und Pflichten (im Sinne eines „Fürstenspiegels") zum Inhalt haben. Hierzu finden sich in den Anschlußtexten einige Beispiele.

Im Zusammenhang einer solchen Sequenz bildet die Graphik Webers gleichsam eine thematische Facette, die von der Sache her den Texten gleichgeordnet ist und einen Aspekt *anstelle* eines Textes verdeutlichen kann. Von daher ist es, arbeitet man mit den u. a. Anschlußtexten, didaktisch sinnvoll, zuerst den Hegeltext zur Monarchie als Staatsform zu besprechen, um dann mit dem Bild die Phase einzuleiten, in welcher mit Hilfe der übrigen Anschlußtexte verschiedene Aspekte monarchischer Existenz beleuchtet werden.

3. Umsetzung in die Unterrichtspraxis

Aufgrund der vorangegangenen Analyse der „Leviathan"-Auszüge (aus Kap. 13, 14, 17) sind die Schüler mit folgenden Grundzügen der Hobbesschen Staatstheorie vertraut: Die Ungeselligkeit der Menschen – das „homo homini lupus" – resultiert aus den von Hobbes zu anthropologischen Konstanten deklarierten Eigenschaften von Mitbewerbung (Rivalität), Verteidigung(-sstreben) und Ruhm(-sucht), die zum Krieg aller gegen alle – dem „bellum omnium contra omnes" – führen. Hieraus leiten sich das Naturrecht, daß alle ein Recht auf alles und alle haben, ab sowie das Naturrecht, daß Mittel und Wege der Selbstverteidigung in das Belieben jedes einzelnen gestellt sind. Gleichwohl vermittelt die Vernunft dem Menschen zwei natürliche Gesetze, die die Anstrebung von Frieden und die Einschränkung des Naturrechts auf alles und alle beinhalten (Kap. 14) und damit letztlich zum Entschluß eines wechselseitig begründeten Staatsvertrages führen, der in der gemeinsamen Anerkennung einer „höchsten Gewalt" (Kap. 17) kulminiert.

Diese theoretischen Ausführungen, die man durch ein realgeschichtliches Schüler- oder Lehrerreferat zur Cromwell-Zeit ergänzen sollte, bilden die sachlichen Voraussetzungen zur Präsentation des Bildes „Wie sagen wir's dem Volke?".
Dessen Projizierung als OHP-Folie setzt wesentlich auf seine o. a. suggestive Kraft: Das Bild wird zuerst *ohne Titel* präsentiert; der Lehrer gibt – wenn nötig – unter Verweis auf Hobbes' Befürwortung der monarchischen Staatsform nur den Hinweis, daß so ein „Oberherr" aussehen könnte, wie Hobbes ihn sich vorstellt, und fordert die Schüler auf, spontan ihre ersten Eindrücke zu verbalisieren. Diese Anweisung bezweckt zuerst einmal nur, die kritische Sicht des Graphikers als allgemeinen Horizont der Bildanalyse festzuhalten. In dieser Phase sind noch recht unreflektierte Äußerungen zur Szenerie und zur offensichtlichen Vertrautheit der beiden dargestellten Figuren zu erwarten.
Die anzuschließende Detailanalyse, die u. U. durch Impulse des Lehrers gestützt werden muß (z. B.: Achten Sie doch einmal auf die Szenerie/Körperhaltung/Perspektive der Darstellung!) muß dann jene Ergebnisse erbringen, die oben (vgl. „Hinweise zum Bild") dargestellt worden sind.
Erst wenn dies geleistet worden ist, gibt der Lehrer den Titel des Bildes bekannt und fragt nach dem Sinnakzent, den der Künstler damit vermutlich habe setzen wollen, womit sich der bisherige Diskussionsschwerpunkt der Schüler verschiebt: Schien es vorher um ein eher privates Verhältnis Monarch/Hofnarr zu gehen, geht es jetzt um das Verhältnis Herrscher/Beherrschte, wodurch die Perspektive auf politische Probleme jenseits der Darstellung gelenkt wird: Die Bekanntgabe des Titels sprengt die zuvor eingeschränkte Sicht der Schüler, die Graphik habe es nur mit einem eher privaten Gespräch zu tun – Monarch und Narr erscheinen damit plötzlich in einer völlig anderen Sicht. Und vor allem: Der Alleinherrscher (*Mon*-arch) erscheint auf einmal als jemand, der des Rates bedarf, da er als politisch exponierte *Einzel*person offensichtlich nicht weiterkommt: Wie sagen wir's dem Volke?
Eine Bündelung der Einzelbeiträge der Schüler, die gleichzeitig eine Lernzielkontrolle beinhaltet, erreicht man mit der abschließenden Frage: „Welche Probleme monarchischer Herrschaft versucht das Bild zu verdeutlichen?" Deren Beantwortung – Schüler bringen hier nach meiner Erfahrung vor allem das Verhältnis Herrscher/Beherrschte sowie das Problem der Einsamkeit des Alleinherrschers zur Sprache – kann dazu genutzt werden, um zur Analyse von Auszügen des Kapitels 18 des „Leviathan" überzuleiten, z. B. mit dem Hinweis: „Hobbes stellt die Position des Monarchen in dem Text dar, den ich Ihnen jetzt austeile!"

4. Anschlußtexte

Wie bereits oben angemerkt, stehen die hier vorgestellten Anschlußtexte nicht im Zusammenhang einer Sequenz zur Hobbesschen Staatstheorie, sondern einer Unterrichtsreihe, die im Rahmen einer Lerneinheit „Staatsformen" die Monarchie und speziell die Rolle des Monarchen als Regierungsperson thematisiert.
Die philosophische Begründung der (konstitutionellen) Monarchie läßt sich gut mit Hilfe von **Text 1** (vgl. Materialienbd., S. 37), eines Hegel-Textes, verdeutlichen.
Bei der Analyse ist vor allem darauf zu achten, daß Hegel die Monarchie geschichtlich legitimiert. Während die Griechen das Sich-Entschließen politischer Machtausübung an

Orakeldeutungen festmachten, verlangt die neuzeitliche Situation eine Verankerung staatlicher Machtausübung in der Subjektivität *einer* Person.

In idealisierter Weise stilisiert Hegel den Monarchen hoch zur subjektiven conditio sine qua non neuzeitlichen Regierens: Die parlamentarisch bereits vorformulierten Gesetze seien nur noch durch den subjektiven Willensakt des Monarchen zu bestätigen, womit Hegel einen der Staatsform der Monarchie unterstellten Subjektivismus abwehren zu können glaubt. Das subjektive Wollen des Monarchen konzentriert damit in sich jene Legitimierung von Machtausübung, die die antiken Griechen aus übersubjektiven Kräften glaubten ziehen zu können.

Ist es Hegel um eine staats- wie geschichtsphilosophische Begründung der Monarchie als Staats*form* zu tun, thematisieren die weiteren Anschlußtexte **Text 2, Text 3** und **Text 4** (vgl. Materialienbd., S. 38f.) Einzelprobleme monarchischer Staatsführung, bilden mithin keine feste Sequenz, so daß es auch möglich ist, unter ihnen auszuwählen; alle aber bieten eine inhaltliche Anknüpfung an die Graphik A. P. Webers.

Die Pointe von **Text 2** (vgl. Materialienbd., S. 38) liegt darin, daß ein Monarch zwar bereit *scheinen* muß, Ratschläge anderer anzunehmen, in letzter Konsequenz aber auf seinen eigenen Sachverstand und seine eigene Machtposition angewiesen bleibt – eine Konsequenz, die erst in den letzten Sätzen deutlich wird und unabhängig davon gültig ist, ob der Monarch „weise“ ist oder nicht. Die Folge von Macchiavellis negativem Menschenbild kann in beiden Fällen nur darin bestehen, daß der Monarch seine Entscheidungen in Form einsamer Machtentschlüsse trifft – die Anhörung von Ratgebern beschränkt sich im Grunde darauf, diese auszuhorchen, ob der Souverän in seiner Machtausübung bzw. -position möglicherweise gefährdet ist. Inwieweit bei der Textanalyse ein Bezug zu dem Bild Webers hergestellt werden kann, ist vom jeweiligen Kurs und der Unterrichtssituation abhängig. Ein Anschluß läßt sich in jedem Falle herstellen mit der Frage, was von einem Monarchen zu halten sei, der bei seinem Narren Rat einholt!

Text 3 (vgl. Materialienbd., S. 38f.) läßt sich in gewisser Weise als Konkretion des Bildtitels „Wie sagen wir's dem Volke?“ lesen: Auch wenn es nicht um das Volk als Kollektiv geht, wird doch das Problem monarchischer Willensäußerung thematisiert. Hierbei bietet der Text ein kasuistisches Beispiel weltmännischen Handelns, die Beschreibung eines Paradebeispiels monarchischer Diplomatie: Wie macht der Monarch einem Bittsteller eine Ablehnung seines Wunsches so schmackhaft, daß er nicht in Haß und Groll von dem Monarchen scheidet? Es ist ihm „ein wenig Hoffnung“ zu lassen und die Verweigerung der Bitte durch rhetorische Finessen so zu übertünchen, daß der Bittsteller sich zufriedengibt.

In der literarischen Tradition des Fürstenspiegels stehend, entwirft **Text 4** (vgl. Materialienbd., S. 39) das Idealbild eines aufgeklärt-absolutistischen Herrschers: Die „Denkungsart“ der Bürger habe frei zu sein, (religiöse) Toleranz ist oberste Pflicht von Monarch wie Untertan. Auf der Folie des Humanitätsgedankens des ausgehenden 18. Jahrhunderts fällt das berühmte Wort vom Monarchen als dem ersten Diener des Staates, was diesem jedoch nichts von seiner Regierungsgewalt nimmt: *Er* trägt die Verantwortung für den von ihm regierten Staat, doch ist diese definiert durch herrscherliche Tugenden, die gegenüber dem Volk eine größtmögliche Transparenz der Regierungsgeschäfte ermöglichen sollen.

Inwieweit die idealisierte Darstellung des Textes der historischen Realität entspricht, läßt sich im Unterricht z. B. durch ein Schülerreferat zu Friedrich dem Großen kritisch hinterfragen.

3.3.2 Der Trommler oder: Wozu führen Kriege?

Philosophische Teildisziplin: Staatsphilosophie
Thema: Legitimation und Konsequenzen des Krieges
Zeitaufwand: ca. 45 Minuten
Hilfsmittel: A. P. Weber, „Der Trommler" (OHP-Folie Nr. 1, vgl. Materialienbd., S. 40)
Anschlußtexte: C. v. Clausewitz, Vom Kriege (Auszug aus Buch 1, Kap. 2 und 4, vgl. Materialienbd., S. 41), I. Kant, Zum ewigen Frieden (Auszug, vgl. Materialienbd., S. 42f.), G. W. F. Hegel, Grundlinien der Philosophie des Rechts (§§ 324, 333, 334 in Auszügen, vgl. Materialienbd., S. 44)

1. Hinweise zum Bild

Der Betrachter des Bildes **OHP-Folie Nr. 1** (vgl. Materialienbd., S. 40) wird mit einer surrealistischen Szenerie konfrontiert: Er erblickt einen noch als menschlich zu identifizierenden Rumpf, an dessen oberem Ende der Kopf, an dessen unterem Ende die Beine fehlen und durch Prothesen ersetzt sind. Unbeschadet der Tatsache, daß diese anstelle der Füße rundliche Knäufe aufweisen, mit denen ein Marschieren im preußischen Stechschritt – dies scheint der soldateske Torso anzustreben, wären nicht auch seine Kniegelenke Prothesen – auf einem Seil schier unmöglich scheint, schreitet der Trommler einher über einen Abgrund, von dessen Beschaffenheit und Tiefe das Bild nichts zeigt als ein schraffiertes Grauschwarz.

Groß in die Bildmitte gerückt: die Trommel, versehen mit pyramidaler Ornamentur, verwachsen erscheinend mit dem Trommler, dessen rechtes Bein die eine Bilddiagonale, die die Trommel bildet, fortsetzt. Die andere Bilddiagonale: das linke Bein, das eben im Begriff ist, seinen Besitzer über eine schadhafte Stelle des Seils hinwegzutragen.

Der obere Teil des Rumpfes wird bestimmt von den mit Epauletten bedeckten, überdimensional breiten Schultern, deren ausladende Weite eine Verbindung zwischen Männlichkeit und Krieg suggeriert wie alle militärischen Uniformen. Darunter die geschwellte Brust, die den Trommelgurt ebenso trägt wie mehrere kleine und einen übergroßen sternförmigen Orden.

Die Trommelstöcke – unverzichtbare Attribute des Trommlers schlechthin – weisen dieselbe Form auf wie die Beinprothesen: ein weiterer ikonographischer Hinweis auf die antimilitaristische Intention des Graphikers. Der fehlende Kopf schließlich: überdeutliches Indiz sowohl dafür, daß jeder Krieg anonyme Werkzeuge braucht wie eben diesen Trommler, als auch dafür, daß Krieg zur tödlichen Beschädigung jener führt, die als seine Handlanger eingesetzt werden.

Unbestimmbar wie die Identität des Trommlers bleibt auch das Ziel, auf das er hinschreitet: Der Zeichengeber soldatischen Marschierens, selber marschierend auf einem Seil, das nicht er gespannt hat, geht auf ein Ziel zu, das der Betrachter nicht kennt und der Trommler selbst nicht wahrzunehmen in der Lage ist – nur der namenlose Abgrund unter ihm deutet verhalten an, daß jedes militärische Tun nichts anderes als einen wagemutigen Hochseilakt darstellt, denn werden auch die dem Trommler folgenden Soldaten das schadhafte Seil noch sicher überqueren?

2. Möglicher Verwendungszusammenhang

Webers Bild läßt sich prinzipiell in jeder Unterrichtsreihe einsetzen, die das Problem Krieg und Frieden thematisiert, doch sollte bei der Verwendung nicht unhistorisch verfahren werden, ist doch die Entstehungszeit des Bildes (1951) nicht abzulösen von der Erfahrung des Zweiten Weltkrieges und mithin von der geschichtlichen Tatsache, daß der moderne Krieg die Zivilbevölkerung eines Staates aufgrund der gewandelten Waffentechnologie in ganz anderem Maße in Mitleidenschaft zieht, als dies in früheren Jahrhunderten der Fall war.

Infolgedessen ist es didaktisch sinnvoll, das Bild „Der Trommler“ nicht als *Einstieg* für eine Unterrichtssequenz zum o. a. Thema zu verwenden, sondern als *Impuls zur Problematisierung,* also als Auslöser für ein freies Problemgespräch *nach* der Textlektüre.

Letztere ist am besten philosophiegeschichtlich anzulegen: Man beginnt mit dem provozierenden Fragment Heraklits: „Krieg ist aller Dinge Vater, aller Dinge König. Die einen erweist er als Götter, die anderen als Menschen, die einen macht er zu Sklaven, die anderen zu Freien.“ (Heraklit, Fragment 53, Übersetzung Diels/Kranz.) Dann gibt man einen Auszug aus Augustins „Gottesstaat“ ein, in dem dieser den Frieden zum Zweck eines jeden Krieges erklärt (A. Augustinus, De civitate Dei, XIX, 7; XV, 5). Und schließlich bespricht man jene Passagen aus Thomas v. Aquins „Summa“, in denen dieser seine Theorie vom gerechten Krieg (bellum iustum) erläutert (Thomas v. Aquin, Summa theologica II/II q. 40, a.1).

Kann man aus Zeitgründen oder aufgrund der Interessenlage des Kurses nicht mit diesen drei Texten einsetzen, beginne man – hier allerdings unter Verletzung der Chronologie – mit einem Auszug aus Clausewitz' Schrift „Vom Kriege“, der eine Definition des Krieges zu geben versucht (C. v. Clausewitz, Vom Kriege), und ergänze diese durch seine zum geflügelten Wort gewordene Sentenz: „Der Krieg ist eine bloße Fortsetzung der Politik mit anderen Mitteln“ (vgl. Anschlußtext 1).

Hieran läßt sich gut ein Auszug aus Kants Abhandlung „Zum ewigen Frieden“ (vgl. Anschlußtext 2) anschließen, wobei man didaktisch geschickt auswählen muß, um die Schüler nicht (völker-)rechtlich zu überfordern. Als Replik auf Kant kann man dann die Textarbeit mit Hegel schließen (vgl. Anschlußtext 3), der implizit auf Heraklit zurückgreift und explizit die kantische Position angreift.

Erst hierauf sollte man als Impuls das Bild „Der Trommler“ projizieren – zum einen steht es der durch die atomare Bedrohung noch gesteigerten Ablehnung des modernen Vernichtungskrieges nahe, zum anderen bringt es jene Auswirkungen des Krieges auf das Individuum ins Bewußtsein, welche Hegel angesichts der „ernsten Wiederholungen der Geschichte“ bewußt vernachlässigt: Mag auch der „Weltgeist“ Kriege als seine Objektivationen in der Geschichte benötigen, um zum „absoluten Geist" werden zu können, so sind es doch stets die Individuen, die durch die Auswirkungen des Krieges zum Leiden verurteilt sind – genau dieser antimilitaristische Aspekt aber wird durch das Bild Webers ästhetisch eingeklagt.

Der Einsatz des Bildes setzt also eine philosophiegeschichtlich angelegte Unterrichtssequenz voraus, die entweder einen Querschnitt repräsentativer Positionen von der Antike bis ins 19. Jahrhundert gibt oder erst in der Neuzeit einsetzt. In beiden Fällen aber eröffnet das Bild eine Perspektive, die die Schüler den Krieg von seinen Auswirkungen auf den je einzelnen Menschen her prinzipiell hinterfragen läßt.

3. Umsetzung in die Unterrichtspraxis

In Kursen, die mit diesem methodischen Verfahren vertraut sind, wird man das Bild als stummen Impuls eingeben, also ohne jeglichen Lehrerkommentar projizieren können. Sollte dieses nicht der Fall sein, ist es sicher besser, gleich mit einer Lehrerfrage anzufangen, anstatt diese dann – nach einer Weile betretenen Schweigens – schließlich doch zu stellen, etwa: „Welche Empfindungen löst das Bild bei Ihnen aus?" (Einbeziehung der im Philosophieunterricht selten genutzten emotionalen Dimension) oder: „Welches Problem versucht der Künstler hier darzustellen?"

Ob man eher auf der emotionalen Ebene (Frage 1) oder der analytischen Ebene (Frage 2) ansetzt, hängt natürlich vom vorangegangenen Unterrichtsgeschehen ab: Ist die vorherige Textanalyse rein erarbeitend gewesen, sollte man sich nicht scheuen, mit Frage 1 einen emotionalen Einstieg zu suchen; hat sich zuvor bereits eine Diskussion ergeben – hierzu reizt namentlich der Hegel-Text –, ist es sinnvoller, analytisch zu arbeiten (Frage 2), um nicht im vagen Ungefähr ungefilterter Statements steckenzubleiben.

Nachdem durch eine erste Nennung des Problems ein hermeneutischer Rahmen geschaffen ist, geht man, ähnlich wie bei Unterrichtsidee 3.3.1, zur Detailanalyse über, bei der jene sachlichen Schwerpunkte herauszuarbeiten sind, die im Abschnitt „Hinweise zum Bild" erörtert worden sind.

Deren Zusammenfassung leitet man dann mit der Frage ein: „Welche Gründe haben nach Ihrer Meinung den Künstler veranlaßt, dieses Bild zu verfertigen?" Als Schülerantworten sind hier z. B. zu erwarten: Erfahrungen des Zweiten Weltkrieges, ‚Blindheit'/ Werkzeugfunktion des Militärs, Leiden und Tod von Individuen (Soldaten wie Zivilisten), allgemeine Warnung vor dem Krieg als Mittel der gewaltsamen an Stelle einer politischen Auseinandersetzung.

Aufbauend auf der indirekt pazifistischen Bildintention, kommt man dann zu einer kritischen Würdigung der zuvor analysierten Texte, indem man nach Aspekten des Krieges fragt, die in Webers Bild, nicht aber in den Texten thematisiert werden. Hier muß vor allem auf zwei Problemkreise abgehoben werden: Clausewitz' Definition des Krieges als eines „erweiterten Zweikampfes" mag gut preußischer Soldatentradition und -ehre entspringen, ist aber angesichts moderner Massenvernichtungswaffen geschichtlich obsolet. Im Bild zeigt sich dies u. a. in der Vereinzelung des (kriegs-)beschädigten Trommlers, der mit der Wagemutigkeit seines Seilaktes schon genug zu tun hat – eine ins Makaber-Groteske gesteigerte Figur als Taktgeber für einen bevorstehenden erweiterten Zweikampf?

Ein zweiter Problemkreis: Der Hegelschen Auffassung vom Krieg als geschichtlicher Notwendigkeit steht das durch den Krieg verstümmelte Individuum gegenüber, dessen persönliches Leiden und Sterben sich heute nicht mehr durch einen Verweis auf den „Ernst" der Geschichte legitimieren läßt – ist der „Weltgeist" nicht mehr inneres Movens der Geschichte und kann sich das Einzelsubjekt nicht mehr als dessen „Geschaftsträger" (Hegel) verstehen, entfällt auch die Möglichkeit, subjektives Leid mit einer objektiven Sinnhaftigkeit rechtfertigen zu können.

4. Anschlußtexte

Nur der Einheitlichkeit des Buches wegen erscheinen die folgenden Auszüge unter dem Titel „Anschlußtexte"; wie schon oben erwähnt, sind sie jedoch *vor* der Projektion des Bildes zu analysieren.

Unabhängig davon, ob man zuvor die o. a. Texte Heraklits, Augustins und Thomas v. Aquins analysiert hat, ist es didaktisch sinnvoll, Clausewitz' Auffassung des Krieges (**Text 1,** vgl. Materialienbd., S. 41) der kantischen Theorie des ewigen Friedens (**Text 2,** vgl. Materialienbd., S. 42f.) voranzustellen, auch wenn dies die Chronologie der Unterrichtsreihe verletzt, gibt er doch eine Definition, die meines Wissens noch heute fester Bestandteil der Offiziersausbildung z. B. des Pentagon ist.

Die Zentren von **Text 1** (vgl. Materialienbd., S. 41) beinhalten, wie bereits die Überschrift andeutet, zwei Aspekte: Der Krieg ist ein „erweiterter Zweikampf" (Definition) mit dem Ziel, den Feind wehrlos zu machen. Inwieweit die Definition Clausewitz' angesichts der veränderten Situation, die die Technologie moderner Massenvernichtungswaffen mit sich bringt, noch sachgerecht ist, sollte erst in der Phase der Textkritik thematisiert werden; bei der Analyse ist vor allem zu betonen, daß der Krieg einen „Akt der Gewalt" darstellt, der sich der „Erfindungen der Künste und Wissenschaften" bedient, vor allem aber, daß völkerrechtliche Überlegungen den Krieg „kaum nennenswert" (!) beschränken: Strategische Reflexionen haben nicht unter der möglichen Einschränkung moralischer Skrupel, sondern nur im Hinblick auf militärische Effizienz zu stehen – die angestrebte „Wehrlosigkeit" des Gegners setzt jede wie immer geartete ethische Theorie per se außer Kraft.

Ähnlich der Kriegszweck: Ist der Staat wesentlich ein Machtgebilde, das einem wie auch immer konstituierten politischen Willen Ausdruck verleiht, so stehen außenpolitische Konflikte nicht unter moralischem, sondern militärischem Kalkül, und der Zweck des Krieges, den Gegner zur „Erfüllung unseres Willens" zu zwingen, kann dann bestenfalls utilitaristisch gerechtfertigt werden.

Gibt man das oben erwähnte Zitat, der Krieg sei nichts anderes als eine „Fortsetzung der Politik mit anderen Mitteln", an geeigneter Stelle ein, kann man unter Berücksichtigung der Tatsache, daß Clausewitz zwischen „Ziel" und „Zweck" des Krieges differenziert, ein Tafelbild erstellen, das gut verdeutlicht, daß der Krieg für den Autor tatsächlich ein Mittel ist, das als nicht-politisches die Außenpolitik eines Staates fortsetzt, wenn diplomatische Bemühungen, anderen Staaten „unseren Willen aufzudringen", gescheitert sind:

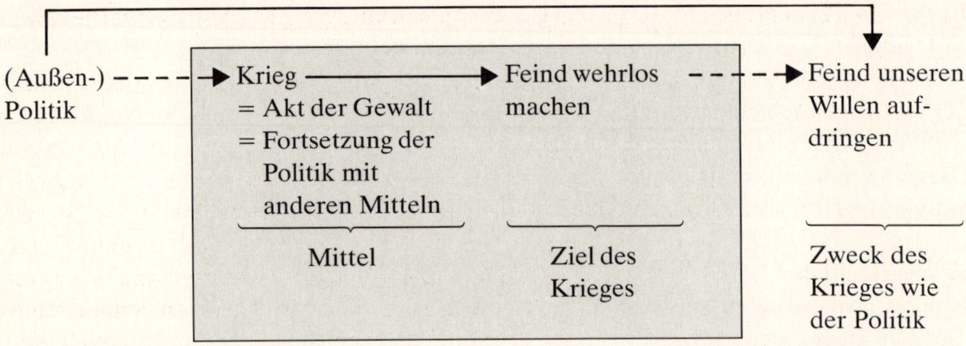

Schwierigkeiten beim Textverständnis von **Text 2** (vgl. Materialienbd., S. 42) ergeben sich im wesentlichen aus der Fülle heute nicht mehr gebräuchlicher Wörter und Fremdwörter. Infolgedessen verzichte ich an dieser Stelle auf methodische und didaktische Hinweise und beschränke mich darauf, eine Liste der den Schülern meist unbekannten Begriffe anzugeben, welche vor der häuslichen Textvorbereitung vervielfältigt werden kann:

Erklärung der im Kant-Text vorkommenden Fremdwörter

Präliminarartikel:	einleitender (Gesetzes-)Artikel
Hostilität:	Feindseligkeit
Pleonasmus:	überflüssige Häufung sinngleicher oder sinnähnlicher Ausdrücke
paziszieren:	einen Vertrag schließen bzw. einen Vergleich mit anderen eingehen (Rechtswiss.)
Patrimonium:	väterliches Erbgut
disponieren:	verfügen
Anarchie:	(hier wörtlich:) Gesetzlosigkeit
Autonomie:	(hier:) Recht eines Staates, ein eigenes verbindliches System von Gesetzen zu schaffen
Stratagem:	Kriegslist

Ohne Hegel philosophisch Unrecht zu tun, ist **Text 3** (vgl. Materialienbd., S. 44) sicher nur dann sachgerecht zu analysieren, wenn man einbezieht, daß im Rahmen der Selbstentäußerung und des Durchgangs des Geistes durch die Geschichte die Negation wesentliches Moment seiner Selbstentfaltung ist, ein Philosophem, dessen Komplexität in der Schule schlechthin nicht zu bewältigen ist.

So wird man sich bei der Textanalyse auf zwei Grundgedanken beschränken müssen, die – gerade weil den Schülern der Begründungsrahmen des Hegelschen Systems fehlt – sehr provozieren und fruchtbare Diskurse initiieren können.

1. Die „Verknöcherung“ der Menschen im Frieden fordert gleichsam naturnotwendig Kriege.
2. Der von Kant als Garant des Friedens vorgeschlagene Staatenbund setzt eine Einigkeit voraus, welche de facto nicht gegeben ist.

Um den letzten Gedanken adäquat zu verstehen, ist es sinnvoll, den Hegel-Text der Unterrichtsidee 3.3.1 heranzuziehen oder auf ihn zurückzugreifen, wenn man ihn schon verwendet hat: Hegels Staatsbegriff, der Staat sei ein „Individuum“, basiert wesentlich auf dem individuellen „Ich will“ des Monarchen, und unter dieser Voraussetzung fällt es erheblich leichter, einen „Streit der Staaten“ anzunehmen als z. B. bei einem Staatenbund demokratischer Staaten.
Darüber hinaus thematisiert der Textauszug Nebenaspekte, die unverändert aktuell sind, so z. B., daß jeder Krieg zu „Ruhe im Innern“ führt, die Illusion der Menschen, in einem Krieg persönlich keine Verluste erleiden zu müssen („ich werde doch das Meinige behalten“) oder die scheinbare Notwendigkeit, Feindbilder zu entwerfen („einen Gegensatz kreieren und einen Feind erzeugen“).

4. Zweites Hauptstück: Philosophieren auf der Basis eines Folienatlasses

In vielen Schulfächern – namentlich in Erdkunde und Religion – wird mit Folienatlanten gearbeitet, also nicht einzelnen OHP-Folien (diese sind ja inzwischen fester Bestandteil fast jedes Faches), sondern Sätzen, die in Form von Grund- und Deckfolien systematisch aufgebaut sind.
Einen Folienatlas für ein Fach zu entwerfen, das von seinem Wesen her eher a-medial ist, da auf die „Arbeit des Begriffs" (Hegel) angewiesen, mag daher leicht dem Verdacht ausgesetzt sein, hier werde Sandkastenphilosophie betrieben, eine Spielerei mit bunten Bildchen, die aber vom „Eigentlichen" der Philosophie ablenke.
Daß jedoch auch neue und ungewohnte Wege zum Ziele führen, ist fast schon zu trivial, um erwähnt zu werden. Die Arbeit mit einem Folienatlas Philosophie ist ein solcher Weg, den es sich nach meiner Unterrichtserfahrung zu beschreiten lohnt. (Dieser und einige andere neue Wege werden erläutert in meinem Aufsatz: Erfahrungen mit einem Philosophie-Fachraum, S. 40–46.) Da er in der Philosophiedidaktik meines Wissens bisher noch nicht gegangen worden ist, bitte ich den Leser schon hier um Nachsicht, wenn es sich auf diesem Weg noch nicht so bequem geht wie auf ausgetretenen Pfaden: das Ganze ist ein erster Versuch (vgl. Materialienbd., S. 46–51).

4.1 Didaktische Zielsetzung: Warum ist es zweckmäßig, einen Folienatlas zu verwenden?

Zum einen gilt hier – genau wie für Tafelbilder in Form von Strukturskizzen – die alltägliche Unterrichtserfahrung, daß auch in einem Fach, das wie die Philosophie das reine Denken beansprucht, auf Anschaulichkeit und Veranschaulichung nicht verzichtet werden kann, soll das abstrakt Gedachte für die Schüler nicht papierene Wahrheit bleiben.
Dieses didaktische Prinzip gilt um so mehr in Bundesländern, die – wie z. B. NRW – Philosophie in irgendeiner Bindung als Wahlpflichtfach vorsehen: Ein Schüler, der, aus welchen Gründen auch immer, Philosophie wählen *muß,* wird oft wenig bereit sein, die Anstrengung des Begriffs auf sich zu nehmen, wenn ihm das Begreifen nicht durch ein Be-Greifen erleichtert wird.
Vor allem aber ist Anschaulichkeit geboten angesichts einer Tendenz, die seit einigen Jahren immer deutlicher hervortritt: Offensichtlich wachsen allmählich Schülergenerationen heran, die viel stärker auf das Optische fixiert sind als diejenigen vergangener Jahre. Diese Tendenz, die durch den gewachsenen Einfluß von Massenmedien wie Fernsehen und Illustrierte wenn nicht verursacht, so doch zumindest verstärkt wird, kann man – gerade als Philosophielehrer – zu Recht beklagen, verstellt sie doch zunehmend jene Reflexivität, auf die Philosophieunterricht angewiesen ist, wenn er sich nicht seines An-

spruchs begeben will. Dieser Tendenz jedoch dadurch begegnen zu wollen, daß man als Lehrer den Philosophieunterricht zur Enklave des Wortes (v-)erklärt und Text an Text reiht, griffe sicherlich zu kurz. Wenn es ein didaktisches Prinzip ist, Schüler – salopp gesprochen – dort abzuholen, wo sie stehen, läßt sich vermutlich eine behutsame Visualisierung auch des Philosophieunterrichts auf lange Sicht nicht umgehen. Ex cathedra gesprochen: Wenn ich meine rein textorientierten Kant-Vorbereitungen z. B. des Jahres 1978 hervorsuche, muß ich feststellen, daß der Unterricht, den ich vor fast anderthalb Jahrzehnten gehalten habe, heute so nicht mehr möglich wäre, und das Gespräch mit Fachkollegen zeigt, daß es nicht nur mir so ergeht. Hat ein Schüler jedoch die Möglichkeit, kantische Erkenntnistheorie als Strukturskizze innerhalb eines ihm bereits bekannten Modells präsentiert zu bekommen, ist diese Form der Veranschaulichung nicht bloß methodisches Vehikel, sondern nutzt geradezu die o. a. Fixierung von Schülern auf das Optische, und so lernen sie vielleicht nicht – wie vielerorts geklagt – *weniger* als die frühere Schüler- oder gar die sie unterrichtende Lehrergeneration, sondern nur *anders*.
Die bisherigen Überlegungen treffen mit Abstrichen auch auf Tafelskizzen oder Einzelfolien zu; worin liegt also die spezifische didaktische Funktion eines Folienatlasses? Indem er im Unterricht erarbeitete philosophische Grundstrukturen (z. B. die Beziehung Ich/Handlung, die Beziehung Ich/Gewissen oder Ich/etwas) in den Rahmen eines Modells aufnimmt, das in seiner Anlage unverändert bleibt – und zwar über Kursthemen und Schuljahre hinweg –, trifft er eine Systematisierung, die die Sache der Philosophie auch für intellektuell schwächere Schüler griffig macht. Konkret: In fast allen Bundesländern ist der Philosophieunterricht nach Teildisziplinen geordnet, so daß Anthropologie, Ethik etc. in unterschiedlichen Halbjahreskursen behandelt werden. Dies führt bei Schülern oft zu einem fatalen ‚Schubkastendenken', wird ihnen doch in einem Halbjahr der Mensch als ‚Mensch', in einem zweiten als handelndes, in einem dritten als erkennendes Wesen usw. vorgestellt. Damit sich diese aus fachlicher und unterrichtsorganisatorischer Sicht gerechtfertigte Trennung und isolierte Perspektive nicht verfestigt, kann mit Hilfe des Folienatlasses z. B. verdeutlicht werden, wie sehr Erkennen und Handeln aus der einen Identität des „zugrundeliegenden" Subjekts hervorgehen, auch wenn Erkennen und Handeln qualitativ unterschiedliche Akte darstellen.
Diesem Prinzip der Systematisierung dienen auch Folien zu einzelnen Philosophen: Indem z. B. zentrale Größen der kantischen Erkenntnistheorie oder der Psychoanalyse Freuds – erst für diese beiden habe ich bisher veröffentlichungsreife Folien ausgearbeitet – in das feststehende Grundmodell eingefügt werden, fällt es Schülern leichter, das Spezifische einer bestimmten philosophischen Theorie oder Position zu erkennen.

4.2 Fachwissenschaftlicher Hintergrund: Auf welchen philosophischen Ansätzen beruht der Folienatlas?

Warum soll es nicht unumwunden zugegeben werden: Im Grunde ist das dem Folienatlas zugrundegelegte Modell Ergebnis eines für Unterrichtszwecke geübten Eklektizismus, Produkt fachwissenschaftlicher Reduktion aus didaktischer Zielsetzung: Die Transzen-

dentalphilosophie und Phänomenologie haben Pate gestanden, aber auch Aristoteles und zumal Descartes.
Zentrales Moment ist das in allen Folien auftauchende Ich, das als Zentrum aller bewußten Akte des Subjekts verstanden wird, seien diese nun auf theoretische oder praktische Entäußerung angelegt: Einerseits ist das Ich dasjenige, was – im transzendentalen Sinne – in uns denkt, seien diese Denkvollzüge nun als Reflexion auf ein äußeres Objekt, als Metareflexion auf einen zuvor vollzogenen Denkakt oder als Selbstreflexion auf das Ich gerichtet. Andererseits ist dieses Ich auch Initiator ethischer Praxis, Verursacher von Handlungen, die auf eine Wirkung in der Welt abzielen, also auf die Wirklichkeit, die jenseits der Subjektivität von der Gesamtheit wahrnehmbarer Objekte gebildet wird. Hierzu ist die unbelebte Natur ebenso zu zählen wie die belebte, also auch andere Subjekte, insofern sie dem Ich lediglich als etwas außer ihm Befindliches gegenüberstehen, mithin objektiviert werden.
Hierbei wird stillschweigend vorausgesetzt, daß der Solipsismus – die Annahme, alle Erfahrungen des Ichs seien lediglich Produktion seiner Sinnesorgane – als ernstzunehmende philosophische Position auszuschließen ist.

Des weiteren ist die im Folienatlas durch eine gestrichelte Linie angedeutete Trennung von Ich und Welt nicht zu verstehen als Subjekt/Objekt-*Spaltung,* sondern als notwendige Relation, aufbauend auf der kantischen Grundeinsicht, daß zwar alle unsere Erkenntnis mit der Erfahrung anfange, aber nicht alle aus ihr entspringe, ist doch das Ich als Vermögen, etwas zu erkennen, darauf angewiesen, seine Fähigkeit an Objekten der Außenwelt auszubilden. Mithin enthält die so verstandene Subjekt/Objekt-*Relation* ein wechselseitiges Aufeinanderangewiesensein, allerdings unter Priorität des Subjekts – das Objekt ist nur Objekt, sofern es von einem Subjekt als solches aufgefaßt wird, das Subjekt benötigt das Objekt, um sich selbst als Subjekt erfahren zu können.
Diese formale Struktur macht es möglich, ein breites Spektrum von philosophischen Ansätzen im Rahmen des Modells erfassen zu können, was für Schüler eine wichtige Lernhilfe darstellt: Das weite Feld philosophischer Theorien wird für sie überschaubarer, weil sie sich einordnen lassen in einen Rahmen, der inhaltlich variiert und differenziert wird, aber in seinen Grundbegriffen und -relationen erhalten bleibt.

4.3 Methodische Hinweise: Wie kann mit den einzelnen Folien gearbeitet werden?

Fertige Folien haben gegenüber Tafelbildern den Nachteil, daß man sie – will man sie nicht durch eigene Eintragungen von Lehrerhand ergänzen – nicht ‚entstehen' lassen kann als allmählichen Niederschlag eines Unterrichtsgesprächs. Andererseits: Folien ‚in der Tasche' zu haben, gibt zumindest dem Kollegen Sicherheit, der sich – aus welchen Gründen auch immer – mit Tafelbildern schwertut, und auf Schüler wirken sie allemal verbindlicher, weil ihr visueller Anreiz größer ist. Nicht zuletzt: Die bei aufwendigeren

Tafelbildern nicht geringe Zeit für das Anschreiben entfällt ebenso wie die für das Abschreiben durch die Schüler, da sich Folien problemlos vervielfältigen lassen.
Diese Überlegungen sollen jedoch keinem Technik-Fetischismus das Wort reden, denn durch Folien und OH-Projektor werden Tafel und Kreide keinesfalls überflüssig gemacht. Doch lohnt es, diese technischen Möglichkeiten zu nutzen, wenn es um Projektionen geht, die – wie der Folienatlas – häufiger oder kontinuierlich verwendet werden; eine Folie für jedes x-beliebige, einmalig eingesetzte Tafelbild zu erstellen, wäre schlicht sinnlose Verschwendung von Steuergeldern.
Können, wie oben angemerkt, fertige Folien ein Unterrichtsgespräch nicht im Entwicklungsprozeß begleiten, so legt dies die didaktische und methodische Funktion eines Folienatlasses Philosophie deutlich fest: Entweder können die einzelnen Folien einer erarbeitenden oder problematisierenden Unterrichtsphase vorangestellt werden, woraus sich ein wesentlich deduktives Vorgehen ergibt, oder sie können als veranschaulichende Zusammenfassung am Ende einer solchen Phase Verwendung finden, womit sie optisch das bündeln, was zuvor im Gespräch in einem zeitlichen Nacheinander erörtert worden ist.

4.3.1 Die Grundfolie

Bereits bei der Anlage der **Grundfolie** (vgl. Materialienbd., S. 46) wird ein Prinzip des Atlasses deutlich: die etymologische Aufarbeitung philosophischer Fachtermini, wobei z. B. „Subjekt“ auf das lateinische „sub-iectum“ und „Objekt“ auf „ob-iectum“ zurückgeführt werden. Dieses ‚Wörtlich‘-Nehmen hat den Vorteil, daß Schüler Fachtermini nicht einfach auswendiglernen, sondern besser verstehen, indem sie lernen, warum z. B. das Subjekt von Erkenntnis- und Handlungsprozessen zu seinem Namen gekommen ist – als das „Zugrundeliegende“ einer Relation, welches aufgrund seines Überschusses an Bewußtsein, seiner Reflexivität, in der Lage ist, außer ihm Befindliches zu seinem Gegenstand zu machen, indem es sich auf diesen richtet. Damit wird die Fülle der in der Welt befindlichen Gegenstände ihrer Gleich-Gültigkeit enthoben, das Objekt wird als das dem Subjekt „Entgegenstehende“ Bestandteil einer Beziehung.
Hierbei nehmen die in Klammern stehenden Begriffe (Ich, Individuum, Person sowie Welt, Wirklichkeit) Termini auf, die vom Wort oder von der Sache her in verschiedenen Philosophien verwendet werden: „Ich“ etwa findet sich (nicht nur) bei Kant, „Individuum“ bei Descartes, und zwar in der ursprünglichen Wortbedeutung: das In-dividuum als das Un-teilbare (Meditationes VI, 19), „Person“ bei Schiller (11. Ästhetischer Brief) etc.
Da die Grundfolie nur den Rahmen für das Modell darstellt, versteht es sich natürlich von selbst, daß sie im Unterricht nicht alleine verwendet werden soll; sie veranschaulicht lediglich eine Grundstruktur, die durch die aufzulegenden Deckfolien spezifiziert und differenziert wird: das Verhältnis Ich/Welt.

4.3.2 Deckfolie 1 (Reflexion/Selbstreflexion)

Die **Deckfolie 1** (vgl. Materialienbd., S. 47) ist als Begleitmaterial für einen Erkenntnistheoriekurs gedacht, kann aber auch in einem Einführungskurs verwendet werden, wenn man bestrebt ist, den Schülern gleich zu Beginn des Philosophieunterrichts einige wichtige Fachbegriffe zu vermitteln. Hierbei läßt sie sich z. B. im Zusammenhang mit den Unterrichtsideen 1.1 und 1.4 (Problem der Reflexion als Subjekt/Objekt-Beziehung) oder im Zusammenhang mit Unterrichtsidee 1.5 (Problem der Selbstreflexion des Subjekts) verwenden.
Wie bei der Grundfolie (vgl. Materialienbd., S. 46) werden auch hier wieder Einzelbegriffe in ihrem Bedeutungsgehalt näher erläutert: Das deutsche Wort „etwas" entspricht genau dem englischen „something", welches, mit Bindestrich geschrieben („some--thing"), darauf verweist, daß es sich um irgendein beliebiges Ding handelt. Diese didaktisch motivierte Übersetzung verdeutlicht den Schülern gut, daß das erkennende Subjekt in der Lage ist, sich auf jeden Gegenstand außerhalb seiner selbst richten zu können, und damit erneut unter Beweis stellt, daß es das „Zugrundeliegende" dieser Relation ist.
Ähnlich der Begriff der „Reflexion": Wie z. B. in der Anschauungsübung der Unterrichtsidee 1.1 sinnfällig präsentiert, benötigt das Subjekt einen gewissen Abstand, um ein Objekt als solches erkennen zu können, es muß sich also „zurückbeugen", will es nicht in der Mannigfaltigkeit unmittelbarer Eindrücke versinken.
Komplizierter ist der philosophische Sachverhalt der Selbstreflexion zu vermitteln, der hier deswegen auf der Folie erscheint, da so den Schülern leichter begreifbar wird, daß das Denken eines äußeren Objektes und das Denken seiner selbst zwar unterschiedliche, aber dennoch Leistungen ein und desselben Ichs sind. Da man beide Aspekte im Unterricht nacheinander einführen wird, ist es sinnvoll, bei der Projektion zuerst den oberen Teil der Folie mit den Begriffen „mich" und „Selbstreflexion" abzudecken.
Um das Phänomen der Selbstreflexion zu veranschaulichen, kann neben den Anschlußtexten der Unterrichtsidee 1.5 folgende kleine Anekdote hilfreich sein, die als Lehrererzählung zu präsentieren ist:
Als ich vor einigen Jahren im Deutschunterricht einer 5. Klasse die Satzteile Subjekt und Objekt einführte, stieß einer der Schüler anläßlich der von Klassenkameraden vorgetragenen Beispielsätze auf folgendes (sprach-)philosophisches Problem: Die Subjekt/Objekt-Beziehung im grammatikalischen Sinne war ihm solange klar, wie es sich um verschiedene Personen handelte wie z. B. in den Sätzen: „Die Mutter wäscht das Kind" oder: „Die Mutter wäscht mich." Was aber, so der kleine Pfiffikus, wenn ich selbst die Handlung ausführe? Wäre der Satz „Ich wasche mich" dann nicht ‚falsch', müßte es nicht eigentlich „Ich wasche ich" heißen? Fast erschrocken über diesen Gedanken bemerkte er, dann müsse er ja gleichzeitig Subjekt *und* Objekt der Handlung sein, was ihn zu Recht außerordentlich verwunderte.
Diese Anekdote, die man im Philosophieunterricht analog auf das Problem der Selbstreflexion übertragen kann, ist nach meiner Erfahrung hervorragend geeignet, Schülern diesen Sachverhalt nahezubringen.

Die weiteren Elemente der Folie (das Erkennende, das zu Erkennende/das Erkannte) lassen sich zwanglos aus der Ich/Etwas-Beziehung ableiten: Das Erkennende ist der aktive Teil, der sich auf ein zu Erkennendes richtet, was durch das Be-greifen zu einem Erkannten wird – die Doppelformulierung „das zu Erkennende/das Erkannte" nimmt also das Zeitmoment des Erkenntnisaktes graphisch auf.

4.3.3 Deckfolie 2 (Metareflexion)

Um die Deckfolie 1 (vgl. Materialienbd., S. 47) nicht unnötig zu komplizieren, wurde der Aspekt der Metareflexion in sie nicht aufgenommen, was sich zudem aber auch sachlich rechtfertigen läßt: Zwar gehört dieser Aspekt zweifelsohne zur Teildisziplin Erkenntnistheorie, setzt aber ein höheres Abstraktionsniveau voraus als das Denken von etwas und kann zudem auch gut für einen Sprachphilosophiekurs verwendet werden, wenn klargemacht werden soll, daß es dem Subjekt möglich ist, mit Hilfe metasprachlicher Akte zuvor vollzogene Sprachakte zu thematisieren.
Den Schülern muß bei Verwendung der **Deckfolie 2** (vgl. Materialienbd., S. 48) vor allem deutlich werden, daß es sich bei der Reflexion eines Objektes und der Metareflexion auf die Reflexion um zwei getrennte Denkakte in einem zeitlichen Nacheinander handelt: Ein bereits getätigter Denkakt wird einer Reflexion unterzogen, die den Umfang, die Bedingungen und die inhaltlichen Bestimmungen dieses Denkaktes zu analysieren trachtet.
Hierzu lassen sich leicht Beispiele aus der Alltagspraxis finden. Das Urteil „Das Auto ist rot" etwa kann als Produkt gegenständlicher Reflexion aufgefaßt werden, die Überlegung aber, wie das erkennende Subjekt zu diesem Urteil gekommen ist, gehört bereits der Ebene der Metareflexion an. Eine fachterminologische Ergänzung läßt sich hier anfügen, wenn man die in den beiden unterschiedlichen Reflexionsformen gewonnenen Erkenntnisse mit den in der Philosophie nicht ungebräuchlichen Begriffen „Gegenstandswissen" und „Reflexionswissen" belegt.
In Analogie zu den Termini Reflexion/Metareflexion lassen sich, verwendet man die Folie in einem Sprachphilosophiekurs, auch die Begriffe „Objektsprache" und „Metasprache" einführen: die Objektsprache als Sprache, in der über Gegenstände gesprochen wird, die Metasprache als Sprache, in der über die Objektsprache oder einzelne Sprechakte der Objektsprache gesprochen wird. (Zu der transzendentalphilosophischen Problematik von Objekt- und Metasprache vgl. jedoch: Erich Heintel, Einführung in die Sprachphilosophie, S. 111 ff.)

4.3.4 Deckfolie 3 (Ethik)

Deckfolie 3 (vgl. Materialienbd., S. 49), wie die anderen als Strukturskizze angelegt, setzt die an einer moralischen Handlung oder deren Bewertung beteiligten Momente zueinander in Beziehung. Sie kann sowohl in der Anfangsphase als auch am Ende eines

Ethikkurses eingesetzt werden: im ersten Fall als Entwurf, der eine deduktive Vorstrukturierung in Form eines ersten Zugriffs ermöglicht, im zweiten Fall als zusammenfassendes Modell, das am Ende eines induktiven Texterarbeitungsprozesses steht und z. B. die grundsätzliche Differenz zwischen normativem und utilitaristischem Denken veranschaulichen kann.

Im Zentrum der linken Seite steht wiederum das Ich, das über den Willen – verstanden als die Instanz des Sich-Entschließens, also als auf Praxis ausgerichtete Energie – sich zu einer Handlung entschließt, die unmittelbarer Ausfluß des willentlichen Strebens ist.

Bei der Besprechung dieses Teils der Folie ist besonders darauf zu achten, daß jede Handlung des Ichs – angedeutet durch die Plazierung des Begriffs rechts der gestrichelten Linie – Teil der „Welt“ ist, die praktische Umsetzung eines im Denken theoretisch gefaßten Entschlusses, also eine wie auch immer motivierte Einflußnahme des Subjekts auf die Welt darstellt. Beabsichtigt wird eine Wirkung der Handlung, ihr Erfolg oder Mißerfolg steht jedoch nicht allein in den Kräften bzw. der Macht des Subjekts, sondern unterliegt den Bedingungen der äußeren Realität.

Die hier gewählte Terminologie deutet bereits an, daß dieser Teil der Folie besonders geeignet ist, teleologische Ethiken, insbesondere den Utilitarismus, zu veranschaulichen, der ja bekanntlich stets nach den Folgen einer Handlung fragt und hiernach ihre ethische Wertigkeit bemißt.

Auf der anderen Seite zeigt die Folie jedoch auch ein Einwirken der „Welt“ auf den Handelnden, indem ethische Normen, nach denen er möglicherweise sein Handeln ausrichtet, wesentlich geschichtlich und gesellschaftlich vermittelt sind. Zur Verdeutlichung dieses Sachverhaltes muß der Lehrer nicht unbedingt gleich die ‚großen‘ ethischen Probleme aufgreifen, etwa den geschichtlichen Wandel der Beurteilung der Rechtmäßigkeit der Todesstrafe, es genügt z. B. schon ein Hinweis auf unterschiedliche Tischsitten: So galt es beispielsweise im Mittelalter als völlig normal, beim Essen ins Tischtuch zu schneuzen – was den geschichtlichen Aspekt der Normenvermittlung zeigt –, und in China gilt es bis heute zumindest in vornehmen Familien als grobe Unhöflichkeit, wenn der Gast das Tischtuch *nicht* ausgiebig „bekleckert“ – was den gesellschaftlichen Aspekt der Normenvermittlung verblüffend klarmacht. Wer es bei diesem Thema eher drastisch liebt, möge aus Luthers Tischreden zitieren: „Warum rülpset und furzet ihr nicht? Hat es euch nicht geschmecket?“

Der Doppelpfeil zwischen den Begriffen „ethische Normen“ und „Gewissen“ soll andeuten, daß erstere das Gewissen des einzelnen bestimmen können, aber nicht notwendig müssen. Hiermit ist nicht eine Möglichkeit des Subjekts gemeint, sich von *jeglichen* Normen loszulösen – was ja auch im Bereich seiner Möglichkeiten liegt –, sondern seine Fähigkeit, bestimmte Normen kritisch hinterfragen und auch verwerfen zu können: Dieser Aspekt läßt sich einmal im Zusammenhang mit Unterrichtsidee 3.2.3, aber auch der u. a. S.-Freud-Folie thematisieren. In jedem Falle soll dieser Teil der Skizze deutlich machen, daß, vermittelt über die Instanz des Gewissens, ethische Normen die Handlung des Subjekts beeinflussen.

Wird die Deckfolie 3 als Einstieg für ein deduktives Vorgehen (s. o.) eingesetzt, ist es ratsam, den linken Teil (Gebote/Verbote, Verantwortung für . . ./vor . . .) zuerst abzudecken, um das Ganze nicht zu überfrachten. Ist dann später – u. U. nach einer Verwen-

dung der Unterrichtsidee 3.2.2 – inhaltlich geklärt, was unter Geboten und Verboten zu verstehen ist, oder hat man z. B. in einer Sequenz Texte zur teleologischen und deontologischen Ethik besprochen, kann man den linken Teil immer noch hinzunehmen und damit die Fachbegriffe komplettieren. Dieses schrittweise Vorgehen erübrigt sich natürlich, wenn man Deckfolie 3 gegen Ende eines Ethik-Kurses eingibt, ist sie doch dann nichts anderes als eine graphische Bündelung von zuvor induktiv erarbeiteten Ergebnissen.
Zum Schluß noch ein Tip zur optischen Gestaltung der ersten drei Deckfolien: Zum Zwecke einer größeren Eindrücklichkeit kann man die Folien natürlich auch farbig gestalten. Hierbei empfiehlt es sich, sachlich zusammenhängende Begriffe mit einer Farbe zu unterlegen, also z. B. erkenntnistheoretische rot, ethische grün, die Pfeile und Begriffe (auch der Grundfolie) sind schwarz zu lassen oder in einer dritten Farbe zu halten. Dies mag auf den ersten Blick als Spielerei anmuten, macht aber durchaus Sinn: Legt man z. B. Grundfolie und die Deckfolien 1 und 3 übereinander, werden die „Iche" beider Deckfolien als *ein* Ich projiziert, und aufgrund der unterschiedlichen Farbgebung erkennt der Schüler, daß dieses Ich in der Lage ist, sich sowohl theoretisch wie auch praktisch zu (ent-)äußern, daß es aber in diesen unterschiedlichen Akten trotzdem ein und dasselbe Ich bleibt. So kann jenem eingangs erwähnten Schubkastendenken, das durch die unterrichtliche Behandlung der Philosophie in Teildisziplinen nur zu leicht entsteht, auf optisch eindringliche Weise entgegengewirkt werden.

4.3.5 Deckfolie 4 (Kant)

Deckfolie 4 (vgl. Materialienbd., S. 50) stellt den Versuch dar, einen speziellen philosophischen Ansatz – die Erkenntnistheorie Kants – im Rahmen des o. a. Modells zu veranschaulichen. Hierbei wurden fast ausschließlich kantische Zentralbegriffe und Zitate aufgenommen, so daß die veranschaulichende Wirkung wesentlich auf dem graphischen Arrangement beruht.
Aufgrund des hohen Schwierigkeitsgrades der „Kritik der reinen Vernunft" wird man sich auch in guten Kursen fast immer auf Auszüge aus der Einleitung und der transzendentalen Ästhetik beschränken müssen. Infolgedessen ist es didaktisch sinnvoll, diese Folie erst nach Abschluß der Textarbeit einzusetzen: Zum einen faßt sie die Arbeitsergebnisse in graphischer Darstellung zusammen, zum zweiten kann man im Lehrervortrag noch zusätzlich Funktion und Wirkungsweise der „Kategorien" und „Ideen" erläutern, um den Schülern zu zeigen, ‚wie es weitergeht'.
Kern der Darstellung ist der schraffierte Pfeil, der – gleichsam im Durchgang durch Vernunft, Verstand und Sinnlichkeit – von der transzendentalen Kraft des „Ich denke" ausgeht und auf die Sinnenwelt gerichtet ist: Er symbolisiert die Spontaneität des Subjekts. Links ist eine sehr anschauliche Formulierung aus der „Kritik der reinen Vernunft" abgedruckt: „das stehende und bleibende Ich" (ebd., A 123). Diese verweist deutlich auf die Identität des Subjekts, welche allen Reflexionsakten vorhergeht und als das subjektive Selbstbewußtsein bewirkt, daß das Subjekt die von ihm hervorgebrachten Akte als seine weiß.

Aufgrund dieser Vorgängigkeit der Denkkraft ist das Subjekt jedoch nicht in der Lage, dieses „stehende und bleibende Ich“ zu erkennen – es *erfährt* lediglich dessen Leistung in den je einzelnen Reflexionsakten: Das, was das Denken hervorbringt, kann nicht wiederum durch das von ihm Hervorgebrachte auf den Begriff gebracht werden. Dieses Faktum der Transzendentalität wird auf der Folie durch die gestrichelte Abtrennung versinnbildlicht.
Auf der Objektseite korrespondiert dem die Unerkennbarkeit der Dinge an sich, von denen das „Gewühl der Erscheinungen“ ausgeht, welches durch die Sinnlichkeit des Subjekts (Raum/Zeit) bereits subjektiv überformt wird. Auch in diesem Teil der Skizze wird der für das Subjekt unerkennbare Bereich durch eine gestrichelte Linie abgetrennt. (Eine für Schüler verständliche Einführung in kantische Philosophie gibt: Theodor Valentiner, Kant und seine Lehre.)

4.3.6 Deckfolie 5 (Freud)

Nicht nur aus Gründen der Allgemeinbildung sollte man im Philosophieunterricht auf eine Einführung in Freudsches Denken nicht verzichten. Gerade in einem Anthropologiekurs muß man einbeziehen, daß Freud wie kaum ein anderer Theoretiker das Menschenbild des 20. Jahrhunderts beeinflußt und mitgeprägt hat.
Wie bei vielen Autoren bietet sich auch hier ein Rückgriff auf bewährte Texte an: Freuds Erläuterung des Drei-Instanzen-Modells von Es, Ich und Über-Ich aus seiner Schrift „Abriß der Psychoanalyse“ (dieser Text findet sich in vielen gängigen Schulbüchern, u. a. in: H. J. Türk/W. Trutwin, Philosophisches Kolleg 4. Anthropologie).
Ähnlich wie die Deckfolie 4 (Kant) stellt auch **Deckfolie 5** (vgl. Materialienbd., S. 51) eine Illustration eines Textes dar, wobei die Tatsache, daß der rechte Teil der Skizze lediglich die Begriffe „Reize“ und „Luststreben“ enthält, deutlich macht, daß es Freud primär um eine Analyse des Subjekts geht und weniger um seine Auseinandersetzung mit der Welt.
Da die Folie hauptsächlich Kernbegriffe des o. a. Freud-Textes und nur wenige zusätzliche Erläuterungen enthält, beschränke ich mich im folgenden auf einen methodischen Hinweis: Freud spricht an einer Stelle davon, daß eine Handlung des Ichs dann „korrekt“ sei, wenn sie den Ansprüchen des Es, des Über-Ich und der Realität genüge. Unter Einbeziehung der Folie kann man diese – von Schülern gern übersehene – Textstelle zu einer Lernzielkontrolle nutzen. Offensichtlich setzt Freud für die „Korrektheit“ einer Handlung voraus, daß die oben genannten Faktoren in Einklang stehen, und genau dafür kann man Schüler ein Beispiel suchen lassen und damit die Freudsche Theorie in concreto durchspielen. Haben die Schüler ein Beispiel gefunden, läßt man sie dieses so abwandeln, daß die Handlung im Sinne Freuds dadurch „inkorrekt“ wird, daß jeweils einer dieser Faktoren die Ausführung der Handlung verhindert.
Konkret: Das Es meldet den Triebanspruch „Hunger“ an, das Individuum kauft sich etwas zu essen und verzehrt es. Dies wäre nach Freud eine „korrekte“ Handlung. Nun gibt es drei Möglichkeiten, daß diese Handlung „inkorrekt“ bzw. gar nicht erst getätigt wird:

1. Zwar meldet das Es Hunger an, jedoch hat das Individuum keine Möglichkeit, an etwas zum Essen zu gelangen, da die Geschäfte geschlossen haben. Die „Realität“ verhindert die Ausführung der Handlung.
2. Das Es stellt den Triebanspruch „Hunger“, die Geschäfte sind geöffnet, aber das Individuum hat kein Geld, um sich etwas zu kaufen. Zwar könnte es einen Ladendiebstahl begehen, doch wird diese Möglichkeit durch das Über-Ich abgewehrt.
3. Die Geschäfte sind geöffnet, das Individuum hat auch genügend Geld in der Tasche, aber das Es sendet keinen Triebimpuls aus, da das Individuum gerade vom Mittagstisch kommt. Eine „korrekte“ Handlung kommt nicht zustande, da das Es kein Bedürfnis anmeldet.

5. Drittes Hauptstück: Übungen zum philosophischen Argumentieren

Die Unterrichtsideen, die in diesem Kapitel vorgestellt werden, sind nicht an bestimmte Unterrichtsthemen oder philosophische Teildisziplinen gebunden, sondern können immer dann eingesetzt werden, wenn der Lehrer in einem Kurs die Feststellung macht, daß Schüler Schwierigkeiten haben, sachbezogen, korrekt und intellektuell redlich zu argumentieren, oder Probleme haben, Argumentationen in Texten, die diesen Kriterien nicht genügen, als fehlerhafte zu erkennen.
Kein Erwachsener, geschweige denn ein jugendlicher Schüler, wird sich davon freisprechen können, gelegentlich – sei es unbewußt oder bewußt, gewollt oder ungewollt – logisch unredlich zu argumentieren, und von daher wäre es didaktischer Aberwitz, diese Fähigkeit Schülern voraussetzungslos abzuverlangen, bloß weil sie das Fach Philosophie belegt und damit ja ein eindeutiges Votum für sachbezogenes und schlüssiges Denken abgegeben haben. Vielmehr muß es Aufgabe des Philosophieunterrichts sein, diese Fähigkeit zu fördern und durch geeignete Hilfestellungen zu unterstützen, damit die Schüler zum einen gedankliche Schwächen in fremden Argumentationen entdecken und zum anderen ihre eigenen dementsprechend durchzuführen lernen.
Dieses Ziel wird sicher jeder Kollege anstreben, wenn er im Anschluß an die Analyse von Texten deren argumentative Stringenz und Stichhaltigkeit überprüfen läßt, wobei sich jedoch oft pädagogische Frustrationserlebnisse einstellen: Die Schüler erkennen vielleicht nicht die Brüchigkeit eines Analogieschlusses, den ein Autor als Kern seiner Argumentation verwendet, sie durchschauen vielleicht nicht, daß die unausgesprochene Prämisse eines Textes sachlich nicht haltbar ist, oder sie beißen sich an einer *Metabasis eis allo genos* die intellektuellen Zähne aus. Welcher Lehrer kennt nicht die dann allmählich aufsteigende Wut, die sich zumeist auf jenen Deutschkollegen richtet, dem es offenbar noch nicht einmal gelungen ist, seinen Schülern in der Mittelstufe den Unterschied zwischen These und Argument klarzumachen, und der das Warum der Kausalursache nicht säuberlich vom Wozu der Finalität gesondert hat?
Diese Wut mag verständlich sein, sollte den Philosophielehrer jedoch nicht dazu bringen, bei seinen Schülern Kenntnisse vorauszusetzen, die – oftmals aus entschuldbaren oder erklärbaren Ursachen – nicht vorhanden sind, und fürderhin in einer argumentatorischen Grauzone zu operieren, die, wenn sie nicht gelichtet wird, sich in der Zeit bis zum Abitur nur noch zu totalem Nebel verdichten kann. Einem Schüler sauberes Argumentieren abzuverlangen, dessen Freizeitaktivitäten durch Horrorromane à la Stephen King einerseits und die scheinbar unbestechliche Logik eines fiktiven „Tatort"-Kommissars andererseits geprägt sind, dürfte sich jedenfalls in papierener Didaktik erschöpfen. Texte, die im Unterricht besprochen worden sind, auf ihre Schlüssigkeit und intellektuelle Redlichkeit hin zu untersuchen, ist hier ein Weg, dem Dilemma zu entkommen. Aber er ist oft nicht der motivierendste, sind Schüler doch häufig nur ungern bereit, sich in einem zweiten Durchgang erneut mit einem Text auseinanderzusetzen, dessen Inhalt

sie doch gerade rezipiert haben. Aus der Schülerperspektive stellt sich dieses Vorgehen leicht so dar: Zuerst wird ein – oft schwer verständlicher – Text besprochen, und ist er dann inhaltlich scheinbar geklärt, besteht der Lehrer auch noch auf dem Appendix, das Ganze auf logische Feinheiten zu untersuchen.

Als Philosophielehrer hier zu verzagen und es bei der ‚inhaltlichen Klärung' bewenden zu lassen, mag psychologisch verständlich sein, wenn man auf Widerstände seitens der Schüler stößt. Jedoch sollte man hier eine gewisse pädagogische Unerbittlichkeit an den Tag legen, denn natürlich müssen philosophische Texte aus sachlichen Erwägungen gelegentlich auf ihre Argumentation untersucht werden.

Andererseits: Philosophisches Argumentieren muß ja nicht notwendig unter Zuhilfenahme von Texten geschehen; Übungen, die diesem Zwecke dienen, können auch ohne die Bindung an einen bestimmten Text immer dann in den Unterricht eingeschoben werden, wenn der Lehrer dies für nötig erachtet, um seinen Unterricht aus der oben angesprochenen Grauzone hinauszumanövrieren, denn zu einem Nebel, in dem alle Katzen grau sind, sollte man es gar nicht erst kommen lassen.

Aus diesen Überlegungen werden in den drei Unterrichtsideen dieses Kapitels methodische Konsequenzen gezogen: Dem im Vorwort geäußerten Grundsatz folgend, Textarbeit nicht zu ersetzen, sondern zu ergänzen, wird hier der Versuch gemacht, Schüler selber schlüssige oder fehlerhafte Argumentationen entwerfen zu lassen (5.1), ihnen auf der Grundlage eines Alltagstextes den Satz vom Widerspruch verständlich zu machen (5.2) oder sie mit Hilfe von vorgegebenen Textbruchstücken einen korrekten Text rekonstruieren zu lassen (5.3). Damit werden Produktivität und Kreativität der Schüler verstärkt angesprochen und einbezogen, und selber zu denken ist allemal motivierender, als Argumentationen anderer nach-zudenken.

5.1 These, Argument und Beispiel oder: Wer argumentiert denn da nicht sauber?

Thema: Grundbegriffe philosophischer Argumentation
Zeitaufwand: je nach den didaktischen Erfordernissen variabel
Hilfsmittel: Schülerbeispiele einfacher Argumentationen
Anschlußtexte: Hinweise zu richtigem Argumentieren (Merkblatt)

1. Hinweise zur Sache

Die meisten Leser dieses Buches werden sich noch aus ihrer eigenen Schulzeit daran erinnern, in der Oberstufe nicht-textbezogene Erörterungen – zumeist „Dialektischer Besinnungsaufsatz" genannt – geschrieben zu haben, sei es, daß sie zu einer Zeit die Schulbank gedrückt haben, als diese Schreibform noch unverzichtbarer Bestandteil des gymnasialen Deutschunterrichtes war, sei es, daß sie in Bundesländern beheimatet sind, in denen diese Form auch heute noch gang und gäbe ist. Man mag über den didaktischen Wert oder Unwert solcher Übungen denken, wie man will – wie oft wurde dem Schüler

aus Rücksichtnahme auf die eigene Zensur der *Be*sinnungsaufsatz nicht zum *Ge*sinnungsaufsatz –, zweifellos hatten und haben sie den unbestreitbaren Vorzug, den Schreiber zu gedanklicher Disziplin und Stringenz anzuhalten: eine Fertigkeit, die Schülern seit Beginn der Vertextung der Sekundarstufe II gelegentlich abhanden zu kommen droht. Gerade sie aber ist für sachgerechten Philosophieunterricht Voraussetzung wie auch Ziel der Bemühungen, sind doch weder angemessene Textarbeit noch ertragreiche Kritik ohne sie denkbar.
Um die Sache, die in diesem Kapitel verhandelt werden soll, eindeutig zu klären, seien einige Begriffserläuterungen vorausgeschickt.

1. In nahezu allen Deutsch-Sprachbüchern, die sich mit der Erörterung als Schreibform auseinandersetzen, werden die Begriffe *These* und *Behauptung* synonym verwendet. Geht man jedoch auf die ursprüngliche Wortbedeutung zurück (griech. „thesis" = Setzung), stellt man fest, daß der Begriff „These" mehr umfaßt als eine Behauptung: Eine Setzung tritt mit dem Anspruch auf, daß diese auch inhaltlich anerkannt werden kann, sie unterstellt einen nachvollziehbaren Wahrheitsgehalt. Zweifellos ist z. B. der Satz: „Im Schulsystem der differenzierten Oberstufe sind die Schüler mit den Wahlmöglichkeiten überfordert" eine These, die in Form einer Behauptung formuliert ist.
   Thesen können jedoch auch in Form einer *Forderung* auftreten (z. B.: „Werbespots dürfen im Abendprogramm der öffentlich-rechtlichen Fernsehanstalten nicht gesendet werden" oder: „Die Wahl der Schulform, die ein Kind nach Abschluß der Grundschule besucht, sollte den Eltern überlassen bleiben"), und diese sind zwar Setzungen mit Wahrheitsanspruch, doch tritt der Behauptungscharakter stark in den Hintergrund. Damit Schüler sich also hier nicht verrennen und nur diejenigen Sätze als Thesen ansprechen, die primär Behauptungen sind, sollte man sie auf diese zweite Möglichkeit aufmerksam machen: Behaupten und Fordern sind unterschiedliche Sprechakte, ist doch im ersten neben dem behauptenden Subjekt die Sache, die behauptet wird, von besonderer Wichtigkeit, während beim Fordern stets ein appellatives Moment mitschwingt.
2. Auch bei der Klärung des Begriffs *Argument* kann die Etymologie helfen: (lat.) „argumentum" = Beweisgrund, Beweis, Grund. Argumente liefern mithin Begründungen für zuvor geäußerte Setzungen (oder an späterer Stelle gezogene Folgerungen). Dies impliziert, daß man innerhalb von Argumentationen immer auf den Kontext achten muß, in dem Argumente vorgebracht werden. So ist z. B. der Satz: „Er (der Geizige) will den anderen ausschließen von der Sache" (vgl. Unterrichtsidee 5.3), wenn man ihn isoliert betrachtet, eine Behauptung und könnte demzufolge als These qualifiziert werden; allein der Kontext, in dem er steht, erhebt ihn in den Rang eines Arguments.
   In der Unterrichtspraxis kann hier eine ‚Eselsbrücke' hilfreich sein: Da Argumente ja Gründe und/oder Beweise für eine These liefern sollen, erkennt man sie daran, daß man sie mit „denn" oder „weil" ergänzen kann, wenn diese Konjunktionen fehlen – ähnlich wie sich eine Folgerung durch Hinzufügung von „also", „infolgedessen" oder „deswegen" bestimmen läßt.

3. Eine Einführung in Grundprobleme der Argumentation wäre unvollständig, wenn man nicht auch das *Beispiel* berücksichtigte. Beispiele, insofern sie allgemein bekannte, unumstößlich gesicherte und verallgemeinerbare Fakten darlegen, können bei der Stützung einer These ohne weiteres an die Stelle eines Argumentes treten, sie können aber auch eine Konkretisierung des beweiskräftigen Arguments liefern und damit die wichtige Ebene der Veranschaulichung einbeziehen. Dies trifft genau mit der ursprünglichen Bedeutung des Wortes „Beispiel" zusammen; ahd. „bîspel" meint nämlich eigentlich „das nebenbei Erzählte", etwas, was also dem Argument gleichsam zur Seite tritt und mit ihm durch Konkretion verklammert ist.

2. Möglicher Verwendungszusammenhang

Wie schon in der Einleitung zu diesem Kapitel erwähnt, sind die hier dargestellten Unterrichtsideen nicht an bestimmte philosophische Themen oder Teildisziplinen gebunden, ebenso nicht an bestimmte Zeitpunkte: Es sind Übungen, die auf die Fertigkeit sauberen Argumentierens und sachgerechten Denkens abzielen.
Trotzdem wird man die Unterrichtsidee 5.1 am ehesten in einem Einführungskurs einsetzen, zumeist dann, wenn man bei der Textanalyse feststellt, daß Schülern entweder das notwendige Begriffsinstrumentarium völlig fehlt oder von der Mittelstufe her nicht genügend gesichert ist. Häufig wird man auch bei den Schülern eines Einführungskurses einen unterschiedlichen Informationsstand antreffen: Die eine Klasse hat im Deutschunterricht der Mittelstufe das Thema Problemerörterung ausführlich behandelt, die andere nur gestreift, so daß es sinnvoll erscheint, eine Wiederholungsphase einzuschieben, allerdings mit Hilfe eines anderen methodischen Zugriffs, als dies im Deutschunterricht in der Regel üblich ist.
Außerhalb des Einführungskurses läßt sich diese Übung immer dann einsetzen, wenn es von der Sache her geboten erscheint: bei deutlich auftretenden Argumentationsschwächen etwa, vor Klausuren oder unmittelbar vor dem Abitur.

3. Umsetzung in die Unterrichtspraxis

Da es sich um eine Übung handelt, die auf die Behebung von Schwächen abzielt, die im Unterricht auch für Schüler offensichtlich geworden sein dürften, kann man auf eine Motivationsphase verzichten: Der Wille, sich mit der vom Lehrer angekündigten Übung zu befassen, muß sich aus dem Bewußtsein eigener Defizite ergeben.
Sollten die Begriffe These, Argument und Beispiel dem Kurs völlig unbekannt sein, muß man im Lehrervortrag die o. a. Definitionen, entsprechend dem schrittweisen Vorgehen in der ersten Übungsphase, en passant einstreuen und am besten auch als Tafelanschrieb festhalten.
Die Durchführung der Übung gliedert sich dann in folgende Phasen:

1. Zu Beginn schreibt der Lehrer eine These an die Tafel, z. B.:
   THESE: Geld auf einem Sparbuch anzulegen, lohnt heute nicht mehr.

   Sodann fordert er die Schüler auf, stichhaltige Argumente zu nennen, die diese These stützen können. Hier läßt sich etwa vorstellen:

ARGUMENT: – Die Inflationsrate liegt heute höher als der Zinssatz für Sparguthaben (mit gesetzlicher Kündigungsfrist).
– Es gibt lukrativere Möglichkeiten der Geldanlage.

Diese Argumente schreibt der Lehrer ebenfalls an die Tafel und läßt die Schüler erläutern, inwiefern diese geeignet sind, Beweisgründe für die These zu liefern. Diese eingeschobene Reflexion ist deswegen sinnvoll, da sie, bezogen auf ein ganz konkretes Tafelbeispiel, den Schülern die gedankliche Verzahnung von These und Argument verdeutlicht.

Hierauf fordert der Lehrer die Schüler auf, für die Argumente jeweils ein Beispiel zu bilden; erweist sich der Kurs dabei als wenig einfallsreich, sollte man ruhig eines vorgeben, damit die Schüler ein Paradigma haben. Zum ersten Argument paßt etwa:

BEISPIEL: Im letzten Jahr betrug die Inflationsrate 3 %, der Zinssatz für Sparguthaben jedoch nur 2,5 %.

Zum zweiten Argument:

BEISPIEL: Mit festverzinslichen Wertpapieren erzielt man einen höheren Zinsgewinn.

Ist die Richtigkeit der – wiederum an der Tafel festzuhaltenden – Beispiele vom Kurs akzeptiert, läßt man die Schüler erschließen, worin sich diese Beispiele von den Argumenten unterscheiden. Hierbei wäre sowohl zu berücksichtigen, daß die Argumente allgemeinere Sätze darstellen, als auch, daß die Einzelbeispiele jeweils die Konkretion eines Argumentes sind.

2. Im folgenden Schritt versucht man eine gewisse Problematisierung, aber auch Sicherung zu erzielen, indem man zu derselben These eine unrichtige Anschlußargumentation angibt. Hierzu schreibt man an die Tafel:

   ARGUMENT: Einen Bausparvertrag abzuschließen ist besser.

   BEISPIEL: Auf ein Bausparguthaben erhält man den gleichen Zinssatz wie auf ein Sparguthaben.

   Die Schüler sollen nun erklären, worin die Schwäche der vorgegebenen Argumentation besteht. Richtig wäre in diesem Fall folgende Antwort: Das ‚Argument' stellt in Wahrheit eine zweite These dar, die jedoch inhaltliche Berührungspunkte zur Ausgangsthese aufweist, so daß hier leicht eine Verwechslung mit einem Argument möglich ist. Versieht man das ‚Argument' mit einem einleitenden „denn", wird der Fehler offensichtlich. Das ‚Beispiel' nun stellt zwar eine Relation zwischen Ausgangsthese und zweiter These (‚Argument') her, muß aber von seiner Argumentationsfunktion her als Argument für die zweite These angesprochen werden.

3. Hierauf legt man – je nach sozialer Struktur des Kurses – eine Einzel-, Partner- oder Gruppenarbeitsphase ein, für die man die Aufgabe stellt, die Schüler sollten selbst mehrere ähnliche Beispiele unsauberer Argumentationen entwerfen, indem sie in eine These/Argument/Beispiel-Trias jeweils gedankliche Fehler ‚einbauten'. Diese Aufgabe hat einen hohen Motivationswert, vor allem, wenn man sie in Kleingruppen bearbeiten läßt, denn die Verständigung der Schüler innerhalb der Gruppen führt oft zu einer großen Bandbreite von Beispielen und Typen unsauberen Argumentierens.

4. Die Auswertung geht dann so vonstatten, daß man die einzelnen Schüler oder Gruppen Beispiele vortragen oder besser noch an die Tafel schreiben läßt, damit alle den genauen Wortlaut vor Augen haben. Dann fordert man die anderen Schüler auf, die jeweiligen Argumentationsschwächen zu analysieren.
Je nachdem, ob das Textbeispiel hierfür geeignet ist, kann man auch nach der Fehleranalyse die Argumentation berichtigen lassen, also ein Argument oder Beispiel bilden lassen, das gedanklich stimmig ist.
Wer sich nicht scheut, den auch bei Oberstufenschülern oft erstaunlich hoch entwikkelten Spieltrieb didaktisch zu nutzen, kann diese Phase auch zum Wettbewerb erklären und Gruppen gegeneinander antreten lassen: Gruppe A stellt ein Beispiel unsauberer Argumentation vor, welches Gruppe B lösen muß. Danach ist Gruppe B dran, eine Aufgabe zu stellen. Für jede richtige Fehleranalyse erhalten die Gruppen einen Punkt, ebenso, wenn die gegnerische Gruppe nicht in der Lage ist, bei einer vorgestellten unsauberen Argumentation eine korrekte Fehleranalyse zu leisten.
Ob als Spiel oder nicht als Spiel inszeniert – in beiden Fällen ist diese Übung gut geeignet, in ungezwungener Form sauberes Argumentieren zu üben und unsauberes als solches erkennen zu lassen.

4. Anschlußtext

Als Merkblatt kann man den Schülern im Anschluß an die Übung folgende Aufstellung an die Hand geben:

Hinweise zu richtigem Argumentieren

1. Eine bloße Behauptung überzeugt nicht, da sie nur die Gegenbehauptung herausfordert. Wenn sie überzeugen soll, muß sie begründet werden.
2. Ein Argument darf nicht bloß ungefähr den Umkreis der These anzielen; es muß eine genaue Antwort auf die Frage geben, die mit der These aufgeworfen ist.
3. Ein Argument, das den Beweisgrund für die These nicht deutlich formuliert, ist unvollständig und überzeugt daher nicht.
4. Ein Einzelfall stellt kein stichhaltiges Argument dar, da er durch jeden anderen Einzelfall widerlegt werden kann.
5. Wird ein Einzelfall oder Beispiel zum Argument verallgemeinert, muß gesichert sein, daß diese Verallgemeinerung auch tatsächlich allgemein gilt.
6. Ein Argument, das nicht knapp, klar und differenziert formuliert ist, wirkt wenig überzeugend.
7. Ein Argument soll so gefaßt sein, daß es nur von der Sache selbst spricht, nicht von der Person, die diese Sache vorbringt.
8. Zitate von Autoritäten, Ergebnisse wissenschaftlicher Forschung, statistisches Material o. ä. liefern nur dann echte Beweisgründe, wenn sie aus seriöser und kompetenter Quelle stammen.
9. Vor jeder schriftlichen Fixierung sollte man sich folgenden Satz von Karl Kraus zu Herzen nehmen: „Man muß jedesmal so schreiben, als ob man zum ersten und zum letzten Male schriebe. So viel sagen, als ob's ein Abschied wäre, und so gut, als bestände man ein Debüt."

(Diese Hinweise lehnen sich z. T. an das Oberstufensprachbuch an: Rahn-Pfleiderer, Deutsche Spracherziehung. Ausgabe B. Bd. VII/1. Gestaltungslehre. Stuttgart: Klett ^{2}1966, S. 23.)

5.2 Vermeiden wir Widersprüche oder: Dunkel war's, der Mond schien helle . . .

Thema: Der Satz vom Widerspruch
Zeitaufwand: ca. 30 Minuten (ohne Anschlußtexte)
Hilfsmittel: Volksmund-Gedicht
Anschlußtexte: Aristoteles, Metaphysik 11. Buch, 5. Kapitel (1061b 34ff., vgl. Materialienbd., S. 52), Georg Büchner, Woyzeck, Szene Woyzeck/Hauptmann (vgl. Materialienbd., S. 53)

Dunkel war's, der Mond schien helle,
als ein Auto blitzeschnelle
langsam um die Ecke fuhr.
Drinnen saßen stehend Leute,
schweigend im Gespräch vertieft,
als ein totgeschoss'ner Hase
auf einer Sandbank Schlittschuh lief.
Auf einer roten Bank,
die grün angestrichen war,
saß ein blondgelockter Jüngling
mit kohlrabenschwarzem Haar.
Neben ihm 'ne alte Schrulle,
die kaum achtzehn Jahr alt war,
in der Hand 'ne Butterstulle,
die mit Schmalz bestrichen war.

(Volksmund)

1. Hinweise zum Gedicht

Dieses Stück Kinderpoesie, in mancherlei Variationen im Volksmund verbreitet und von daher vielleicht dem einen oder anderen Leser vertraut, schöpft seinen Witz aus einem eigentlich philosophischen Problem: Es wird in dem Gedicht permanent gegen ein klassisches logisches Fundament verstoßen, nämlich gegen den Satz vom (zu vermeidenden) Widerspruch – wenn der Mond „helle" scheint, kann es platterdings nicht zugleich „dunkel" sein, und ein Auto kann nicht zur selben Zeit „blitzeschnelle" und „langsam" fahren. Und genau auf diese zeitliche Bedingung kommt es beim Satz vom Widerspruch an, denn natürlich kann ein Auto zu verschiedenen Zeiten unterschiedlich schnell fahren. Aristotelisch gesprochen: „Etwas kann nicht zugleich und in gleicher Hinsicht sein und nicht sein", oder formalisiert: $\neg (A \wedge \neg A)$.
Angewendet auf das Kindergedicht, müßte man diese formalisierte und damit inhaltsleere Aussage qualifizieren, z. B. in der Form: „Einem Subjekt kann nicht ein Prädikat zu- und abgesprochen werden." Genau dies aber ist in dem o. a. Gedicht der Fall.
An einer Stelle des Textes jedoch – und diese kann man sich methodisch-didaktisch zu-

nutze machen – wird dieses Prinzip durchbrochen: In Z. 6 und Z. 7 wird nicht etwa ein logischer Widerspruch nicht vermieden, sondern es wird von unterschiedlichen Qualitäten gesprochen, die nicht inhaltlich aufeinander bezogen sind wie z. B. „sitzen" und „stehen" (Z. 4). Konkret: Sandbank und Schlittschuhlaufen ist keine logische Kontradiktion wie etwa dunkel/hell; dasselbe gilt für den Hasen, der noch in abgelebtem Zustand eine Tätigkeit verrichtet, was zwar aller Lebenserfahrung widerstreitet, nicht aber einen Gegensatz zur Sandbank bildet, welcher sich aus einer Begriffsdefinition beider Worte ergäbe.

2. Möglicher Verwendungszusammenhang

Namentlich die Philosophiedidaktik der fünfziger Jahre hat sich verdient gemacht um die Behandlung logischer Probleme im Philosophieunterricht, heute jedoch sind diese auch aus den Richtlinien nahezu verschwunden. Bestenfalls tauchen sie als Unterthemen oder im Kurs Wissenschaftstheorie auf. Dies mag einerseits damit zusammenhängen, daß heutige Schülerinteressen im Fach Philosophie sich eher auf anthropologische, ethische und andere ‚lebenspraktisch' orientierte Disziplinen richten, denen die Richtlinien vieler Bundesländer in der Gewichtung deutlich Rechnung tragen. Zum zweiten mag es damit zusammenhängen, daß philosophsiche Logik in der Schule früher gelegentlich in höhere Denksportaufgaben mündete, und drittens damit, daß sich die Hochschulphilosophie spätestens seit dem Positivismusstreit anderen Themen zugewandt hat bzw. im Rahmen analytischer Sprachphilosophie ein für die Schule kaum zu adaptierendes, da zu abstraktes Theoriegeflecht entwickelt hat. Sei es, wie es sei: In der Regel wird man Schüler heute nur noch mit kürzeren oder an unmittelbar praktische Probleme angebundenen Unterrichtseinheiten zur Logik fesseln können.
Von daher ist das o. a. Kindergedicht geeignet, eine solche Einheit einzuleiten – es führt die witzigen Konsequenzen vor, die entstehen, wenn gegen eine logische Grundlage verstoßen wird. Hat man das Gedicht besprochen und auch den ersten Anschlußtext analysiert, kann man fortfahren mit dem Satz der Identität und dem Satz vom ausgeschlossenen Dritten. Ebenso ist eine Einführung in logische Grundphänomene (Urteil, Begriff, Schlußformen etc.) denkbar. (Eine immer noch brauchbare Textsammlung zur klassischen Logik: F. Borden/G. Fels/W. Trutwin, Denken und Gedanke; motivierende Texte und Aufgaben finden sich in: G. Münnix, Sprache und Denken.)
Weder Richtlinien noch Schülerinteressen würde man jedoch gerecht, wenn man das Ganze über einen kompletten Halbjahreskurs oder auch nur ein Quartal ausdehnen würde; eine thematische Anknüpfung ist am ehesten in Wissenschafts- oder Erkenntnistheoriekursen sowie in der Metaphysik möglich, ansonsten immer dann, wenn der Lehrer feststellen muß, daß sein Kurs mit logischer Argumentation Probleme hat. Die didaktische Devise kann daher nur sein: keine Verselbständigung formallogischer Gedankenakrobatik, sondern Anbindung an Sachprobleme eines Kursthemas oder an eine von logischen Schwierigkeiten geprägte konkrete Unterrichtssituation.

3. Umsetzung in die Unterrichtspraxis

Aus Gründen der Motivation ist es sinnvoll, das Gedicht zuerst nicht als abgezogenen Text, sondern in einem zuvor geübten(!) lebendigen Lehrervortrag zu präsentieren,

u. U. mit dem Hinweis, der Lehrer wolle jetzt ein Kindergedicht rezitieren, das einigen vielleicht bekannt sei.
Je nach Unterrichtssituation – vielleicht haben sich in der Stunde zuvor logische Unzulänglichkeiten des Kurses gezeigt, aufgrund derer man diese kurze Einheit einschiebt – wartet man ab, ob seitens der Schüler spontane Reaktionen erfolgen, ansonsten eröffnet man das Gespräch mit der Lehrerfrage: „Worin liegt der Witz dieses Gedichts?“ (oder distanzierter: „Wieso finden Kinder Gefallen an diesem Gedicht?“).
Haben die Schüler einige Verse im Gedächtnis behalten, kann man diese aufgreifen und in concreto herausarbeiten, daß das Gedicht davon lebt, daß in ihm gegen den Satz vom (zu vermeidenden) Widerspruch verstoßen wird. Sind die Schülerreaktionen spärlich, teilt man das Gedicht als Textabzug aus und schiebt eine kurze Stillarbeitsphase ein, für die die Eingangsfrage erneuert wird. In beiden Fällen jedoch muß der Lehrer als Synthese der Schülerbeobachtungen den Sachbegriff „Satz vom (zu vermeidenden) Widerspruch“ eingeben und seine philosophische Relevanz sowie seine Wichtigkeit als Fundament intellektuell redlichen Philosophierens in Grundzügen erläutern.
In der Regel erkennen die Schüler nicht, daß das Grundprinzip des Kindergedichts – der Verstoß gegen den Satz vom Widerspruch – an einer Stelle (Z. 6f.) nicht eingehalten wird, so daß man hierauf mit einem Impuls verweisen kann: „Nicht im ganzen Gedicht wird gegen den Satz vom Widerspruch verstoßen!“
Haben die Schüler die entsprechenden Zeilen erschlossen, kann man diese nutzen, um entweder eine Lernzielkontrolle oder eine Vertiefung zu erzielen: Handelt es sich in allen übrigen Zeilen um kontradiktorische Begriffe, die in einer entsprechenden Gegenüberstellung auch außerhalb des Gedichtes widersprüchlich wären, so bieten die Z. 6f. eine kontextabhängige makabre Komik: Die Widersprüchlichkeit von dunkel/hell oder alt/kaum achtzehn Jahr liegt sozusagen ‚auf der Hand‘, Z. 6f. jedoch schildern eine faktische Unmöglichkeit, welche über die Begriffsinhalte von z. B. Sandbank/Schlittschuhlaufen hinausgeht. Damit wird den Schülern deutlich, daß der Satz vom Widerspruch Sachverhalte umgreift, die in erster Linie begrifflich verfaßt sind. Überhöht gesprochen: Das Gedicht basiert bis auf eine Ausnahme auf Problemen des *Denkens,* Z. 6f. hingegen schildern ein Problem des *Seins.*

4. Anschlußtexte

Text 1 (vgl. Materialienbd., S. 52) ist aufgrund seines hohen Reflexionsniveaus sehr schwierig, so daß man ihn Schülern frühestens in der 12. Jahrgangsstufe zumuten sollte.
Seine Schwierigkeit ergibt sich daraus, daß Aristoteles nicht nur den Satz vom Widerspruch zu erläutern versucht – dies hatte er schon in Metaphysik 1005 b ff. getan –, sondern zugleich möglichen Gegnern seiner Argumentation (im letzten Abschnitt wird Heraklit genannt) den Wind aus den Segeln nehmen will.
Diese doppelte Intention läßt den Text auf den ersten Blick verwirrend erscheinen und verlangt bei seiner (Linear-)Analyse, daß deutlich zwischen der aristotelischen Position und seiner Argumentation gegen jene, die die Richtigkeit des Satzes vom Widerspruch (angeblich) leugnen, unterschieden werden muß.
Entscheidend ist weiterhin, daß es für die Richtigkeit dieses logischen Grundsatzes „keinen Beweis schlechthin“ gibt; als „fundamentum inconcussum“ (Descartes) kann seine

Wahrheit nur demonstriert, nicht aber von etwas anderem abgeleitet werden: Ein Verzicht auf dieses Axiom bedeutete, daß sich die Philosophie ihres Anspruches auf intersubjektiv vermittelbare Rationalität begäbe.

Soll der Text lediglich an das Kinderpoem „Dunkel war's . . .“ anschließen und dessen gedanklichen Ertrag begrifflich bündeln und sichern, kann man auf den letzten Abschnitt, in dem Aristoteles namentlich auf Heraklit eingeht, verzichten. Reizvoll ist es aber auch, den ungekürzten Text als ‚Absprungbrett‘ für einen Kurs Metaphysik zu nutzen, denn dann läßt sich eine intensive Heraklit-Lektüre anschließen, die durch die Motivation getragen wird, ob denn nun Aristoteles oder Heraklit ‚recht hat‘.

Sofern **Text 2** (vgl. Materialienbd., S. 53), ein Auszug aus dem Dramenfragment „Woyzeck“, den Schülern nicht aus dem Deutschunterricht bekannt ist, wird man im Lehrervortrag kurz die Grundproblematik des „geschundenen Subjekts“ Woyzeck erläutern müssen. Die Kommunikationssituation dieser Szene ist u. a. dadurch bestimmt, daß er als einfacher Gefreiter dem Hauptmann militärisch untergeordnet ist – hieraus resultiert sein einsilbiger Gehorsam vor allem zu Beginn, was der Hauptmann zum Anlaß dümmlicher und erniedrigender Späße nimmt.

Diese notwendige Einführung sollte im Unterricht aber nicht von der didaktischen Zielsetzung ablenken, die darin besteht, daß der Text Grundprobleme tautologischen Sprechens veranschaulichen kann. (Zu diesem Zweck läßt sich der Text u. U. auch um die Hälfte kürzen [vor: „Er hat ein Kind ohne den Segen der Kirche . . .“].) Dieses tritt an mehreren Stellen in extremster Form auf, nämlich dort, wo der Hauptmann ein philosophisches Abstraktum erläutern will: „Ewig, das ist ewig, das ist ewig“ oder: „Moral, das ist, wenn man moralisch ist, versteht Er.“ Die angestrebte Definition der Begriffe zu geben, ist der Hauptmann nicht in der Lage – er flüchtet sich in die Wortwiederholung als primitivste Form der Tautologie.

Sieht man von dieser vom Hauptmann unbeabsichtigten Komik einmal ab, kann man die Textstellen dazu nutzen, um in Grunderfordernisse begrifflichen Definierens einzuführen: Jedes Definiendum erfordert ein Definiens, das begrifflich nicht mit ersterem identisch, sondern mit Hilfe anderer Begriffe zu beschreiben ist – „trockene Versicherungen“ (Hegel), die sich an die gesellschaftliche Anerkanntheit bestimmter Worte knüpfen (Hauptmann: „Es ist ein gutes Wort“), helfen da nicht weiter.

Um dieses sprachlogische Problem zu erschließen, kann man z. B. die Schüler auffordern, in Gruppen- oder Einzelarbeit (Hausaufgabe!) eine Begriffsdefinition zu „ewig“ und zu „Moral“ zu verfassen; bei der Besprechung ist ein Vergleich mit Artikeln aus (Fach-)Lexika denkbar.

Im Anschluß daran ist aber auf jeden Fall eine metasprachliche Reflexion angezeigt, die den Schülern verdeutlicht, daß bloße Wortwiederholungen zu einer Definition nichts beitragen, sondern auf definierende (= abgrenzende) Begriffe zurückgegriffen werden muß.

5.3 Die Textrahmenvorgabe oder: Wir müssen jetzt zum Schluß kommen!

Thema: Rekonstruktion einer philosophischen Argumentation
Zeitaufwand: ca. 90 Minuten (schwankt stark nach Schwierigkeitsgrad des zugrundegelegten Textes)
Hilfsmittel: Arbeitsblatt mit ,Textrahmen', in Einzelsätze zerschnittener philosophischer Text: Hans Lipps, Die menschliche Natur (Auszug, vgl. Materialienbd., S. 55)

1. Hinweise zum Text (vgl. Materialienbd., S. 55)
Das traditionelle Verständnis des hermeneutischen Zirkels, welches erst durch Gadamer sprachphilosophisch entscheidend umgeprägt wurde, ging davon aus, daß Einzelheiten eines Textes sich in ihrem Sinn vom Ganzen her erschließen lassen und umgekehrt das Ganze in seiner Aussageintention durch das Einzelne konstituiert wird. Auf die handwerkliche Ebene von Textinterpretation in der Schule bezogen, bedeutet dies: Das einzelne Wort bezieht seinen Sinn aus dem Satz, in dem es steht, der Satz aus dem Abschnitt, der Abschnitt aus dem Kapitel und umgekehrt. Allgemeiner gesprochen: Sachgerechte Interpretation darf nie nur auf dem einzelnen aufbauen und dieses isoliert betrachten, sondern muß stets auch den Kontext und das nächstgrößere Ganze im Blick haben. Gerade bei philosophischen Texten, die ein hohes Maß an gedanklicher Stringenz aufweisen, bewährt sich ein methodisches Bewußtsein, welches diese hermeneutische Grundvoraussetzung zum Prinzip erhebt. Sind Schüler mit diesem durch unterrichtliche Übung vertraut, liegt es nicht fern, die Sache einmal umzukehren und gleichsam von hinten aufzuzäumen – an die Stelle interpretierender Rezeption von Texten tritt damit deren Rekonstruktion.
Was bedeutet dies konkret? Der Lehrer betritt einmal nicht mit einem Stoß vorbereiteter Textblätter, die er dann an die Schüler austeilt, die Klasse, sondern gibt die Texte in zerlegter Form aus: einzelne Textschnipsel, die jeweils nur einen Satz enthalten und aus denen die Schüler den ursprünglichen Text rekonstruieren sollen.
Was auf den ersten Blick wie Spielerei anmutet, hat durchaus tieferen didaktischen Sinn, denn um den ursprünglichen Text aus dessen einzelnen Bestandteilen rekonstruieren zu können, müssen sich die Schüler klar werden über die gedanklich-argumentative Funktion der einzelnen Sätze. Natürlich wird kaum ein Schüler wie selbstverständlich sogleich das Messer der Reflexion ansetzen und methodisch gezielt schließen, der eine Satz sei zweifellos ein Argument und müsse deswegen zu dieser These gehören, und daraus ergebe sich als Folgerung jener Satz – die Übung appelliert vielmehr an philosophischen Spürsinn und Kombinationsvermögen, wobei dann die Argumentationsstruktur eines Textes eher im gedanklichen Vollzug erfahren als reflektiert wird. Wenn „methodos“ im ursprünglichen Wortsinne „Nachgang“ bedeutet, warum sollte man dann der Argumentation eines Textes nicht einmal auf diese Weise nach-gehen?
Für diese Übung eignen sich nicht alle philosophischen Texte: Einen Kant-Text etwa, bei dem eine Druckseite aus drei wunderbar durchstrukturierten Satzgefügen besteht, in

drei Teile zu zerschneiden und damit vor die Schüler zu treten, verbietet sich von selbst, denn was soll da groß rekonstruiert werden? Man wird also auf Texte zurückgreifen müssen, die aus kürzeren Sätzen bestehen, u. U. sogar extrem parataktisch gebaut sind, denn erst dann können sich bei den Schülern Zweifel und notwendige Überlegungen einstellen, welche argumentative Funktion der je einzelne Satz hat. Dies setzt wiederum beim Lehrer voraus, daß er sich über die Argumentationsstruktur des den Schülern in atomisierter Form präsentierten Textes absolute Klarheit verschafft hat – eine Forderung, die mit einem hohen Maß häuslicher Vorbereitung verbunden ist.
Dies soll im folgenden an einem Text, der im Materialienband (vgl. S. 55) im Hinblick auf die Übung bereits in numerierten Einzelsätzen abgedruckt ist, paradigmatisch erläutert werden.

Der Text – dies wird durch den Abdruck in einzelnen Sätzen auch optisch deutlich – ist in mehrfacher Hinsicht problematisch: Da er überwiegend aus kurzen parataktischen Sätzen besteht, ist deren jeweilige Argumentationsfunktion schwer einzuschätzen. Der Leser ist gezwungen, auf additive („auch") und adversative („aber") Schlüsselwörter zu achten. Und vor allem: Der essayistische Charakter des Textes macht dem Leser nicht den Inhalt, wohl aber seine Gedankenführung schwer nachvollziehbar.
Der gedankliche Aufriß ist folgendermaßen zu qualifizieren:

(1) bis (3):	1. These (dreiteilig, negativ [„nicht"])
(4) bis (8):	Argumente (nur für den 3. Teil der These!)
(9):	2. These
(10) bis (11):	Beispiele für die 2. These
(12):	3. These
(13):	Prämisse des gesamten Textes
(14) bis (15):	1. Teilthese (greift einen besonderen Aspekt des Geizes auf)
(16):	Beispiel (u. U. zu [9])
(17):	1. Folgerung
(18):	2. Teilthese (greift einen weiteren Einzelaspekt auf)
(19):	Argument (für die 2. Teilthese, greift auch auf die Prämisse zurück)
(20):	2. Folgerung

Ist der Lehrer bis zu diesem Punkt gekommen, hat er die für die Durchführung dieser Übung im Unterricht erforderliche Vorbereitung erledigt – die Rekonstruktion des Textes ist von den Schülern zu leisten.

2. Möglicher Verwendungszusammenhang

Da es sich um eine Unterrichtseinheit handelt, die deutlich Übungscharakter hat und thematisch nicht an bestimmte Unterrichtsinhalte oder -themen gebunden ist, läßt sie sich immer dann einsetzen, wenn es didaktisch opportun erscheint: nachdem ungefähr die Hälfte der Stunden eines Einführungskurses verstrichen ist, etwa, oder zur gründlichen Wiederholung von Argumentationsstrukturen vor einer Klausur – es gibt kaum einen Zeitpunkt, zu dem eine Übung dieser Art nicht sinnvoll wäre.

3. Umsetzung in die Unterrichtspraxis

Ähnlich wie bei Unterrichtsidee 5.1 ist es sinnvoll, die Aufgabe in konkurrierenden Kleingruppen bearbeiten zu lassen; das gemeinsame ‚Herumtüfteln' an einer intellektuellen Anforderung verbindet nicht nur ungemein, sondern führt zu Ergebnissen, die durch das Einverständnis einer „Interpretationsgemeinschaft" (Gadamer) getragen werden, was Schülern eine unmittelbare Erfahrung gemeinsamen hermeneutischen Tuns ermöglicht.

Der Name dieses Übungstyps – Textrahmenvorgabe – resultiert wesentlich aus den Vorbereitungsarbeiten, die der Lehrer hierfür zu erbringen hat: Er teilt den einzelnen Gruppen je ein Arbeitsblatt aus, auf dem lediglich folgendes abgedruckt ist:

1. Überschrift (hier: Hans Lipps [1889–1941], Über den Geiz)
   Hierauf kann natürlich keinesfalls verzichtet werden, da die Schüler sonst ja nicht das Thema kennen, um das es in dem zu rekonstruierenden Text geht.
2. Direkt unter die Überschrift tippt man den ersten Satz oder die ersten Sätze (hier: die erste dreigliedrige These), womit der gedankliche Ausgangspunkt markiert ist.
3. An das untere Ende des Arbeitsblattes plaziert man den Schlußsatz oder die Schlußsätze (hier: Sätze [19] und [20]), womit das Argumentationsziel klar ist: Damit haben die Schüler einen Textrahmen, der von ihnen in der Gruppenarbeit auszufüllen ist.

Für die Bearbeitung teilt man jeder Gruppe ein Arbeitsblatt aus und erläutert kurz Art und Zweck des Vorgehens. Danach erhält jede Gruppe einen Briefumschlag, in dem sich der in Einzelsätze zerschnittene Text – selbstverständlich nicht numeriert – befindet. Durch Legen und Verschieben auf dem Arbeitsblatt haben die Gruppen dann die Möglichkeit, so lange an dem ‚Binnentext' zu rekonstruieren, bis dieser ihrer Meinung nach der ursprünglichen Fassung des Autors entspricht.

Über die Dauer der Gruppenarbeitsphase können kaum sichere Prognosen gemacht werden, vieles hängt hier vom gewählten Text, von der Kombinationsgabe der Schüler und auch vom Zufall ab.

Für die Auswertung ist es sinnvoll, einen OH-Projektor einzusetzen, für den man eine Folie präpariert hat, die mit den Arbeitsblättern identisch ist, die die Schüler erhalten haben. Ebenso benötigt man – analog den Exemplaren für die Schüler – einen auf Folie kopierten und in Einzelsätze zerschnittenen ‚Binnentext'. Diejenige Gruppe, die zuerst fertig ist, bekommt nun die Aufgabe, den ‚Binnentext' gemäß ihrem Arbeitsergebnis herzurichten – die einzelnen Folientextstreifen lassen sich ohne Schwierigkeiten mit Tesafilm auf dem auf Folie kopierten Arbeitsblatt fixieren und gegebenenfalls auch wieder abziehen, so daß Korrekturen möglich sind.

Sind alle Gruppen mit ihrer Arbeit fertig, projiziert man das Ergebnis der ersten Gruppe und diskutiert im Plenum die eventuell abweichenden Fassungen der anderen Gruppen. Hat sich das Plenum schließlich auf eine Endfassung geeinigt, besteht natürlich trotzdem die Möglichkeit, daß diese vom Original des Autors abweicht. Für diesen Fall sollte man einen Satz Originaltexte in der Tasche haben, die man dann in einem weiteren Durchgang mit der Fassung des Plenums vergleichen läßt – eine Phase, die durchaus auch als Hausaufgabe denkbar ist.

In Kursen, die mit Grundbegriffen der Argumentation vertraut sind, kann man fakul-

tativ eine Analyse der Argumentationsstruktur anschließen. An der Tafel müßte dann die Auswertung erscheinen, die oben in den „Hinweisen“ aufgelistet ist.
Das Ganze klingt komplizierter, als es ist; deshalb sei der Übersichtlichkeit halber noch eine kurze Zusammenfassung gegeben:

1. Der Lehrer verteilt die Arbeitsblätter („Textrahmen“) an die Kleingruppen.
2. Jede Gruppe erhält einen in Einzelsätze zerschnittenen Binnentext mit der Aufgabe, diesen in der Mitte des Arbeitsblattes sachgerecht zu rekonstruieren.
3. Die schnellste Gruppe überträgt ihr Ergebnis auf eine vorbereitete OHP-Folie.
4. Dieses Ergebnis wird mit dem der anderen Gruppen verglichen und diskutiert.
5. Die vom Plenum ‚abgesegnete‘ Endfassung wird mit dem Original des Autors verglichen.
6. Die Argumentationsstruktur des Originals wird analysiert (fakultativ).

6. Epilog: Was kann, soll und darf Philosophie?

Wem es von der Zeit und von seinen Möglichkeiten her vergönnt ist, am Ende Bilanz zu ziehen, sollte dies auch tun: Reflektierende Vergegenwärtigung eines Geschehenen ist ein wesentliches Geschäft von Philosophie, bei dem sie sich in das Gewesene versenkt, um es aus zeitlicher Distanz heraus besser begreifen zu können, leicht aber auch mit Melancholien behaftet, da das im nachhinein Reflektierte stets auch Unwiederbringliches beinhaltet. Spät erst bricht die Eule der Minerva zum Fluge auf.

Die pädagogische Sache bringt es mit sich, daß man als Lehrer im Schulalltag ständig Bilanz zieht – gedacht ist hier aber weniger an die kleinen Bilanzen nach gelungenen oder mißlungenen Einzelstunden, nach der Korrektur von Klausuren oder an die Bilanzen, die wir alle in Form von Zeugnisnoten ziehen. Gedacht ist vielmehr an die Bilanz am Ende eines Philosophiekurses, den man in knapp drei Jahren bis zum Abitur geführt hat, wenn man sich als Lehrer vielleicht die pathetisch anmutende Frage stellt, was man seinen Schülern denn nun tatsächlich ‚mitgegeben' hat. Ob nun pathetisch oder nicht: Stellen sollte man diese Frage, und stellen sollte man sich dieser Frage in jedem Fall – es ist ein Akt pädagogischer Redlichkeit.

Zweifelsohne: Es gibt Kurse, von denen man sich gern verabschiedet, die – aus welchen Gründen auch immer – bis zum Schluß zur Philosophie keinen ‚rechten Draht' gefunden haben und die die unerbittliche Konsequenz des sokratischen Sterbens nur als Folge dümmlicher Weltfremdheit interpretieren können.

Andererseits hat man es aber auch mit Kursen zu tun, von denen es schwerfällt, sich zu verabschieden – Kurse, die irgendwann einmal der philosophische Eros gepackt hat und mit denen man Unterricht erlebt hat, in dem so etwas wie der berühmte Funke übergesprungen ist und der beim Lehrer Hoffnung und Zuversicht genährt hat, daß Jahre gemeinsamen Philosophierens nicht gänzlich folgenlos bleiben.

Nimmt man, wie ich zu Beginn dieses Buches geschrieben habe, Schüler ernst als *Subjekte* von Unterricht, ergibt sich hieraus zwangsläufig die pädagogische Konsequenz, daß das o. a. Bilanzziehen nicht ohne sie stattfinden darf. Wie es jedoch didaktisch falsch wäre, an den Anfang des Philosophieunterrichts einen Text zum Thema „Was ist Philosophie?" zu stellen, wäre es ein ähnlicher Fehlgriff, diesen Unterricht vor dem Abitur mit der platten Frage zu beenden, was den Schülern der dreijährige Philosophieunterricht denn nun ‚gebracht' habe, denn auf was wenn nicht auf ein anbiederndes ‚fishing for compliments' sollte diese Frage hinauslaufen?

Wenn überhaupt, dann ist es zu diesem Zeitpunkt, am Ende des Philosophieunterrichts in der Schule, didaktisch angezeigt, mit den Schülern Sinn und Zweck des Philosophierens selbst zu erörtern. Damit schließt sich auch der Kreis des in diesem Buche vertretenen induktiv orientierten Ansatzes: Steht am Beginn des Einführungskurses die Erfahrung des Philosophierens, ohne daß diese wiederum reflektiert würde, so sammeln die Schüler in den folgenden Kursen in den unterschiedlichsten Teildisziplinen des Faches

eine gewisse fachliche und reflexive Breite, bis dann am Schluß das Philosophieren selbst thematisiert wird, die Eule der Minerva ihren letzten Flug beginnt.
Analog zu einer ganzen Reihe der in diesem Buche vorgestellten Unterrichtsideen wird auch im letzten Kapitel mit Bildern gearbeitet, die als OHP-Folien projiziert werden. Diese Vorgehensweise bringt zwangsläufig eine Aspekthaftigkeit mit sich: Wie schon in den Kapiteln zur Anthropologie, Ethik und Staatsphilosophie können einzelne Bilder keine Totalität ausloten, sondern beschränken sich auf Einzelprobleme. Jedoch wurde bei der Wahl der Bilder Wert auf den exemplarischen Charakter ihrer Thematik gelegt, so daß die anzuknüpfende Selbstthematisierung von Philosophie durchaus repräsentativen Charakter hat.
Anders als in früheren Kapiteln aber wird auf eine minuziöse methodisch-didaktische Aufbereitung verzichtet: Ein Bilanzziehen, wie es oben angesprochen worden ist, hängt zu sehr vom einzelnen Kurs ab, als daß es angezeigt wäre, Vorgaben zu treffen, welche nur zu leicht eine Überformung individueller Lernsituationen mit sich bringen könnten. So haben die Bilder dieses Kapitels wesentlich die Funktion, Impulssetzungen und Anregungen für Gespräche zu geben, deren Inhalt eine Verständigung über sachstrukturelle Aspekte des Philosophierens ist und deren Ziel darin besteht, gegen Ende der Schulzeit einen auf den einzelnen Kurs abgezweckten relativen Schlußpunkt zu setzen.

6.1 Eine Diskussion, der Grenzen gesetzt sind oder: Wer schreit, hat unrecht

Das **Bild** von Gustave Doré mit dem ironischen Titel „Eine Diskussion, der Grenzen gesetzt sind“ (vgl. Materialienbd., S. 56), ist Teil eines kleinen Zyklus von Skizzen, die „Leben und Meinungen eines philosophischen Katers“ (Doré) zeigen.
Tiere zu vermenschlichen ist ein uraltes künstlerisches Mittel mit zumeist didaktischer Absicht, gelegentlich gar, bei schwächeren Künstlern, denen die Vermenschlichung zur bloßen Einkleidung und Staffage gerät, mit allzu deutlich ausgestrecktem pädagogischen Zeigefinger. Doré, der eine ganze Reihe von Fabeln Lafontaines kongenial illustriert hat, steht mit diesem Bild ebenso in dieser Vermenschlichungstradition wie z. B. Wilhelm Busch, wenn er seinen „weisen Schuhu“ eine quasi stoische Haltung einnehmen läßt. (Auch mit Bildergeschichten Wilhelm Buschs läßt sich im Philosophieunterricht gut arbeiten, etwa mit „Der Virtuos“ in einem Ästhetik-Kurs oder mit „Diogenes und die bösen Buben von Korinth“, die Diogenes in seiner Tonne drangsalieren, ebenso mit der o. a. Bilderfolge „Der weise Schuhu“.)
Ohne das Vorwissen, daß der abgebildete Kater von Doré als „philosophisch“ apostrophiert wird, sowie ohne Kenntnis des Titels ist das Bild kaum didaktisch sinnvoll einzusetzen, zeigt es doch, für sich allein betrachtet, anscheinend lediglich eine Auseinandersetzung zwischen den sprichwörtlichen Erzfeinden Hund und Katze, letztere mit dem berühmten Katzenbuckel, aufgerissenem Maul und steil aufgerichtetem Schwanz, dessen Haare so aufgestellt sind, daß er eine imponierende Dicke erhält. Nicht nur Katzen-

freunde wissen dieses Verhalten sofort zu deuten: Diese warnende Körperhaltung nehmen Katzen immer dann ein, wenn sie besonders furchterregend wirken und Angriffsbereitschaft signalisieren wollen.

In ähnlicher Weise der Hund: Das Maul zum Bellen weit aufgerissen, wird er in aggressiver Pose dargestellt, wobei das Bild keinen Aufschluß über den Grund der Auseinandersetzung gibt, denn die abgenagten Knochen im Vordergrund bieten ja wohl dazu keinerlei Anlaß mehr, und auch eine Verteidigung von Haus und Hof dürfte ausscheiden.

Bezieht man jedoch den Titel des Zyklus und des Bildes ein, ergeben sich wesentlich neue Aspekte: Der Kater, wenn auch in Angriffsbereitschaft, offenbart sein „philosophisches" Wesen in so etwas wie Lebensklugheit, hält er sich doch knapp, aber durchaus sicher außerhalb des Aktionsradius des Hundes auf, womit er die körperliche Auseinandersetzung vermeidet. Nun ließe sich diese ja auch umgehen, wenn der Kater dem Hund weit genug aus dem Wege ginge, so daß dessen Aggression nicht geweckt würde. Indem sich der Kater jedoch in dessen unmittelbare Nähe begibt, kommt zuallererst jene „Diskussion" zustande, die im Bildtitel ironisiert wird.

Und dieser sind deutliche Grenzen gesetzt – weniger dadurch, daß, informationstheoretisch gesprochen, ein gemeinsamer Code zwischen Hund und Katze ohnehin undenkbar ist, als vielmehr dadurch, daß die Kette eine solche verhindert, und so trifft die Ironie des Bildtitels in erster Linie den Hund, der, mag er noch so sehr an seiner Fessel reißen und bellen, sich aus seiner Lage nicht befreien kann. Wer schreit, hat unrecht – insofern, als dieses Schreien im Falle des Hundes lediglich auf die eigene Ohnmacht rückverweist.

Andererseits führt diese Begrenzung aber auch dazu, daß die direkte körperliche Aggression verhindert wird, und damit entpuppen sich Fauchen und Bellen als ‚Diskussion' im Vorfeld jener, die ‚verbale' Auseinandersetzung als Kommunikationsform, deren äußere Bedingtheiten Tätlichkeiten unterbindet.

Zur Verwendung des Bildes im Unterricht mögen einige kurze Hinweise genügen: Nimmt man die Vermenschlichung und Ironisierung ernst, läßt sich das Bild einsetzen, um Bilanz zu ziehen über philosophische Gespräche im zurückliegenden Unterricht und damit die Gesprächskultur des Kurses zu thematisieren. Dies kann methodisch folgendermaßen geschehen:

1. Kollegen, die eine direkte Symbolisierung der eigenen Person durch die Schüler nicht scheuen (Ist der Lehrer nun die Katze oder der Hund?), mögen auf die humoristische Methodenvariante zurückgreifen: Das Bild wird mit Titel projiziert, und der Lehrer regt das Gespräch mit einem Impuls an: „Ich sehe in diesem Bild in gewisser Hinsicht ein Symbol unserer vergangenen Unterrichtsarbeit!" Ist die anfängliche Belustigung der Schüler über mögliche Rollenzuweisungen abgeflaut, stellt sich in der Regel eine ernsthafte Diskussion über Grenzen ein, durch die ein Gespräch geprägt ist, was man dann nutzen kann, um Hindernisse beim Gelingen eines philosophischen Diskurses zu thematisieren: z. B. unterschiedliche Codes, Provokationen durch einen Diskutanten, situative oder biographisch bedingte Unfreiheit. Ex negativo lassen sich dann Spezifika erschließen, die Habermas als unabdingbar für das Gelingen eines „repressionsfreien Dialoges" erschlossen hat.
2. Bei der eher deduktiven Variante geht man so vor, daß man den Bildtitel leicht zuge-

spitzt und in Frageform an die Tafel schreibt und die Schüler auffordert, einzelne Aspekte zu nennen:
Wodurch sind einem philosophischen Gespräch Grenzen gesetzt?
Da die Frage sehr abstrakt ist, werden schwächere Kurse bei der Beantwortung u. U. Probleme haben, so daß sich in solch einem Fall diese methodische Variante verbietet. Stärkere Kurse werden jedoch zur persönlichen Disposition der Gesprächsteilnehmer, zu situativen Faktoren usw. sachgerechte Angaben treffen können.
Das Bild projiziert man erst im Anschluß an diese Phase, und zwar, um es direkt auf die Kurssituation zu beziehen, z. B. mit der Frage: „Finden Sie die Gesprächssituation unseres Kurses hier zutreffend dargestellt?" oder: „Wenn Sie an unseren gemeinsamen Unterricht zurückdenken – haben Sie sich eher als die Katze oder eher als der Hund gefühlt?"

3. Die letzte Variante geht vom Titel des Bildzyklus aus: Der Lehrer gibt an, daß das noch zu projizierende Bild aus einer Reihe mit dem Titel „Leben und Meinungen eines *philosophischen* Katers" stammt, und stellt die Frage, worin sich denn im Bild dieses Philosophische zeige. Auch hier sollte das Bild mit Titel präsentiert werden, damit die Themenbindung von vornherein feststeht. Dann werden die Schüler auch in der Lage sein, das Philosophische des Katers als Klugheit zu apostrophieren, man muß aber auch damit rechnen, daß sie auf Freiheit – im Unterschied zur Unfreiheit des Hundes – kommen.

6.2 Hegel unser, der du bist im Buche oder: Ist Philosophieren Anbetung der Tradition?

Zwei ins Überdimensionale gesteigerte Folianten, vor denen zwei junge Männer niederknien und Unterwürfigkeitsgesten praktizieren (vgl. Materialienbd., S. 56), welche eindeutig als quasi-religiöse Rituale anzusprechen sind – so stellt sich dem Betrachter dieses titellose **Bild** von Gustave Doré dar. Trüge es die Unterschrift „Ohne Worte", müßte man es als philosophischen Bilderwitz bezeichnen.
Gut fünfzig Jahre nach Kants und dreißig Jahre nach Hegels Tod – das Bild stammt aus dem Jahre 1861 – sind diese beiden Geistesheroen offensichtlich zu einer solchen Größe und Bedeutung gewachsen, daß man sie nicht nur nach-, sondern auch anbetet. In diese Richtung dürfte denn auch die kritisch-satirische Intention des Graphikers weisen: Die Lehren zweier Philosophen, symbolisiert durch ihre Werke, erfreuen sich einer derartigen Verehrung, daß darüber das aufklärerische „sapere aude" anscheinend vollkommen in Vergessenheit geraten ist; an die Stelle des Mutes, sich seines eigenen Verstandes zu bedienen, ist die blinde Verehrung von etwas Vor-Gedachtem getreten und hat alle Kraft spontaner Reflexion aufgezehrt. Vorgeführt wird dem Betrachter mithin die Gefahr, die das bloße Nach-Denken philosophischer Tradition mit sich bringt.
Der Künstler Doré hat damit ein Problem verdeutlicht, das sich in ähnlicher Weise immer noch, vielleicht sogar heute in besonderem Maße stellt, denn ist nicht alle Philoso-

phie, die sich auf Philosophiegeschichte als Aufarbeitung der eigenen Tradition beschränkt, in der Gefahr, das Philosophieren um des Philologisierens willen zu vergessen und damit eine Haltung zu begünstigen, die der jener beiden philosophischen Jünger auf dem Bilde ähnelt? (In provokanter Form hat dieses Problem H. Schnädelbach aufgegriffen und damit Anfang der 80er Jahre eine heftige Diskussion entfacht: H. S., Morbus hermeneuticus – Thesen über eine philosophische Krankheit.)

Um von vornherein keine Mißverständnisse aufkommen zu lassen: Ich bin nicht der Auffassung, daß Philosophieren als Aufarbeitung philosophiegeschichtlicher Positionen verzichtbar wäre – Traditionsvergessenheit fördert eine Art von wildem Denken, dessen postmoderner Subjektivismus sich nur zu gern als Originalität geriert, wobei diese doch häufig nur darin besteht, sich selbst und das Publikum nicht merken zu lassen, welche aus der Philosophiegeschichte tradierten Positionen und Aspekte denn hier als scheinbar neue verkauft werden. Andererseits: Was der Redlichkeit philosophiegeschichtlicher Forschung an Hochschulen dienlich ist, muß nicht immer auch im Schulbetrieb opportun sein, was konkret bedeutet: Ist es für einen z. B. zwanzigköpfigen Philosophiekurs, von dem vielleicht ein bis zwei Schüler später das Fach studieren wollen, nicht wichtiger, Philosophieren als Schüler persönlich betreffende Problemlösungsstrategie zu erfahren denn als philosophiegeschichtliche Reflexion?

Und genau diese Differenz ist es, die Schülern mit Hilfe des Bildes von Doré klarwerden soll. Um dies zu erreichen, kann man mit einer traditionell analytischen Frage beginnen („Welches Problem stellt das Bild dar"?), doch besser ist es natürlich, die Schüler von sich aus ‚kommen zu lassen' und erst, wenn deren Beiträge nicht problemorientiert genug sind, zu bündeln mit der Frage: „Welche Gefahren birgt das hier dargestellte Verhältnis zur Lehre früherer Philosophen?"

Sind diese Gefahren erörtert und u. U. auch in einem Tafelanschrieb festgehalten worden, läßt man die Schüler Gegenentwürfe bilden, welche anderen Möglichkeiten das Philosophieren noch biete außer Aufarbeitung oder gar Anbetung der Tradition. Ist das o. a. „sapere aude" in den vorangegangenen drei Jahren integrierendes Unterrichtsprinzip gewesen, werden die Schüler mit Sicherheit in diese Richtung argumentieren, woraus sich ein Gegensatz ergibt, der – plakativ – mit den Begriffen „nach-denken"/„selber denken" umschrieben werden kann.

Wer auch hier Bilanz ziehen möchte, kann dies tun, indem er die Schüler befragt, ob sich in ihrer Erinnerung Situationen finden, in denen entweder Lehrer oder Kurs oder beide sich gegenüber einer philosophiegeschichtlichen Position verhalten hätten wie die beiden jungen Männer auf dem Bilde. Schüler beobachten in der Regel besser, als es der Lehrer für möglich hält: Oft wird ein Kurs bei dieser Frage Unterrichtssituationen nennen, in denen die Vorliebe und Faszination des Lehrers für eine bestimmte philosophische Position durchschimmerten.

6.3 Hör endlich auf zu grübeln oder: Schließen Fernsehen und Philosophieren einander aus?

Es ist kein Zufall, daß dieser **Bilderwitz** (vgl. Materialienbd., S. 57) in einer großen deutschen Fernsehzeitschrift zu finden war – Zeitschriften dieses Genres berichten ja nicht nur über Inhalte des Mediums Fernsehen oder Randprobleme, die mit ihm zusammenhängen nach dem Motto: Wir zeigen Ihnen, wo Professor Brinkmann seine Patienten operiert hat, nein, sie ziehen aus dem Medium, dem sie ihre Sekundärexistenz verdanken, auch noch Anlässe zu merk-würdigen Schmunzeleien, die auf ihren Witzseiten dem Leser häufiger präsentiert werden als in anderen Illustrierten.
Wie viele Witze, so sind auch die Fernsehwitze durchaus Reflex des Zeitgeistes; oft stellen sie Situationen dar, angesichts derer sich der Betrachter spießerisch-genüßlich auf die Schulter klopfen und moralisch entrüsten kann in dem Bewußtsein, daß es bei ihm selbst ‚noch nicht so schlimm' ist, was sich oft paart mit dem degenerierten novellistischen Sich-Verwundern: Was es doch alles gibt in der Welt! Immerhin dies hat der Fernsehwitz mit der Darstellung von Sexualität in der bunten Bilderwelt der Illustrierten gemeinsam: Er macht Appetit auf etwas, was gleichzeitig in irgendeiner Form moralisch gebrandmarkt wird, und das sich angesichts des Fernsehwitzes einstellende Lachen läßt das vielleicht im Witz angedeutete Problem beim Leser zu einer schalen Folgenlosigkeit gerinnen.
Genau zu diesem Typus gehört der hier vorliegende Bilderwitz: Einerseits ruft er durch das Verhalten der Frau beim Leser Verwunderung, vielleicht sogar verhaltenen Ärger hervor („warum soll denn der Mann nicht grübeln dürfen?"), andererseits schafft ihre Qualifizierung des Fernsehens als eines ‚Antiphilosophicums' eine Möglichkeit, sich moralisch zu erregen, denn ganz unverblümt wird ja hier die Betriebsamkeit des Mediums als Möglichkeit, der (Selbst-)Besinnung auszuweichen, empfohlen. Das Grübeln „über Gott weiß was", in der Sicht der Frau offenbar negativ besetzt, erscheint mithin der technisch vermittelten viereckigen Heiterkeit der Bildröhre diametral entgegengesetzt. In Leserbriefen wird dies häufig so formuliert: Vor dem Fernseher wolle man „abschalten". Und um das (besser) zu können, schaltet man das Gerät an.
Das Lachen jedoch, das sich an diesem Bilderwitz entzünden mag, kann nicht anders als zynisch genannt werden, gilt es doch der Tatsache, daß die zutiefst menschliche Fähigkeit des Sich-Besinnens in Frage gestellt, mehr noch: als störend empfunden wird und infolgedessen mit Hilfe eines technischen Mediums unterdrückt werden soll.
Mithin verweist die Pointe des Witzes auf ein Problem, das angesichts des Stellenwertes, der dem Medium Fernsehen inzwischen für die Freizeitgestaltung zukommt, nicht bloß konstruiert ist: Schließen Fernsehen und Philosophieren einander aus?
Einer didaktischen Umsetzung des Bilderwitzes im Unterricht kommt entgegen, daß Schüler der Sekundarstufe II, vor allem, wenn sie als Fast-Abiturienten schon etwas älter sind, im Vergleich zu jüngeren Jugendlichen Fernsehen als Freizeitbeschäftigung zumeist weniger nutzen. Mehr noch: Da gerade volljährig gewordene Schüler ihre Freizeitaktivitäten vornehmlich außerhalb des Elternhauses suchen, blicken sie häufig mit einer gewissen Verächtlichkeit auf die ältere Generation oder jüngere Geschwister herab, die

deutlich mehr Zeit vor dem Fernseher verbringen als sie selbst. Mit einer gewissen generalisierenden Zuspitzung läßt sich vielleicht sogar formulieren, daß die Quantität des Fernsehkonsums als einer der Orte anzusehen ist, an dem eine vermittelte Form des Generationskonfliktes der 90er Jahre ausgetragen wird. Konkret und banalisiert: Fast alle Schüler der Sekundarstufe II werfen nach meiner Erfahrung der Elterngeneration vor, an die Stelle einer – ihres Erachtens – sinnvollen Freizeitbeschäftigung eine extensive und unsystematische Benutzung des Fernsehers zu setzen: Er werde von den Eltern nicht mehr ab-, sondern lediglich auf ein anderes Programm umgeschaltet.
An diese zumindest subjektiv als richtig empfundene Erfahrung kann man anknüpfen mit der Frage: „Worüber lacht der Betrachter des Bilderwitzes?“ Haben bei deren Beantwortung die Schüler den naheliegenden Gegensatz fernsehen/grübeln erkannt, läßt sich der Untertitel dieser Unterrichtsidee als Frage anschließen („Schließen Fernsehen und Philosophieren einander aus?“) oder zugespitzt formulieren: „Inwiefern hindert das Fernsehen den Zuschauer daran, über Probleme nachzudenken, die ihn beschäftigen?“ Unehrlich wäre es natürlich, bei der Diskussion dieses Problems abzustreiten, daß eine ganze Reihe von Fernsehsendungen gerade dazu anregt, sich bestimmten Problemen zu stellen; es geht hier lediglich darum, daß der Akt des Fernsehens als Form der intentio recta die philosophische Form der intentio obliqua zeitweilig unterbindet und in dem Moment zur Gefahr wird, wenn das Fernsehen – wie in dem Bilderwitz dargestellt – ganz gezielt dazu benutzt wird, sich von eigenen Problemen abzulenken: Nicht eine pauschale Verdammung des Fernsehens ist Ziel dieser Unterrichtsidee, sondern die Bewußtwerdung, daß jenes die Fähigkeit des Menschen zur (Selbst-)Besinnung eher herabsetzt als fördert.
Kollegen, die dieses Problem vertiefen möchten, können Texte N. Postmans (Neil Postman, Wir amüsieren uns zu Tode) heranziehen oder die Schüler auffordern, weitere Beispiele für Freizeitaktivitäten zu nennen, die strukturell ähnlich gelagert sind: z. B. die Selbstablenkungsmechanismen eines modernen Animationstourismus oder das Welt- und Menschenbild, welches die Werbung suggeriert.

Textnachweis

1.0 SIEKMANN, Andreas: Philosophische Deutungen der Zeit. In: Zeitschrift für Didaktik der Philosophie 4/1983, S. 219–225, bes. S. 222ff.

1.1 DETJEN, J.: Aphorismen im Philosophieunterricht. In: Zeitschrift für Didaktik der Philosophie 1/1990, S. 33–40.

1.2 HEIDEGGER, Martin: Sein und Zeit. Tübingen: Niemeyer [12]1972, § 36.

WEISCHEDEL, Wilhelm: Die philosophische Hintertreppe. München: Deutscher Taschenbuch Verlag [2]1976 (u. ö.).

1.3 HEGEL, Georg Wilhelm Friedrich: Vorlesungen über die Ästhetik I. Theorie. Werkausgabe Bd. 13. Frankfurt/M.: Suhrkamp 1970.

Ders.: Wer denkt abstrakt? Abgedruckt u. a. in: Jeismann, Karl E./Muthmann, Gustav (Hrsg.): Wort und Sinn. Lesebuch für den Deutschunterricht. Oberstufe 1. Paderborn: Schöningh 1973, S. 267f.

HEUER, Fritz: Darstellung der Freiheit. Schillers transzendentale Frage nach der Kunst. Köln 1970.

KWIATKOWSKI, Gerhard, e. a. (Hrsg.): Schülerduden „Die Philosophie". Mannheim: Bibliographisches Institut 1985.

OELMÜLLER, Willi (Hrsg.): Kolloquium Kunst und Philosophie (3 Bde.), Bd. 2: Ästhetischer Schein. Paderborn: Schöningh/UTB 1982.

SIEKMANN, Andreas: Drama und sentimentalisches Bewußtsein. Zur klassischen Dramatik Schillers. Pommersfeldener Beiträge, Sonderband 1. Frankfurt/M.: Haag u. Herchen 1980, bes. S. 3ff.

STÖRIG, Hans J.: Kleine Weltgeschichte der Philosophie. Frankfurt/M.: Fischer Taschenbuch Verlag 1969 (u. ö.).

VRIES, Josef de: Grundbegriffe der Scholastik. Darmstadt: Wissenschaftliche Buchgesellschaft [2]1983.

1.4 ARISTOTELES, Die Nikomachische Ethik. Hrsg. und übersetzt von Olof Gigon. München: Deutscher Taschenbuch Verlag 1972.

BERNE, Eric: Spiele der Erwachsenen. Psychologie der menschlichen Beziehungen. Reinbek: Rowohlt Taschenbuch 1970.

CLAUDIUS, Matthias: Sämtliche Werke. München: Winkler [6]1987. Oder in: Jeismann, Karl E./Muthmann, Gustav (Hrsg.), Wort und Sinn. Lesebuch für den Deutschunterricht. Bd. 9. Paderborn: Schöningh 1977.

GRACIAN, Balthasar: Handorakel und Kunst der Weltklugheit. Stuttgart: Reclam 1953.

HEGEL, Georg Wilhelm Friedrich: Theorie. Werkausgabe. Frankfurt/M.: Suhrkamp 1969ff.

SCHOPENHAUER, Arthur: Aphorismen zur Lebensweisheit. Stuttgart: Reclam 1963.

UEHLEIN, Friedrich A.: Bewußtsein und Selbstbewußtsein. In: Spitzer, Manfred/Uehlein, Friedrich A./Oepen, Godehard (Hrsg.): Psychopathology and Philosophy. Berlin/Heidelberg/New York: Springer 1988, S. 145–155.

VORLÄNDER, Karl: Philosophie der Renaissance. Geschichte der Philosophie, Bd. 3. Reinbek: Rowohlt Taschenbuch 1965.

1.5 HOLZ, Harald: Einführung in die Transzendentalphilosophie. Darmstadt: Wissenschaftliche Buchgesellschaft [2]1985.

2.2 WEISCHEDEL, Wilhelm: Der Gott der Philosophen, Bd. 2. München: Deutscher Taschenbuch Verlag 1979.

2.4 ARIÈS, Philippe: Geschichte des Todes. München: Deutscher Taschenbuch Verlag 1982.

Ders.: Bilder zur Geschichte des Todes. München/Wien: Hanser 1984.

SASS, Hans-Martin (Hrsg.): Medizin und Ethik. Stuttgart: Reclam 1989, insbesondere v. Hrsg.: Hirntod und Hirnleben, a. a. O., S. 160ff.

2.5 FROMM, Erich: Die Kunst des Liebens. Frankfurt/Berlin: Ullstein 1971 (u. ö.).
PIEPER, Josef: Über die Liebe. München: Kösel 1972.
3 KRAUSE, Joachim: Medien. In: Rehfus, Wulf D./Becker, Horst (Hrsg.): Handbuch des Philosophie-Unterrichts. Düsseldorf: Schwann 1986.
3.1.1 BORNKAMM, Günther: Paulus. Stuttgart/Berlin/Köln/Mainz [6]1987.
DOSTOJEWSKIJ, Fjodor M.: Schuld und Sühne. München: Deutscher Taschenbuch Verlag 1977. Kapitel 6 und 7: S. 83–114.
HOLBACH, Paul Thiry d': System der Natur. Frankfurt/M.: Suhrkamp 1978. Auszüge finden sich in folgenden Textsammlungen:
Ständeke, Helmut: Die Bestimmung des Menschen. Kurs: Philosophie 8. Düsseldorf: Bagel 1980, S. 36–39.
Dierkes, Hans (Hrsg.): Philosophische Anthropologie. Arbeitstexte für den Unterricht. Stuttgart: Reclam 1989, S. 66–70.
VORLÄNDER, Karl: Geschichte der Philosophie 1. Philosophie des Altertums. Reinbek: Rowohlt 1963 (u. ö.).
3.1.2 GELFERT, Hans-Dieter: Wie interpretiert man ein Gedicht? Stuttgart: Reclam 1990.
3.1.3 ARNAUD, Jean-Jacques: Am Anfang war das Feuer. Constantin Video im Vertrieb der Taurus Film Video GmbH. Nr. 3018. Unterföhring/München 1986.
EGGERT, Hartmut, e. a.: Westermann Texte Deutsch. Gymnasium 10. Braunschweig: Westermann 1979.
GASSET, Ortega y: Der Mensch und die Leute. München: Deutscher Taschenbuch Verlag 1961.
KLINGEMANN, August: Nachtwachen des Bonaventura. Frankfurt/M.: Insel 1974.
MORRIS, Desmond: Der nackte Affe. München: Droemer Knaur 1968.
RITTER, Joachim: Über das Lachen. In: Ders.: Subjektivität. Frankfurt/M.: Suhrkamp 1974.
TRUTWIN, Werner: Theologisches Forum Bd. 5. Frieden auf Erden. Düsseldorf: Patmos 1972.
ZIMMER, Dieter E.: Unsere erste Natur. Die biologischen Ursprünge menschlichen Verhaltens. München: Kösel 1979.
3.1.4 EIBL-EIBESFELDT, Irenäus: Der vorprogrammierte Mensch. Das Ererbte als bestimmender Faktor im menschlichen Verhalten. Kiel: Orion-Heimreiter, erw. Neuauflage 1985. Zitiert nach: Funkkolleg Praktische Philosophie. Studienbegleitbrief 1. Weinheim/Basel: Beltz 1980, S. 21.
Fischer-Lexikon Biologie 2: Zoologie. Frankfurt/M. 1963 (u. ö.), S. 298ff.
OSSNER, Jakob, e. a.: Philosophiekurs Anthropologie. Heidelberg: Quelle & Meyer 1981.
3.2.1 BADE, Lothar (Hrsg.): Ethik und Biologie. Stuttgart: Klett 1989.
SASS, Hans-Martin: Medizin und Ethik. Stuttgart: Reclam 1989.
3.2.2 BRECHT, Bertolt: „Was ein Kind gesagt bekommt." Aus: Gesammelte Werke in 20 Bänden. Bd. 9. Frankfurt/M.: Suhrkamp 1967, S. 585.
FRANKENA, William K.: Analytische Ethik. München: Deutscher Taschenbuch Verlag 1972.
RIESMAN, David: Die einsame Masse. Reinbek: Rowohlt 1958 (u. ö.).
3.2.3 HABERMAS, Jürgen: Theorie und Praxis. Frankfurt/M.: Suhrkamp 1972. Einleitung zur Neuausgabe: Einige Schwierigkeiten beim Versuch, Theorie und Praxis zu vermitteln, S. 9–47.
Ders.: Technik und Wissenschaft als ‚Ideologie'. Frankfurt/M.: Suhrkamp 1968.
FREUD, Sigmund: Das Unbehagen in der Kultur. In: Ders.: Werke in 2 Bänden, hrsg. von Anna Freud e. a., Bd. 2. Frankfurt/M.: Suhrkamp 1978, S. 408ff.
Als Textauszug leicht zugänglich in: Benesch, R./Trutwin, W. (Hrsg.): Philosophisches Kolleg 3. Ethik. Düsseldorf: Patmos 1977, S. 40ff.
KANT, Immanuel: Metaphysik der Sitten. In: Ders.: Werke in 6 Bänden, hrsg. von Wilhelm Weischedel. Bd. 4. Frankfurt/M.: Insel 1964, S. 573f. (Ausgabe text- und seitenidentisch mit der zwölfbändigen Theorie-Werkausgabe des Suhrkamp Verlages.)
SIEKMANN, Andreas: Drama und sentimentalisches Bewußtsein. Vgl. 1.3.
VÖLKER, L.: Tell und der Samariter. Zum Verhältnis von Ästhetik und Geschichte in Schillers Drama. In: Zeitschrift für Deutsche Philologie 94/1976, S. 185–203.

3.3.1 Bien, Günther/Busch, Hans J.: Staatsbürger – Bürgerstaat. Aspekte der Staatsphilosophie. Hannover: Schroedel 1986, S. 13. Hier findet sich eine Reproduktion des Titelkupfers vom „Leviathan".

Hobbes, Thomas: Leviathan. Erster und zweiter Teil. Übersetzt und hrsg. von J. P. Mayer. Stuttgart: Reclam 1974. (Eine gut lesbare und m. E. sachgerechte Übersetzung.)

3.3.2 Clausewitz, Carl Philipp Gottfried v.: Vom Kriege. Auswahl, hrsg. v. Ulrich Marwedel. Stuttgart: Reclam 1980.

4. Siekmann, Andreas: Erfahrungen mit einem Philosophie-Fachraum. In: Zeitschrift für Didaktik der Philosophie 1/1990, S. 40–46.

4.3.3 Heintel, Erich: Einführung in die Sprachphilosophie. Darmstadt: Wissenschaftliche Buchgesellschaft 1972.

4.3.5 Valentiner, Theodor: Kant und seine Lehre. Stuttgart: Reclam 1960 (u. ö.).

4.3.6 Türk, Hans J./Trutwin, Werner: Philosophisches Kolleg 4. Anthropologie. Düsseldorf: Patmos 1978, S. 41 ff.

5.2 Borden, Friedrich/Fels, Gerhard/Trutwin, Werner: Denken und Gedanke. Texte zur Logik und ihren Problemen. Paderborn: Schöningh 1962.

Münnix, Gabriele: Sprache und Denken. Kurs: Philosophie 7. Düsseldorf: Bagel 1979.

6.2 Schnädelbach, Herbert: Morbus hermeneuticus. Thesen über eine philosophische Krankheit. In: Zeitschrift für Didaktik der Philosophie 1/1981, S. 3–6.

6.3 Postman, Neil: Wir amüsieren uns zu Tode. Urteilsbildung im Zeitalter der Unterhaltungsindustrie. Frankfurt/M.: Fischer [7]1985.

Inhaltsverzeichnis des Materialienbandes

* Überschrift vom Bearbeiter

	Text 4:	Wilhelm Weischedel, Einschränkungen der Handlungsfreiheit*
	Text 5:	Friedrich Nietzsche, Unverantwortlichkeit und Unschuld
3.1.2	Text 1:	Andreas Gryphius, Sonett XI, Menschliches Elende
	Text 2:	Matthias Claudius, Der Mensch
	Text 3:	Gottfried Benn, Der Arzt II
3.1.3	OHP-Folie 1:	Titelgraphik des ZEIT-Magazins, „Die Menschen vor den Menschen" *(Vorlage)*
	OHP-Folie 2:	Hans-Georg Rauch, Der Mörder in uns *(Vorlage)*
3.1.4	OHP-Folie 1:	Andreas Siekmann, Bambi, Klopfer *(Vorlage)*
	OHP-Folie 2:	Konrad Lorenz, Graphik *(Vorlage)*
	Text 1:	Immanuel Kant, Der Mensch wird Mensch durch Erziehung*

3.2 Ethik

3.2.1	OHP-Folie 1:	Karl Rössing, Der Pressefotograf bei der Hinrichtung *(Vorlage)*
3.2.2	Text 1:	Martin Heidegger, Was ist das „Man"?*
	Text 2:	Immanuel Kant, Imperative sind Gebote der Vernunft*

3.3 Staatsphilosophie

3.3.1	OHP-Folie 1:	Andreas Paul Weber, Wie sagen wir's dem Volke? *(Vorlage)*
	Text 1:	Georg Wilhelm Friedrich Hegel, Stellung und Funktion des Monarchen*
	Text 2:	Niccolo Machiavelli, Ein Fürst sucht sich seine Ratgeber selbst aus*
	Text 3:	Balthasar Gracian, Abzuschlagen verstehen
	Text 4:	Friedrich der Große, Pflichten des Fürsten gegenüber Bürgern und Staat*
3.3.2	OHP-Folie 1:	Andreas Paul Weber, Der Trommler *(Vorlage)*
	Text 1:	Carl von Clausewitz, Definition und Zweck des Krieges*
	Text 2:	Immanuel Kant, Voraussetzungen für einen ewigen Frieden*
	Text 3:	Georg Wilhelm Friedrich Hegel, Schädlichkeit des Friedens und Notwendigkeit des Krieges*

4. Zweites Hauptstück: Philosophieren auf der Basis eines Folienatlasses
(Vorlagen zu OHP-Folien)

4.3.1 Die Grundfolie
4.3.2 Deckfolie 1 (Reflexion/Selbstreflexion)
4.3.3 Deckfolie 2 (Metareflexion)